SHENGWUXUE KETANG JIAOXUE
JINENG XUNLIAN JIAOCHENG

生物学课堂教学技能训练教程

（第二版）

周续莲●主编

黄河出版传媒集团
阳光出版社

图书在版编目(CIP)数据

生物学课堂教学技能训练教程 / 周续莲主编. 2 版. -- 银川 : 阳光出版社, 2025. 2. -- ISBN 978-7-5525-7778-5

Ⅰ. G633.912

中国国家版本馆 CIP 数据核字第 2025WL0596 号

生物学课堂教学技能训练教程(第二版)　　周续莲　主编

责任编辑　朱双云　李少敏
封面设计　赵　倩
责任印制　岳建宁

黄河出版传媒集团
阳光出版社　出版发行

出 版 人　薛文斌
地　　址　宁夏银川市北京东路 139 号出版大厦(750001)
网　　址　http://ssp.yrpubm.com
网上书店　http://shop129132959.taobao.com
电子信箱　yangguangchubanshe@163.com
邮购电话　0951-5047283
经　　销　全国新华书店
印刷装订　宁夏凤鸣彩印广告有限公司
印刷委托书号　(宁)0031901

开　　本　787 mm × 1092 mm　1/16
印　　张　17.25
字　　数　300 千字
版　　次　2025 年 2 月第 1 版
印　　次　2025 年 2 月第 1 次印刷
书　　号　ISBN 978-7-5525-7778-5
定　　价　52.00 元

内容简介

《生物学课堂教学技能训练教程》（第二版）以新颁布的中学生物学课程标准为依据，以着力提升师范生的教学实践能力为目标构建知识体系。本书包括四部分内容，第一部分，对课堂教学技能进行了概述，对相关概念进行了界定。第二部分，对课堂教学技能的训练方法——微格教学进行了介绍。第三部分，对教学语言、导入、讲解、提问、演示、板书、变化、强化、组织教学、结束等课堂教学技能和说课技能进行了介绍。说课技能虽然不是课堂教学技能，但它是具有中国特色的一种课堂教学行为，是课堂教学的延伸与扩展，在师范生就业应聘和将来的工作中会经常用到，因此，也放在这里介绍。第四部分，是阅读材料，收录了国家关于师范生或在职教师教学技能方面的相关文件，供教学技能训练时参考。

本书内容既有理论支撑，也有实践案例，对于每一种教学技能，编者都提供了几种具体的训练方法，可供师范生或在职教师参考和使用。期望本书能够为提升生物学教师及生物学教学领域研究人员的专业水平提供一定的帮助。

前　言

国家设立各级各类师范院校，目的是培养培训数以百万计的中小学教师，离开了这个目标，师范院校就失去了存在的意义。层次越高的师范院校越要注意这个问题（柳斌）。那么，师范生应该具备哪些能力？怎样才能使他们具备这些能力？这是师范院校（或师范专业）及教育工作者首先要思考的一个问题。

联合国教科文组织在《关于教师地位的建议》中提到，教师工作应被视为一种专门职业，它是一种要求教师具备经过严格训练和持续不断地研究才能获得并维持专业知识和专业技能的公共业务。由此可以看出，教师是一种需要获得并维持专业知识和专业技能的职业，教师的专业知识和专业技能需要经过严格的训练才能获得，并且要持续不断地研究才能维持。

为了提高高等师范学校的教育质量，培养学生从师任教素质，树立献身基础教育的专业思想，掌握教育、教学必备的基本技能，1992 年 9 月，国家教委制定并印发了《高等师范学校学生的教师职业技能训练基本要求（试行稿)》，把教学技能定为教师的职业技能，要求师范生“在校学习期间，必须积极、自觉、主动地进行教师职业技能的训练，掌握教师职业基本技能”，并把师范生的教师职业技能作为从师任教的基本素质。2021 年，教育部办公厅印发的《中学教育专业师范生教师职业能力标准（试行)》，明确要求中学教育专业师范生要通过微格训练学习，系统掌握导入、讲解、提问、演示、板书、结束等课堂教学基本技能操作要领与应用策略。

目前，我国大多数师范院校都开设了“微格教学”或“教学技能训练”课程，对师范生的教学技能进行培养和训练。教材是教学的载体，为了给生物科学专业师范生学习、掌握课堂教学技能提供一本实用的教材，我们结合多年的师范生教学技能训练经验和中学一线教师的课堂教学经验，对《生物学课堂教学技能训练教程》进行了改进、修订，删除了原来的“教学设计的技能”“中小学教师继续教育规定 ”等内容，增加了“我国义务教育生物学课程标准中的生物学概念框架”“说课技能”等内容，替换了部分教学案例，对部分文字描述进行了修改，力求使《生物学课堂教学技能训练教程》（第二版）更加科学、准确、严谨、适用。本教材可以作为高等师范院校生物科学专业学生教学技能培训的教材，也可以作为在职生物学教师的教学参考书。

本书由周续莲拟定编写提纲，全体编写人员参加了讨论修改。编写分工如下：第一章魏智清，第二章、第四章周续莲，第三章、阅读材料赵辉，第五章、第十二章饶德，第六章杨文治，第七章、第十一章陈燕飞，第八章、第十章方响亮，第九章李晨，第十三章周续莲、胡娟。周续莲、魏智清统稿。

为丰富本书内容、提高理论水平，本教材在编写过程中，参考了许多专家学者的著作和文献，在此表示衷心感谢！

由于认识所限，书中的不完善之处在所难免，恳请专家和读者批评指正。

编　者

2024 年 10 月于银川

目　录

CONTENTS

第一章　课堂教学技能概述

课堂教学技能是教师的基本素质在教学中的体现，它是实施教育教学的操作方式，是顺利完成和实现教学目标的重要保证。

——李国岚（北京教育学院）

第一节　课堂教学技能的概念

课堂教学是教师和学生共同探讨新知的过程，师生的课堂教学行为决定着教学的成败，必然要求有与之相匹配的教师教学技能作为支撑。工欲善其事，必先利其器。教学技能是教师的专业技能，教师要经过严格训练以及持续不断地研究才能获得并维持专业技能。课堂教学技能是教师教学技能的主要组成部分，是影响教学效果的主要因素。因此，需要对教学技能等基本概念进行界定。

对课堂教学技能概念的界定，需要从技能、教学技能的定义及其相互关系说起。

一、技能

技能是顺利完成某种任务的一种行为方式或心智活动方式，它是通过练习获得的。技能按照自身的特点和性质，可分为动作技能和心智技能。动作技能是在思维控制下，由肌肉、骨骼等运动器官和有关感觉器官协同完成的，其过程是“可见”的。例如，手势、板书、演示实验、操作教具等。心智技能是以抽象思维为主要成分在头脑中进行的活动，是在语言中枢和大脑皮层其他有关部分协调作用下完成的，其过程是“不可见”的。例如，观察、倾听、理解、分析、问题设计等。

二、教学技能

（一）教学技能的定义

教学技能是微格教学研究的核心。微格教学中，教学技能是完成某项教学任务的一类有效教学行为，这“一类有效教学行为”就是指完成某项具体任务的动作或心智活动方式。教学技能是对某一类教学行为的概括，既包含动作技能，也包含心智技能。而且，教学技能是教师在已有知识经验的基础上，通过实践练习和反思体悟而形成的一系列教学行为方式和心智活动方式。（1）教学技能是一系列教学行为方式和心智活动方式的整体体现；（2）教学技能是内外兼修的结果；（3）教学技能是在教师已有知识经验的基础上形成和发展起来的。

概括起来说，教学技能就是教师在已有知识经验的基础上，通过实践练习和反思体悟而形成的，完成某项教学任务的一系列教学行为方式和心智活动方式。

教学技能对外表现为成功地、创造性地完成既定的教学任务，卓有成效地达到教学目的并获得有效的教学方法。具体的外部标志是高水平、高质量地履行教师的职责：创设具有明显目的性和适应性的教学情景；采取能有效促进学生学习的教学行为；安排有利于发展学生自主学习能力、有利于引导他们进行独立的科学探究的教学活动。

教学技能对内表现为保证完成教学任务的知识、技巧、心理特征和个性特征的功能体系。从这个意义上讲，教学技能是教师个性、创造性与教学要求的内在统一，具体表现为教师的职业品质：对待教学工作的态度，组织教学的才干，适合教师职业要求的性格、气质特征、心理特征，进行教学活动的心理准备等。

从表面上看，教学技能是教师在教学活动中有效促进学生学习的活动方式。从深层剖析，它是教师个性品格和专业修养外化的表征，是教学能力的重要标志。每一位教师要想形成自己的教学风格，达到艺术化教学的水平，就必须遵循教学技能发展的规律，在熟练掌握教学技能的基础上，不断探索，不断创新。

（二）教学技能的特点

人们对教学技能的定义各不相同，原因在于人们是从不同的角度去认识教学技能的。然而，教学技能的本质特点是不会变的，正确地把握其特点，有助于我们揭示其实质。

（1）复合性。教学技能不是一种单一的动作技能或心智技能，它是一系列动作技能和心智技能构成的技能复合体，包括动作技能、心智技能和认知策略（特殊的心智技能），是这三者的整合，具有三者综合性的特点。其中动作技能和心智技能相互交叉、密不可分，动作技能是具体行为表现，心智技能则起调节和完善作用。例如，板书写得如何，不仅要靠写这个动作，还要看板书内容构思如何，这个“构思”就是心智活动的结果。因此，在教学技能训练中不能一味进行机械操练，只就外在表现看技能，还要注意智力活动的自动化、熟练化、简约化，要把教学技能培训与教学理论的学习和应用结合起来。

教学技能的复合性还体现在教学技能总是表现为多种不同动作方式的组合上。在教学过程中，任何一种教学技能从来都不是以孤立的形式表现出来的。如演示技能，不单是实验示范，也必然包括讲解、提问、板书等技能的某些因素。

（2）外显性与内隐性。教学技能具有明显的外显性和内隐性。教学技能的外显性特点最明显地表现在它可以被观察和被模仿，原因在于教学技能中含有一系列操作性的程序。我们也应该注意到，教学技能是一种离不开个体主观能动性的高级技能。“外部行为方式只表明技能是否形成，而技能发生、变化的内部原因主要在于能力和倾向的变化”，这体现出教学技能的内隐性特点。个体通过对教学技能内隐性特点的认知掌握教学技能并将其以外显的形式表现出来，因此教学技能带有强烈的个人风格。通常受训者并不是单纯机械地模仿熟手教师的教学技能，而是在观察模仿中将其内化为心理层面上的认知技能，并根据具体的教学情境选择合适的教学技能开展有效的教学。

（3）共性与个性。教学技能既表现为个体的经验，又是人类经验的结晶。它植根于个体经验，又不是个体经验的简单描述，而是在千百万教师经验的基础上，经过反复筛选和实践检验而高度概括化、系统化的理论系统。教学技能具有明显的个性化特征。由于每个受训者具有不同的认知结构、性格特点、行为习惯、审美观念，即使他们接受同样的教学技能训练，每个人也有不同的体验。因此，在教学技能培训中，允许受训者对已有模式加以变化，加入个人的理解，并形成适合个人特点的独特风格。如果条件允许，可对不同的受训者采取不同的培训方式。

（4）情境性与实践性。从教学技能形成的规律来看，教学技能具有情境性与实践性的特点。教学技能的情境性特点是指教学技能在教学过程中体现为一种具体的操作行为，它取决于具体的教学情境，并会根据教学情境的不同而产生变化。离开了运用这种技能的情境来谈论教学技能，则教学技能只剩下机械的条文框架式的操作要求。教学技能的情境性特点决定了学习者不可能脱离具体的教学情境而习得教学技能，这就要求高校在师范生教学技能的培养过程中注意情境的创设，适当播放一些中小学优秀教师的课堂教学视频，以此增强师范生对教学技能真实情境的感知。教学技能的实践性特点是指个体通过实际参与做的过程，并在“做中学”，才能真正掌握教学技能。教学技能的实践性特点决定了受训者必须通过反复训练与练习来掌握教学技能，这就要求高校在师范生教学技能的培养过程中应多给他们一些实践机会，如增加训练学时和次数。

（5）自动化。自动化指受训者熟练掌握教学技能后就会达到自动化程度，完成教学技能的各个动作不需要或很少需要意识控制。例如，具有娴熟教学技能的教师，其课堂教学往往组织得严谨有序、张弛适度，遇到偶发事件也能从容不迫，应对自如，这样，教师能将有限的心理资源用到创造性的活动中去，从而大大提高教学质量和效率。

（三）教学技能的分类

教学过程是复杂的，教师在教学过程中的教学行为是多种多样的，并表现出一定的灵活性。那么，教师的哪些教学行为可以作为基本的教学技能进行培养和训练呢？根据范围对教学技能进行分类的时候，基本有两种观点：一种认为是教学场面的教学技能，即把教学分为不同的课型，在不同的课型上教师采用不同的教学技能，这是一种宏观的分类方法。另一种则认为包括在各种教学场面中教师职业的教学技能，它不只限于大的教学场面的交流技能，而且要把在各种场面中教师的教学行为细分为各种具体的教学技能，即把各种课堂中教师的教学行为分解为不同的构成要素，把其中最主要的若干要素抽出来设定为不同的教学技能。这种观点正成为教学技能分类的主流。

由于研究的角度不同，采用的分类标准不同，分类的结果也不同。国内外有关教学技能分类的代表性研究见表 1–1。

表 1–1　国内外有关教学技能的分类

代表人物	分类依据	教学技能类型
美国 Allen，Ryan	教师的教学经验、专家对教学行为的分析	变化刺激、导入、总结、非语言性启发、强化学生参与、流畅提问、探索性提问、高水平提问、发散性提问、确认（辨析专注行为）、图解的范例应用、运用材料、有计划地重复、交流的完整性
英国 Trott	可观察的、能够量化分析的教学行为	变化的技能，导入的技能，强化的技能，提问的技能，例证的技能，说明的技能
日本 井上光洋	课堂教学行为要素	导入技能，板书技能，提问技能，展开技能，例证技能，确认技能，演示技能，变化技能，总结技能
澳大利亚 Turney	教学技巧	小范围的：动力，讲授交流，提问技能 相对综合的：小组个人辅导，培养学生思考技能 对象更广的：评估和课堂管理技能
苏联 彼得罗夫斯基	教学系统论	信息传递的技能，引起动机的技能，促进发展的技能，定向的技能
中国 胡淑珍	课内外教学过程	教学设计技能 课堂教学技能：课堂授课技能（导入、讲授、提问及板书技能） 课堂管理技能（课堂体态语技能、课堂纪律管理技能） 试卷编制技能 指导学生学习和活动技能：学法指导技能、指导课外活动技能 教学研究技能
中国 张铁牛	教学工作流程	课前教学技能，课堂教学技能，课后教学技能

张铁牛在借鉴微格教学研究的基础上，借用教育技术学的理论框架，依据教学工作流程，结合我国课堂教学的实际，把教学技能分为课前教学技能、课堂教学技能和课后教学技能三大类（见表 1–1），然后对每类教学技能中所出现的教师的行为方式，通过聚类分析，进行比较筛选，从中抽出 20 种常用的教学行为方式，设定为 20 项基本技能（见图 1–1）。

从上述教学技能的分类可以看出：（1）学者们对教学技能的分类各持己见，各种观点都具有其合理性，但这也说明学者们对教学技能分类的理解存在一定的分歧；（2）多数学者给教学技能分类的依据都是教师的教学行为，与教学技能分类的主流方向是一致的；（3）通过分析和比较发现，教学技能分类中重复出现最多的是导入技能、讲授技能、提问技能、演示技能、板书技能和结束技能，而这些技能都属于课堂教学技能的范畴。由此也可以看出，课堂教学技能是教学技能中的核心组成部分。

- 教学技能
  - 课前教学技能
    - 制定教学目标的技能
    - 了解学生的技能
    - 分析处理教材的技能
    - 选择教学媒体的技能
    - 选择教学方法的技能
    - 进行教学设计的技能
  - 课堂教学技能
    - 导入技能
    - 讲解技能
    - 提问技能
    - 演示技能
    - 板书技能
    - 强化技能
    - 变化技能
    - 应变技能
  - 课后教学技能
    - 复习技能
    - 辅导技能
    - 指导课外活动技能
    - 教学测评技能
    - 教学研究技能

图 1–1　教学技能的类型

三、课堂教学技能

（一）课堂教学技能的定义

根据教学技能的定义，课堂教学技能就是教师运用专业知识及教学理论促进学生学习、完成课堂教学任务的一系列教学行为方式和心智活动方式。

每一项课堂教学技能都是有明确含义和功能的，是能被表现和观察到的，是能被广大教师所驾驭的，是能适应各科教学规律的，是能促进教师与学生间和谐地相互作用的，是能进行定性与定量相结合的评价的技能。

（二）课堂教学技能的相关概念及其关系

在教学研究中，常出现一些与课堂教学技能相关的概念，例如教师职业技能、教师专业技能、教学技能，并且人们在使用中常常混淆它们的关系，在这里有必要进行辨析。

任何一项职业，都有它独特的工作技能要求，教师职业也不例外。从事教师职业的专门技能是教师职业技能，亦即教师专业技能，它包括教师从事教育教学工作的所有技能。教学技能是教师从事教学工作的技能，是教师职业技能的一个重要组成部分。教师的教学工作包括课堂教学和课堂以外的工作。因此，教学技能又包括课堂教学技能和其他教学技能。

为了提高高等师范学校的教育质量，培养学生从师任教素质，树立献身基础教育的专业思想，掌握教育、教学必备的基本技能，1992 年 9 月，国家教委制定并印发了《高等师范学校学生的教师职业技能训练基本要求（试行稿）》，把教学技能定为教师的职业技能，要求师范生“在校学习期间，必须积极、自觉、主动地进行教师职业技能的训练、掌握教师职业基本技能”，并把师范生的教师职业基本技能作为从师任教的基本素质，明确指出高等师范学校学生的教师职业基本技能训练包括讲普通话和口语表达、书写“三笔字”和书面表达、教学工作、班主任工作四个方面。

1994 年国家教委颁布的《高等师范学校学生的教师职业技能训练大纲（试行）》把教学技能分为 5 类：（1）教学设计技能；（2）使用教学媒体技能；（3）课堂教学技能；（4）组织和指导学科课外活动技能；（5）教学研究技能。在课堂教学技能中，设定了 9 项基本技能，即导入技能、板书板画技能、演示技能、讲解技能、提问技能、反馈和强化技能、结束技能、组织教学技能、变化技能。教师职业技能、教学技能、课堂教学技能的关系如图 1–2 和图 1–3 所示。

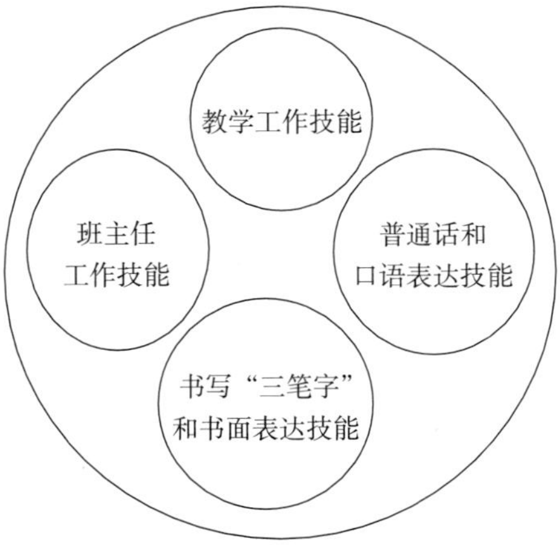

图 1–2　教师职业技能

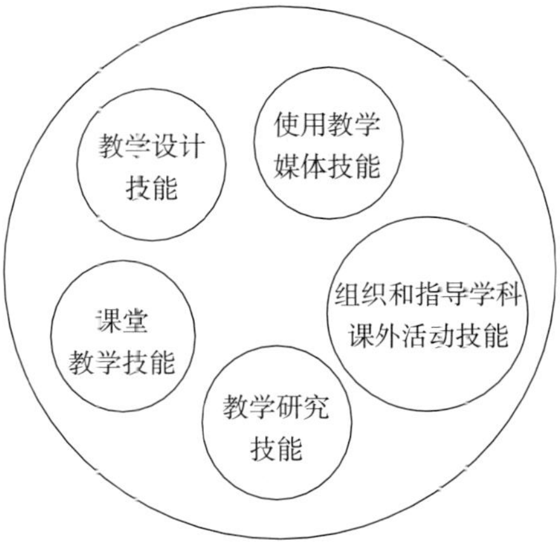

图 1–3　教学工作技能

（三）课堂教学技能的分类

我国自引进微格教学后，加强了对教学技能的研究。孟宪恺在其主编的《微格教学基本教程》（1992 年版）中，按微格教学的需要，把课堂教学技能设定为 10项，即导入技能、语言技能、提问技能、讲解技能、变化技能、强化技能、演示技能、板书技能、结束技能、课堂组织技能。在这些技能中，有些是教学信息交流的方法，与教学信息交流的形式直接相关，称之为基本教学技能，包括语言技能、板书技能、变化技能、演示技能、讲解技能、提问技能；有些对教学信息交流起引导、调控、组织作用，称之为调控教学过程的技能，包括导入技能、强化技能、课堂组织技能和结束技能。

北京教育学院微格教学课题组对北京市三千多名中小学教师进行调查研究，利用任务分析法和活动分析法进行聚类分析，归纳了 8 类 9 项基本教学技能（见表 1–2）。

表1–2　基本教学技能分类

教学任务	教学技能
答疑解难传递教学信息	语言技能
引起学习动机	导入技能
传授知识和传播思想	讲解技能
培养学生能力	提问技能
使教学内容直观	演示与板书技能
促进和塑造学生正确学习行为和态度	强化技能
提高教学信息传递效率和减轻疲劳	变化技能
教学内容的融会贯通和保持	结束技能

两种分类方法的结果基本一致，只是后一种分类方法中没有课堂组织技能。郭友根据基础教育新课程改革要求，对已有的 10 项课堂教学技能注入新的思想，把这 10 项技能作为基本教学技能，在此基础上又开发了 6 项学习指导技能，分别是观察指导技能、倾听指导技能、阅读指导技能、思维指导技能、讨论指导技能、练习指导技能，使课堂教学技能的类型逐步丰富。

第二节　课堂教学技能的形成

课堂教学技能是教学行为方式和心智活动方式的复合体，要经过实践练习和反思体悟才能形成。教学技能的形成是有规律可循的，受训者需要在了解教学技能形成过程的基础上练习课堂教学技能，而不是盲目地练习。

一、技能形成的基本原理

教学技能是技能的一种特殊形式，它的形成遵循着一般技能形成的基本原理和规律。

（一）心智技能的形成过程

苏联心理学家加里培林等人以一定的实验事实为依据，提出了心智技能分阶段形成的学说。他们认为，心智技能是一个从外部的物质活动向内部的心理活动转化的过程，即内化的过程。一般来说，心智技能的形成要经过以下 5 个阶段。

（1）活动的定向阶段。即预先熟悉任务，以构成关于活动本身和活动结果的表象，为活动本身和活动结果定向。

（2）物质活动和物质化活动阶段。即以实物、模型或图表等为支柱而进行心智活动的阶段。

（3）有声语言阶段。即不直接依赖实物而借助有声语言进行心智活动的阶段。

（4）无声的“外部”语言阶段。即以词的声音表象、动觉表象为支柱而进行心智活动的阶段。

（5）内部语言阶段。即心智活动简约化、自动化，似乎不需要意识的参与而进行心智活动的阶段。

（二）动作技能的形成过程

动作技能又称为操作技能，是在意识的调节支配下，以动作反馈信息为依据，由一系列外显动作构成的技能，是对动作和动作方式的概括。动作技能的形成需要经历一个过程，一般认为由动作的定向、模仿、整合和熟练等几个阶段构成。

（1）定向。定向是在活动前对动作意义、活动原则、活动要求及活动目的的学习，以便学习者对活动产生正确的认识，从而调动学习者的内部积极因素，更好地进入技能的学习，这是形成动作技能的一个重要前提。任何操作都是由一系列动作要素构成的，其综合形成活动的结构和过程。学习者只有了解了活动的结构和过程，才能在头脑里建立起操作活动的映象。

（2）模仿。模仿是学习动作技能的基础，是在定向的基础上对特定的动作方式或行为的模拟、仿效。模仿可以边观察边进行，也可以在观察一个阶段后进行。它不仅是对样板的机械模仿，也是学习者能动的学习过程。在模仿阶段，要注意动作的反馈和强化，提供反馈信息能够提高训练效果，适当的强化能使进一步的学习趋于规范。

(3) 整合。整合是在对个别动作模仿的基础上，把各局部动作联系起来构成一个完整的动作系统。这是学习动作技能时由掌握局部动作向动作协调、稳定发展的过渡阶段。在这个阶段，需要动作信息的反馈以及心智技能的指导和调节，把整套动作连贯起来。

(4) 熟练。熟练是通过动作整合而使动作活动方式达到协调、稳定。在达到熟练程度时，学习者的操作能够适应各种变化了的条件，在动作的准确性、程序性等方面能够达到完善化。因此，熟练以动作的准确、迅速、连贯、协调、稳定为指标，通过动作的概括化、系统化而表现。

心理学认为，动作技能与心智技能是密切联系、不可分割的整体。动作技能是心智技能形成的依据，也是心智技能的外部表现；心智技能既是动作技能的调节者，又是动作技能内化的形式。在完成比较复杂活动的过程中，不仅需要动作技能，更需要心智技能的调节，如此才能使技能内化。

二、课堂教学技能的形成过程

课堂教学技能的形成遵循技能形成的基本原理，形成需要经过如下几个阶段。

(一) 定向阶段

定向指明确课堂教学技能训练的方向，即明确进行技能训练的目的和意义、原则和要求，该阶段是技能学习从外部物质活动向内部心智活动转化的阶段。教学技能的定向可以通过教师的讲解、学生的理论学习及教师所提供的示范来完成。教师的讲解可以使受训者明确掌握教学技能的目的和意义，了解教学技能在形成教学能力中的作用，以及每一项教学技能的概念、作用、类型、构成要素、实施原则和要求，从而调动他们学习、掌握教学技能的主动性和积极性。理论学习可以使受训者把理论内化为自己对教学技能的需求，从而产生学习教学技能的动力。由于师范生没有教学实践经验，为了使他们直观地感知教学技能，更好地理解教学技能的构成和实施顺序，在心理上建立教学技能的行为模式，教学中应为他们提供必要的示范。

(二) 模仿阶段

模仿是掌握技能的开始，主要是接受榜样作用的刺激，扩大自己的技能领域。其中，机械的模仿可以通过试误获得榜样的某些外部特征。例如，师范生效仿优秀教师或熟手教师的教学行为，实际感受教学活动的过程，依葫芦画瓢，尝试学习教学技能的外部特征。

有认知参与的模仿可进一步掌握榜样的内部特征，既有将榜样的行为同化于己的作用，也有改变自己已有经验顺应榜样的作用。例如，师范生首先回忆出有关教学技能的行为方式，以教学理论为指导，以榜样为样板，按照教学技能的原则和要求进行心理模仿，然后把对教学技能的认识外化成自己的教学行为。

（三）整合阶段

教学技能由多个要素构成，通过多次练习、模仿和感悟，受训者把前一阶段获得的经验纳入个人的经验体系，使认知结构发生重组，使教学技能各要素之间能够形成动态联系，把构成教学技能的多个要素依照一定的操作时序联结为一个整体，并能够独立地进行教学操作。这是教学技能形成的关键环节。

（四）熟练阶段

熟练阶段指受训者经过长期的独立教学活动形成一个完整的自动化的活动方式，是教学技能形成的最后阶段，也是教学技能训练的目标。具体表现为不必要动作省略，必要动作自动化、协调化，不必专注就能将一系列动作恰当而准确地完成。

课堂教学技能的训练过程是一个心理、行为训练相结合的过程，也是心理、行为协调发展的过程。受训者既要反复练习，又要不断反思，这样才能形成熟练的教学技能。

三、课堂教学技能的训练方法

课堂教学技能的训练方法多种多样。

（一）观摩体验法

指通过组织受训者亲临教学课堂，或观看教学录像，或深入中学见习，让受训者经历、体验、模拟相关教学技能，从而掌握教学技能的方法。观摩内容应能够为受训者掌握教学技能提供最直接、最真实的感性认识。

（二）书面作业法

指在讲解、示范的基础上布置书面作业，通过作业的批改和讲评提高受训者教学技能的方法。书面作业法适用于训练书面表达的技能和以心智活动为主的教学技能，如教学设计、板书设计等技能。

（三）名师示范法

指通过教学名师的示范教学，为受训者展示规范的教学技能，使受训者通过有成效的模仿来掌握必要教学技能的训练方法。教学名师的示范教学作为有效的刺激，可以引起受训者相应的教学行为变化。

（四）案例分析法

指通过提供教学技能相关案例，组织受训者分析、感悟案例中教学技能的运用之道，从而掌握教学技能的方法。

（五）对镜练习法

指自己对着一面大镜子，一边练习教学技能，一边观察自身表现，发现问题随时予以纠正的训练方法。这是一种获得直观同步反馈信息、边练边改的有效方法，特别适用于姿态、动作和面部表情的练习。

（六）录音训练法

指利用录音设备提供的语言信息来训练教学技能的方法。可以将优秀教师的讲课、朗读录制下来作为示范，也可以将自己的讲课、朗读录制下来进行横向比较，以便发现差距，寻求改进。

（七）录像训练法

指运用录像设备将教学技能训练的过程拍摄下来，使受训者及时获得直观反馈的训练方法，还可通过播放、暂停、慢放等方式在课后进行反复研讨。录像设备的应用使教学技能训练变得更加方便、有效。

（八）微格教学训练

根据微格教学的要求，按照“确定训练目标—示范观摩—教学准备—微格实践—评价反馈”的过程，组织受训者到教学技能实训实验室（或微格教室）进行教学技能训练，这是目前师范院校普遍采用的训练师范生教学技能的方法。

思考题：

1. 什么是教学技能？
2. 课堂教学技能与教学技能有何区别？
3. 怎样获得教学技能？
4. 师范生为什么要掌握教学技能？

第二章　课堂教学技能的训练方法——微格教学

微格教学将帮助教师加强、改进教学技能和方法，减少失误，并使师范生尽快地建立信心。它不能在一个晚上改变教师或师范生的个人素质和习惯，它不能解决教学中的所有问题。它不一定能把一个普通教师变成一个天才的完美无缺的教师，但可以把他变成一个好一点的教师。

——［英］乔治·布朗

教学技能必须经过训练才能获得，训练师范生或在职教师教学技能的方法很多，但是经实践证明比较有效的方法是美国斯坦福大学 1963 年提出的 Microteaching。

Microteaching 在 20 世纪 80 年代传入我国后，曾被译为“微型教学”“微观教学”“小型教学”“微格教学”等，但用得比较多且能够贴切地揭示其内涵的是“微格教学”。

一、微格教学的概念

孟宪恺将 Microteaching 翻译为“微格教学”。其中，“微”的含义是微型、片断及小步，还有“使……（变得）微小”的意思；“格”既有名词标准、规模、式样的含义，也有动词推究、分析、阻隔的意思。微格教学就是将复杂的教学过程分解成许多容易掌握的单一技能，并对每一技能提出训练目标，在较短时间内对师范生或在职教师进行反复训练，以掌握教学技能的训练模式。其实，微格教学是通过“讲课—观摩—分析—评价”的方法，利用录像机、录音装置和实验室，使师范生及在职教师的各种教学行为的训练变得可被观察、分析和评价，对需要掌握的知识、技能进行选择性地模拟。

党真曾对微格教学进行解释。“微”即小，意为教学的小型，教学技能训练的小步原则，且教学内容选择得少。“格”字含义较广，用作名词，意为标准、规格，指每项教学技能都有一定的规范要求，它限制着“微”的量级，每个格都可被观察、被描述，都有一定的范围；用作动词，意为阻隔、限制，指每项教学技能都界定清楚，互不混淆，教学中，与其他技能综合使用；成语“格物致知”的“格”意为推究事物的道理、法则，获得理性认识，这里可理解为指导教师和学生共同研究、探讨教学技能的理论知识和训练中出现的问题，达到教学相长、共同提高的目的。

对于教师的成长来说，他们的教学行为有一个由“入格”到“及格”再到“满格”直到“破格”的过程，不“入格”就不能“及格”“满格”，更不能“破格”。利用微格教学培训教师的职业技能，是使教师“入格”“及格”“满格”直至“破格”的有力手段。

美国斯坦福大学的艾伦（Dwight W. Allen）教授认为，微格教学是一个有控制的实习系统，它使师范生有可能集中训练某一特定的教学行为，或在有控制的条件下进行学习。

英国诺丁汉大学的乔治·布朗（G. Brown）教授认为，微格教学是一种简化了的、细分的教学，学生易于掌握。

目前国内普遍认为，微格教学是在现代教学理论指导下，利用现代视听手段，通过缩减的教学实践，对师范生或在职教师的教学技能进行系统培训的一种方法。

二、微格教学的产生和发展

（一）微格教学产生的时代背景

传统培训师范生的教学方法，往往只注重理论知识的学习，只是在教育实习前才进行集中训练，让每人讲一节课，教师进行分析评价。每人讲一节课，包括各种教学技能，容量大，教师评价时较粗糙、不全面，而且往往理论脱离实际，可操作性不强，且由于学生不参与评价，没有充分调动学生的积极性，不适于师范生的培训，这就需要进行改革。

1957 年 10 月 4 日，苏联成功地发射了世界上第一颗人造卫星。美国政府和各界人士深感震惊，认为他们落后的主要原因是教育。1958 年，美国联邦政府颁布了

《国防教育法》，以立法的形式要求改革教育的制度和内容。于是，美国开始了全国性大规模的教育改革运动，改革涉及课程设置、教育结构、教师培训、教学方法、教学管理和评价等各个教育领域。同时，美国联邦政府加大教育投资，对各级学校进行财政援助，为学校配置实验室和先进的教学设备，大力开展教育技术革新。进入 20 世纪 60 年代，美国掀起了改善教师教育的 CBTE 运动（Competency Based Teacher Education）。这个运动的发起者认为，美国的教师教育旧态依然，已经不能适应现代社会的要求与教育革新的步伐了。要培养教师适当而有效的能力，就得摆脱传统的仅限于理论灌输的教育模式，而要把重点放在理论与实际的统一过程和教师的各种能力训练上。

1963 年，美国斯坦福大学教授艾伦和他的同事，在对“角色扮演”（相当于我国师范生教育实习前的试讲）进行研究和改造中认识到，在教学中教师对学生的影响与教师的素质是密切相关的，即与教师的教学技能有十分重要的关系。因此，他们认为师范教育的重点应放在如何使教师（或师范生）掌握教学技能上，并明确提出对教学行为要有分析和反馈，以便增强培训效果；对教学技能要有系统和科学的分类，以便明确培训目的和进行评价；对每一种技能都要进行严格训练，以便熟练掌握各种教学技能。只有这样才能使受训者掌握综合教学技能，并形成各种教学风格。他们的具体做法是：第一，将教学技能分类。对复杂的教学过程中的各种教学技能进行科学分类，如导入技能、总结技能、提问技能等。第二，对受训者（指师范生或在职教师）进行训练。针对不同的教学技能让受训者逐项进行单独训练。第三，反馈、分析、评价。借助视听手段对受训者的教学行为进行真实、准确的记录、反馈，并进行及时的分析和评价。这种方法就称为 Microteaching。

（二）微格教学走向世界

微格教学自 20 世纪 60 年代提出后，很快被推广到世界各地。到 20 世纪 70 年代末，微格教学已逐步被一些国家作为培训教师教学技能、技巧的一种有效方法而采用。英国诺丁汉大学的乔治·布朗将微格教学加以改进，提出备课、感知、执教为微格教学三要素。在英国 90%以上的教师培训院校都开设了微格教学课程，一般安排在大学四年级，多数学校的微格教学课程安排 42 周，每周 5 学时，师范生经过 210 学时的学习后再到中学实习。不经过微格教学训练的师范生，不准到中学任教。1972—1976 年，澳大利亚投资开发这门课程，悉尼大学教育系编写了《悉尼基本教学技能》教材 5 册，在世界上引起强烈反响，本国 80%的师资培训机构以及英国、印度尼西亚、泰国、加拿大、美国的一些师范院校都采用了这套教材。1979 年，联合国教科文组织组织亚太地区的日本、泰国等八个国家和地区研究微格教学，探索提高教师素质的途径。随后，亚洲的许多国家和地区也开始了微格教学的研究工作。

（三）微格教学在中国的发展

香港中文大学教育学院从 1973 年开始采用微格教学方法训练未来教师的教学技能，为了加强真实性，1975—1978 年间，将真实学生当作角色扮演中的听讲对象，用录像的方法记录训练的过程。后来，他们还在进修教师中开展了微格教学，并证明微格教学对在职教师培训同样有效。

20 世纪 80 年代，我国大陆开始引进这种教学方法。北京教育学院成立了研究小组对这一新的培训方法进行研究和实践，首先在化学系和中文系的教学法课程中用 20 课时进行实验性实践，取得了很好的效果。实验的成功，让研究小组认识到教师教学技能学习要在理论的指导下开展实践训练活动，也让研究小组增强了深入研究微格教学的信心。在此基础上，根据国家教委师范司的意见和要求，先后举办了 7 期全国部分教育学院教师参加的微格教学研讨班。1987—1990 年，北京地区一些师范院校在中日“教育工学”（即教育技术学）合作项目中进一步开发了这一课程。1988 年，中国参与了联合国教科文组织亚太地区 4 国合作课题“微格教学的有效性研究”，进一步从教育学、心理学、传播学理论和实践的层面论证了这种培训方法有效性的原因。自此，微格教学的推广应用工作全面展开。北京教育学院、首都师范大学、海南教育学院、海南师范学院、上海教育学院、黑龙江省教育学院、山西省教育学院等院校在培训过程中陆续出版了十多种教材。

由于几年的努力与显著的研究成果，微格教学被列入 1989 年开始的世界银行贷款项目，全国 72 家教师教育培训院校获得了项目配备的微格教学设备，教学技能训练开始扎实地展开。随着实践研究的推进，微格教学科研工作越来越受到各地同人的重视，比较研究尤为突出。北京、天津、山东、海南、云南、上海、江苏、河北、河南、黑龙江、四川、安徽等省市不仅对微格教学与传统的教学法课程进行了比较研究，还对不同的技能、不同的培训对象、不同的内容等进行了比较研究，促进了微格教学和教师培训方法的发展。海南师范学院的微格教学科研项目，荣获第四届高等教育国家级教学成果奖二等奖。1992 年北京教育学院微格教学课题组撰写了全国第一部微格教学培训教材，拍摄了第一套微格教学音像示范带，开发了教学技能评价软件和基于相互作用理论的课堂教学师生相互作用分析软件。这些研究成果使人们对微格教学有了进一步的认识，同时也获得了教育部的认可，教育部将微格教学列为高等和中等师范院校达标的条件之一，极大地促进了我国教师教学技能培训的发展。

为了提高微格教学项目效果，1990 年，教育部世界银行贷款项目办公室决定成立微格教学课题协作组，以便系统、有效地组织各院校开展工作。同年底，全国微格教学协作组在北京教育学院成立，协作组第一次会议于 1991 年初在海南召开。在随后的几十年里，全国微格教学协作组在各界支持下不断发展壮大。2004 年，民政部正式批准微格教学专业委员会为中国教育技术协会的专业委员会之一，是国家二级学会。学会开发了中国教育技术协会微格教学专业委员会的门户网站，为各地微格教学组织和研究人员提供了联系和交流的平台，为微格教学有效地服务于我国基础教育改革提供了保障。

微格教学在发展过程中吸收了许多新的教学思想和科技方法，尤其是录像机、计算机等新媒体的应用，为教学行为的记录和分析创造了更为理想的条件；同时，微格教学课程本身也得到不断丰富和发展，不仅注重以讲授为主的教学技能培训，而且注重以学导为主的教学模式训练。从国内外教师培训机构和师范院校的实践来看，微格教学既可以应用于师范生和在职教师教学技能的培训提高上，也可以运用于课堂教学的实验研究方面。

在用微格教学训练师范生和培训在职教师教学技能的基础上，有些中学将微格教学的基本理论和模式运用到教师的教研活动中，对传统的教研活动进行了大胆的改革和创新，形成了教研活动的新形式——微格教研。微格教研采用微格教学的合理内核，将国外师范生用来“学习教学”的微格教学发展为在职教师用于“研究教学”的微格教研，它可以让教师对课堂教学内容和方法进行细化分析和研究，为教学过程最优化铺设了道路、架起了桥梁。

三、微格教学的实施过程

微格教学的实施一般包括事前学习和研究、确定培训技能和编写教案、提供示范、微格教学实践、反馈评价、修改教案重新进行微格教学实践等步骤。具体实施过程见图 2–1。

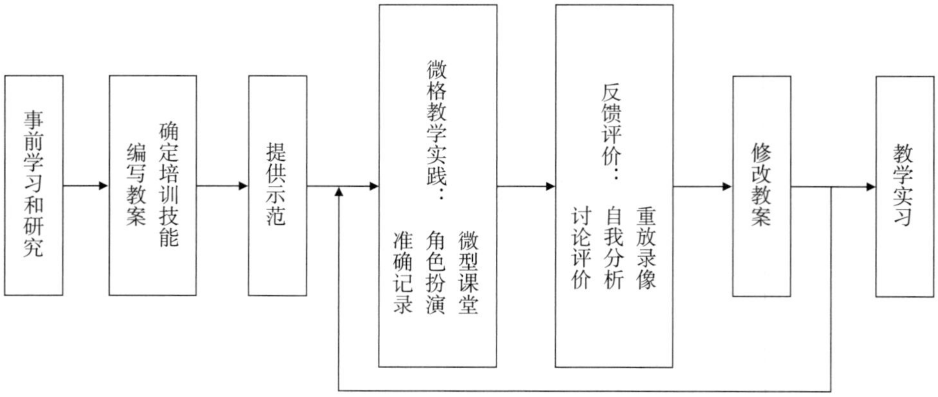

图 2–1　微格教学的程序

（一）事前学习和研究

微格教学是在现代教育理论和思想指导下的实践活动。在进行微格教学时，受训者需要在教师指导下，学习现代教育教学、教学设计、教材分析、教学技能分类、教学评价等相关理论和知识，用来指导教学实践，为技能训练和掌握奠定基础。

（二）确定培训技能，编写微格教学教案

微格教学把课堂教学分为不同的单项教学技能进行训练，每次训练时，只集中对一两项教学技能进行观察、分析与评价，以便受训者容易掌握。因此，在训练前要先确定培训的教学技能，然后受训者进行教学准备，并编写微格教学教案。微格教学教案的格式见表 2–1。

表 2–1　微格教学教案的格式

微格教学教案				
课　题：______				
主讲人：______ 所用时间：______ 训练技能：______ 班级：______				
教学目标				
时间分配	教师授课行为	教学技能	学生学习行为	备注

微格教学教案的编写不同于一般的教案，它要求详细说明教师的授课行为（即所使用的技能）和学生的学习行为（包括预想的反应）等，教案范例如下。

微格教学教案

课　题：<u>　　　肾单位的结构（苏科版生物学八年级上册第 15 章第 2 节）　　　</u>

主讲人：<u>刘娜娜</u> 所用时间：<u>7 分钟</u> 训练技能：<u>演示技能</u> 班级：<u>生教 2020 级 2 班</u>

教学目标	1. 能够说出人体肾单位的结构，初步形成结构与功能相适应的观念（知识与生命观念） 2. 通过观察和动手组装模型，培养学生观察、分析、推理的科学探究能力（科学探究和科学思维）			
时间分配	教师授课行为	教学技能	学生学习行为	教具准备
0	上课，同学们好！	组织教学技能		
1 min	【新课导入】 上节课我们学习了肾脏的结构，它由三部分构成，结合 PPT 上所呈现的猪的肾脏图片，请同学们思考以下问题： 周围颜色较深的是什么结构？ 中间颜色较浅的是什么结构？ 髓质里呈漏斗状的是什么结构？ 【补充】猪肾在形态、结构、功能上与人的肾脏相似，因此，我们常常通过研究猪肾来认识人的肾脏。	提问技能 导入技能	观察、回忆并说出肾脏的结构：皮质，髓质，肾盂	PPT 展示猪的肾脏图片 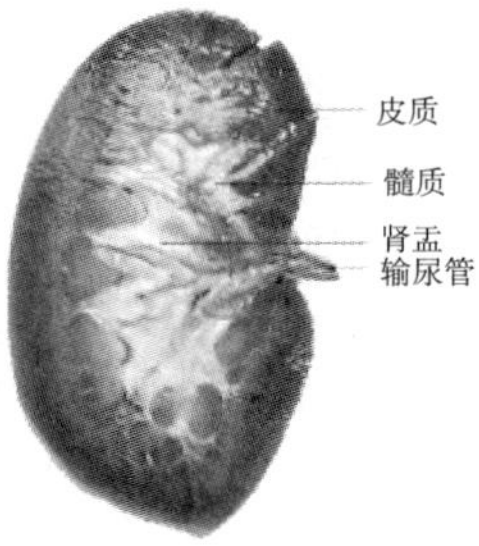
4 min	【探求新知】 为了研究肾脏的功能，我们需要从更加微观的水平去观察肾脏。那么，你知道构成肾脏的基本单位是什么吗？ 肾脏结构和功能的基本单位是肾单位，科学家在显微镜下进行观察，发现肾脏是由约 120 万个肾单位构成的。接下来让我们认识肾单位的结构，老师给大家播放一个视频，通过观看视频，同学们需要完成 PPT 上所展示的两个问题，视频结束后，老师请两位同学分享你们的答案。下面请大家观看视频。 1.请大家标出右侧图中各部分的名称。 2.肾单位包括___和 ___两部分，肾小体由___和___ 组成。	提问技能 讲解技能 演示技能	积极思考，并回答 认真观看视频，明确问题 举手回答： ①肾小球， ②肾小囊， ③肾小管， ④ 入球小动脉， ⑤ 出球小动脉 举手回答： 肾小体、肾小管，肾小球、肾小囊	PPT 展示肾单位结构图，播放视频 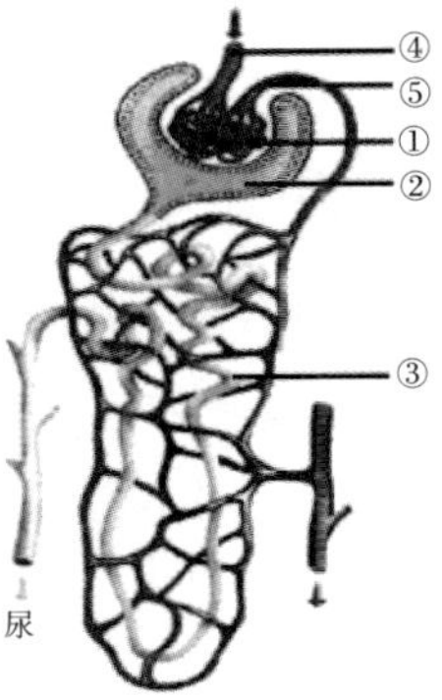

续表

时间分配	教师授课行为	教学技能	学生学习行为	教具准备
1 min 30 s	【巩固运用】 老师用生活中的废旧材料做了一个简易的肾单位模型。哪位同学能帮老师组装一下？组装后说出各部分都代表了肾单位的哪些结构。	提问技能 演示技能	组装模型，并说出各部分名称	肾单位模型 
30 s	【评价结课】 通过练习和组装模型，可以看出同学们已经很好地掌握了肾单位的结构，那么这些结构都有什么功能？大家提前去预习，我们下节课进行学习。		回顾学习内容，明确预习任务	

（三）提供示范

在训练之前，为了把培训的目的和要求具体化，使受训者对所训练的教学技能有所感知，通常利用文字材料、录像或实际角色扮演的方法对要训练的技能进行示范，给他们提供模仿的样板。通过示范，受训者知道每一项教学技能的要求以及如何做。在受训者观摩的过程中，教师应根据实际情况给予必要的提示、指导，以利于受训者在头脑中形成该项教学技能的知觉表象。在观摩示范后，组织他们进行讨论、分析，使他们学习优点，同时减少或避免一些容易发生的问题和错误。澳大利亚微格教学专家科力夫·特尼认为，微格教学的成效取决于好的示范（音像示范最好）。

（四）微格教学实践

将受训者分成小组组成微型课堂进行微格教学实践。每个小组一般由 5~8 人组成，每位小组成员逐一扮演教师角色进行授课，同组其他成员扮演学生角色，并由一名指导教师负责组织和指导。整个角色扮演过程需要在微格教学实验室进行，并且全程摄像记录。受训者同时也是评价员，在反馈评价时对同组每位成员进行评价。在一次训练中，每位受训者的教师角色扮演为 5~10 分钟。

（五）反馈评价

能否对受训者的角色扮演过程给予准确、及时的反馈和恰如其分的评价，是受训者通过微格教学能否得到提高的关键。因此，在微格教学中，要对受训者的角色扮演过程进行及时、准确的反馈和分析评价。

（1）重放录像。教学录像真实、准确地记录了受训者角色扮演的过程，为了使受训者及时获得反馈信息，当角色扮演完成后要重放录像，让受训者亲眼观看自己的教学行为，找出优点与不足。这种方法所产生的刺激比较强烈，能让受训者观看后留下深刻的印象，并能够尽快改正缺点，而且在观看录像时，对于有争议的或没有看清楚的内容可以采用慢放、暂停、重放的方法，让大家都能够看清楚，形成统一的意见。因此，播放录像能够为受训者提高教学技能提供有力的支持。

（2）自我分析。受训者看过自己的角色扮演录像后，要进行自我分析。要检查实践过程是否达到了自己所设定的目标，是否掌握了所训练的教学技能，以及其他教学行为有无问题，从而明确改进方向。

（3）讨论评价。小组成员和指导教师要从各自的立场来分析、诊断、评价受训者的实践过程，提出优点和存在的问题，并指出改进的方向。

（六）修改教案

受训者应根据反馈信息和评价意见修改教案，进行第二轮角色扮演、录像、反馈、评价。经过这样的训练，多数师范生的教学技能都能得到进一步改善。如果采取单循环，只需不合格者这样做。

四、微格教学的特点

微格教学最重要的贡献是在教学理论与实践之间架起了一座桥梁，研究出一整套可具体描述、可示范操作、可训练培养、可定量评价的教学程序，提高了教师培训的效率。微格教学具有一系列优越的特点，具体如下。

（一）情景真实安全

微格教学训练中虽然受训者只用较短的时间、面对几位“学生”讲课，只讲授教学内容的一部分，但是这种方法也具有真实性。因为站在讲台上的感受是真实的，讲授的内容和教学组织实施的过程也是真实的，这些都有利于锻炼受训者的胆量和组织教学的能力。由于微格教学训练是在实验室中进行的，听课对象是由自己的同伴扮演的，即便讲失败了也不会影响教学效果，所以对受训者来说心理压力小，比较安全。

微格教学为受训者创设了既真实又安全的环境，保护了受训者的自信心，有利于激发受训者的积极性和主动性，有利于受训者能力的形成和发挥。

（二）目标明确，针对性强

微格教学打破了以往教师培训的模式，将复杂的教学过程细分为容易掌握的单项教学技能，并规定每一项技能都必须是可描述、可观察、可逐项进行分析研究和训练的。在培训过程中，让受训者在规定的时间内练习某一两项特定的教学技能，并把技能的细节加以放大，反复练习。通过细微的观察，就某一方面进行讨论和研究。这种集中针对某一教学技能的练习，可使受训者在受控制的条件下朝着明确的方向发展，目标明确，针对性强，更容易达到预期的效果，有利于提高教学技能。

（三）反馈及时准确

有研究证明，人类有目的的活动必须有反馈，并且只有及时准确的反馈才能较好地促进目标的达成；受训者在教学技能训练中能否得到提高，关键在于能否对角色扮演过程给予准确、及时的反馈和恰如其分的评价。现代视听设备真实而准确地记录了教学的全过程。当角色扮演结束后，通过播放录像，为受训者提供真实、准确、及时的反馈信息，使受训者得到的反馈信息不仅来自指导教师和听课的同伴，也来自自己，使受训者以第三者的身份来观察自己的教学行为，产生“镜像效应”，收到“旁观者清”的效果。

（四）评价客观可靠

艾伦和他的同事在提出微格教学的同时，还提出教师应成为教育方面的“临床”专家，能像医生那样“分析”“诊断”“开药方”，以解决学生面临的各种问题。

微格教学的评价，有自我分析、小组分析、指导教师分析三者相结合的定性分析评价和诊断，也有按照评价量表进行的定量分析评价。定量评价说明训练中技能所达到的程度，定性评价和诊断说明训练中存在的问题、不足和改进的方向。定性评价和定量评价相结合，使评价既客观又可靠，有利于受训者改进和提高。

（五）训练过程可以控制

微格教学的整个训练过程都是可以控制的。在角色扮演中，如果受训者准备不充分，或因紧张等出现大的失误，授课可以重新进行，并重新摄像。教学技能训练的关键环节是反馈和评价，而在微格教学中，这两个环节都可以人为控制。在反馈和分析评价时，对于没有看清楚的或意见不一致的内容可以采用慢放、暂停、重放的方法，使指导教师和学生充分讨论，形成统一认识，达成一致意见。可控制的训练过程能够为受训者改进和提高教学技能提供更多准确的反馈信息，使训练向有利于受训者技能提高的方向进行。

五、微格教学的理论基础

微格教学之所以能在教师技能训练方面取得良好效果，是因为它能够及时地将现代科学技术的新成果应用于教学领域，用现代教育教学理论指导教学实践。微格教学的主要理论基础包括学习理论、传播理论和系统科学理论。

（一）学习理论

各种有效的教学必须以学习理论为基础。微格教学是培训师范生和在职教师教学技能的一种方法，它的一个重要的理论基础是动作技能学习的有关理论。根据技能的学习需要有效的指导与示范、练习与反馈理论，微格教学的实施包括模仿学习、角色扮演、用现代视听手段记录和反馈受训者的执教过程。其中，示范、训练和反馈是微格教学最重要的依据。

1. 示范为受训者提供模仿的样板

示范是对事实、观念、过程形象化的解释，是通过实际动作、电视等进行演示，来说明某件事是如何进行的，以便受训者学会如何去做。在微格教学培训中，为受训者提供多种风格的教学示范，辅以对各种技能的说明，可为他们提供模仿的样板，使他们获得直接的感受。示范无论是通过实际动作还是电视提供，都是从视、听两个方面作用于受训者的感官。许多实验已经证明，视、听并用的方法能使信息接受者获得大量信息，比只用语言描述的方法好得多。有研究表明，视觉神经的信息通过能力比听觉神经的信息通过能力大 15 倍。在提供示范的时候，除了通过视、听结合的方法外，语言、文字的指导作用也不可忽视，它能使受训者加深对示范的理解，用所学的理论指导对示范的观察。

2. 技能训练是掌握复杂活动的途径

微格教学主要通过对教学技能的分解和分别训练使受训者形成教学能力。技能按其本身的特点可分为动作技能和心智技能两种。苏联心理学家加里培林等人在对心智技能的研究中，建立了心智技能分阶段形成的学说，他们认为，心智技能是一个从外部的物质活动向内部的心理活动转化的过程。我国的教育心理学工作者对动作技能与心智技能之间的关系进行了较为详细的论述："从认识与行动统一的观点来看，动作技能与心智技能是既有联系又有区别的。感知、表象、思维和肌肉运动是组成技能的必要环节。外部动作是心智技能形成的最初依据，也是它的经常体现者。心智活动又是外部动作的调解者。在完成比较复杂活动的过程中，不只需要心智技能，而且也需要动作技能。"这些心理学上的论述，正是微格教学赖以产生和发展的重要理论根据。

在教学技能训练中，同样包括心智技能和动作技能两个方面。它的外部物质活动是借助讲解、角色扮演、录像示范等进行的，通过观察使受训者形成对活动过程和效果的感知，形成表象。在准备教学和实际训练中，再以此为基础进行各种语言阶段的心智活动。根据动作技能和心智技能形成过程具有阶段性，即掌握局部动作阶段、初步掌握完整动作阶段、动作协调和完善阶段的特点，在微格教学训练中，应分技能、分阶段逐步进行，在每项技能都掌握以后再把它们综合起来，形成较为完善的课堂教学能力。这种学习和训练教学技能的方法符合心理学中动作技能和心智技能形成的规律和原理。

3. 直接的反馈对改变人的行为有重要作用

反馈是控制的基本方法和过程，其目的是使控制者知道以往活动或过程的结果，并以此调节下一步活动的过程，实现所要达到的目的。反馈应同时具有两个条件——准确性和及时性，二者缺一不可。准确性是指反馈信息必须真实可靠，错误的反馈信息会导致做出错误的判断，使控制失效。及时性是指反馈的速度要大于受控者状态改变的速度，即反馈要在下一次决策前完成，只有这样才能发挥调节作用，才能达到控制目的。

人的技能学习以反馈为基础，学习的过程是一个不断反馈强化的过程。例如，在体操馆的墙壁上装有一块特别大的镜子，体操运动员在练习时能看到自己的动作是否达到技术要求；外语教师或中文教师在备课时对着录音机练习朗读课文，以便分析自己的发音是否准确、语调是否符合要求；有的教师为了观察自己的教学行为，备课时对着镜子试讲，看自己的行为是否达到教学的要求等。这些事例都说明，人在进行有目的的活动时，都有一种要获得及时反馈的迫切需求。随着科学技术的迅速发展，录像技术被广泛地应用于艺术、体操、军事、医学、教育等领域的训练活动之中，为受训者及时得到准确的反馈创造了有利条件。微格教学中利用各种现代技术为受训者提供训练的反馈信息，满足了人类学习时的需求，可保证受训者教学技能的迅速形成。

心理学研究已经证明，人类在观察自身行为后所得到的反馈刺激要比他人提供的反馈强烈得多。假如一个教师在教学中有不雅观的行为习惯，当别人提出时改正速度可能较慢，而当他自己观察到的时候，就会急于改正。

有人做了有关反馈重要性的三个实验，即没有反馈、反馈间隔较长和反馈及时，结果如图 2-2 所示。

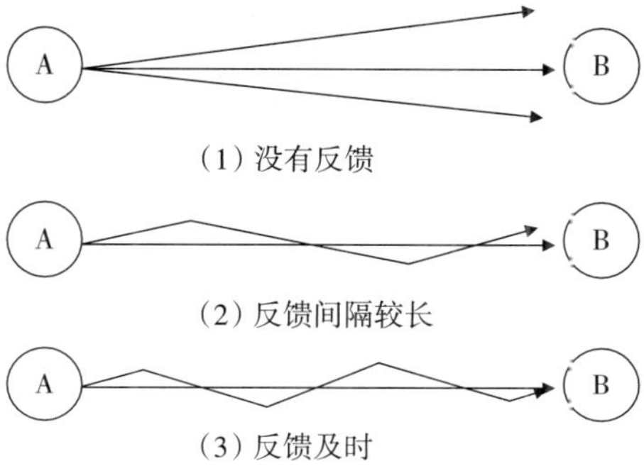

图 2-2　反馈重要性的实验

在这三个实验中，显然第三个效果最好，它基本上是沿着目标前进的。这就证明人类的活动必须有反馈，并且只有及时、准确的反馈才能较好地达到目标。微格教学可在教学技能训练时为师范生或在职教师提供及时、准确的反馈刺激，帮助他们较好地形成教学技能。

（二）传播理论

教学过程也是信息传播的过程，而且是一种特殊的人际传播过程，应遵循传播学的规律。贝罗（D. K. Berlo）的传播过程四要素理论认为，传播过程包括信源、信息、通道、受者四个基本要素。传播的效果不是由其中任何一个要素决定的，而是由四个要素以及它们之间的关系共同决定的。影响信源和受者的因素是相同的，都是传播技巧、态度、知识、社会和文化背景。影响信息的因素是内容、要素、处理、结构、符号等，而信息的内容、符号及处理均能影响通道的选择。微格教学训练中的关键环节之一是准确地将受训者执教的过程真实地反馈给本人。受训者主要通过视觉通道和听觉通道接受反馈信息，根据传播理论，微格教学采用摄像、录音手段为受训者传递反馈信息，使反馈达到最佳效果。

（三）系统科学理论

系统论、信息论、控制论等原理已被广泛运用于教育领域，这些研究使人们对复杂的教学过程中信息的加工、反馈和控制等问题有了新的认识。系统论的主要观点是系统，系统是由许多部分组成的整体。系统论强调整体，强调整体是由相互关联、相互制约的各个部分所组成的。系统论把自己的研究对象不是看作某个单独事物，而是看作一个整体，要求对研究对象进行综合性的研究和把握。任何一个系统只有通过信息反馈，才能实现控制。系统只有开放，与外界有信息交换，才能有序。任何系统都是有结构的，系统的结构功能不等于各孤立部分的功能之和，而是大于各孤立部分的功能之和。

微格教学在训练中把教学技能进行分类，首先对受训者进行单项技能训练，最后进行整节课的设计和训练，使受训者能把所学的各种教学技能综合起来，形成整体的课堂教学能力。这种训练是建立在“系统的结构功能大于各孤立部分的功能之和”的理论基础上的；训练中注重信息反馈和分析评价，这是建立在“系统只有通过信息反馈，才能实现控制。系统只有开放，与外界有信息交换，才能有序”的理论基础上的。

思考题：

1. 什么是微格教学？
2. 微格教学需要哪些条件？
3. 怎样运用微格教学训练师范生的教学技能？

第三章　教学语言技能

教师的语言修养在极大的程度上决定着学生在课堂上脑力劳动的效率。

——[苏联] 瓦·阿·苏霍姆林斯基（1918—1970）

语言修养是教师合理利用时间的重要条件，也是教师基本功和基本素养的重要体现形式。教学语言是教师在教学过程中充分发挥个人创造性、正确处理教学中的各种矛盾、有效地传递知识信息、最大限度地调动学生学习主动性的有效手段。因此，教师要在教学实践与教学科研中不断总结、提升教学语言技能，从而提高课堂教学质量。

第一节　教学语言技能概述

一、教学语言技能的定义

（一）教学语言

教学语言指教师在教学工作中经常使用的行业用语，是用标准的或比较标准的普通话表达的符合教学要求的教师工作用语。教学语言是教师传递教学信息的媒介，是一种专门行业的工作用语。教学语言是教学信息的载体，是教师完成教学任务的主要工具。

教学语言的表达形式是多种多样的，主要有课堂口语，即口头表达；书面语言，即书面文字表达，如板书、批阅作业的批语、多媒体课件中的文字等；身体语言，即用示范性或示意性动作来表达思想。在这三者之中，课堂口语是课堂教学中语言表达的主要形式。本章主要介绍课堂口语。

（二）教学语言技能

教学语言技能是教师运用口头语言传递信息，指导学生学习的教学行为方式和心智活动方式。教学语言技能不同于一般的口头语言技能，它是在一般口语的基础上产生的一种职业语言技能。教学语言技能是在教育教学实践过程中逐步形成的符合教育教学需要、适应教育对象心理特征、遵循语言规律的职业语言技能。

教学语言技能是其他教学技能的基础，因为其他任何一种教学技能的运用都离不开教学语言技能。教师的教学语言技能是影响学生学习的重要因素，在引导学生学习、启发学生思维、实现教学目标等方面具有重要作用。教学语言技能也是教师完成教学任务、提高教学效果的基本技能。

二、教学语言的基本特征

教学语言是语言这一人类交际工具在教育教学领域中的具体运用，它除了具备一般语言的共同属性外，还具备明显区别于一般语言的基本特征。

（一）教育性

教育性指教师的教学语言要对学生起到正面的导向作用，能够引导学生正确地认识客观世界，形成勤奋好学、吃苦耐劳的学习精神，树立积极乐观的学习态度，树立远大的理想抱负。教师的职业性质决定了他的一言一行都会对学生产生影响。因此，教师必须有意识地注意语言的教育作用，在教学的同时，要对学生进行思想、情感和道德品质教育，体现出教师的根本职责——教书育人，立德树人。教师的教学语言对学生的思想、情感、行为始终产生潜移默化的影响，有时甚至是决定性的影响。学生年级越低，这种影响越大，教师必须十分清醒地认识到这一点。教学语言的教育性还表现在组织教学中。教师文明礼貌的语言，或者对学生尊重、鼓励、爱护的语言，在密切师生关系，调动学生学习积极性，培养学生自尊、自爱的意识等方面都会起到积极的作用。教学语言教育性的发挥，在很大程度上取决于教师的言行，教师应在业务上精益求精，在思想、道德、情操等方面全面提高自己的修养。

（二）科学性

科学性指教师的教学语言表达是正确的、准确无误的。教学语言的科学性具体体现在以下几个方面。

1. 对概念和事实的表述、所做的论证、引用的材料是正确的

如果对概念和事实的表述、所做的论证、引用的材料不正确，就会导致科学性错误。例如，有的师范生在讲到鸟类的循环系统时说“鸟类的心脏中有完全的隔膜，把动脉和静脉分开了，提高了血液的运输能力”，这里对隔膜的表述不正确，出现了科学性错误。应该是隔膜把心脏中的动脉血和静脉血分开了，而不是把动脉和静脉分开了。

2. 规范地使用生物学术语

每个生物学专业术语都有特定的含义，在生物学教学中教师要规范运用专业术语，如果运用不规范，也会导致科学性错误。例如，在介绍生物的性别时，最好用“雌”“雄”，而不要用“公”“母”；不能把昆虫的翅说成“翅膀”，把鲫鱼的尾说成“尾巴”；在讲解生物体的结构时，不能说“这是什么东西”，而要说“这是什么结构”。不要随意在专业术语前面加字，加一个字就会改变专业术语原本的含义。师范生在教学技能训练时，经常会在专业术语前加“我们的”，例如，“我们的基因组……”“我们的 DNA 双螺旋……”“我们植物……”等，可能会改变术语原本的意义，从而影响教学效果。

3. 对生物学现象、规律的表述要准确恰当

例如，有的师范生在讲解 ATP 时，说“ATP 是细胞中直接为各种化学反应提供能量的物质”，这个表述不够准确，缩小了 ATP 的功能，准确的表达应该是“ATP 是细胞中直接为各项生命活动提供能量的物质”。

4. 教学语言表达要辩证，防止绝对化

有的师范生把“大多数生物都是由细胞构成的”“细菌的营养方式一般为异养”“苔藓植物一般有根、茎、叶的分化”“酵母菌的生殖方式主要是出芽生殖”讲成“生物都是由细胞构成的”“细菌的营养方式是异养”“苔藓植物有根、茎、叶的分化”“酵母菌的生殖方式是出芽生殖”，忽略其中的“大多数”“一般”“主要”等词语，结果导致语言绝对化，出现科学性错误。因为病毒没有细胞结构，硝化细菌的营养方式是自养，有些苔类的植物体只是叶状体，有些酵母菌有时也进行有性生殖等。

5. 教学语言应传达正确的思想观点，不能把生物界的对象或现象拟人化或做目的论的解释

有的师范生在讲白细胞的功能时，把白细胞比作保卫祖国的战士，当“敌人”“入侵”时，它们纷纷穿过毛细血管壁进入组织中去“消灭”“入侵”的“敌人”。这是对生物现象做了拟人化的解释。还有人讲“鸟类为了飞翔而长有翅膀”，这是对生物现象做了目的论的解释。这些都是由思想观点错误而导致教学语言不科学的表现。生物学是研究生命现象和生命活动规律的科学，是科学教育的重要领域之一，在中学生物学教学中，教师要规范运用教学语言，激发学生的学习兴趣，引导学生揭示生命活动的本质特征，培养学生探索生命奥秘的兴趣，防止因教学语言不科学而误导学生。

（三）学科性

学科性指每个学科独有的而其他学科不具有的特性。在教学中，要用专业术语来体现学科性。例如，生物学的学科性主要用生物、细胞、组织、器官、系统、形态、结构、功能、生殖、遗传、变异、进化、生态、基因、染色体等专业术语来体现。专业术语是学科范围内的共同语言，不用这些术语，不仅不利于交流，而且往往会出现逻辑不严密、表达不准确、产生歧义等问题。教学语言还要处理好通俗语言和专业术语的关系。有时，为了使教学贴近学生的生活实际，需要采用比较通俗的语言，但是这种语言仍然要求做到恰当、准确，具有学科性。例如，有位教师讲解血管的过程如下。

教师：大家知道手上的“青筋”是血管，但是你们知道它是哪种血管吗？

学生：静脉。

教师：你们根据什么说它是静脉？

学生：因为静脉大部分分布在身体较浅的部位，有些在体表就可以看到。

教师：非常好！以后就不要再说那是“青筋”，而要说它是静脉。

这位教师将俗称与专业术语结合使用，使教学语言比较科学、准确，体现了学科性，也体现出一定的专业水平。

（四）简明性

中学一节课一般为 40 分钟或 45 分钟，在这有限的时间内要使学生获得较多的信息，教师的教学语言就必须具有简明性。简明性指教学语言要简洁明了，对生物

现象或规律的描述要简明扼要，不能烦琐冗长；教学语言必须经过提炼和组织；选用的词语一定要经过认真推敲，甚至表达所用的句式也要经过严格的选择；教学中尽量用短句，不要用长句。例如，有位师范生在导入“鸟类”时说，“今天我们就来学习大家都非常熟悉的、人类的好朋友中的一类动物——第八章鸟类”。这里用了一个有两个修饰语的长句，不够简洁明了，不能很好地激发学生的兴趣。如果改成“鸟类是大家都非常熟悉的一类动物，它们是人类的好朋友，大多数可以捕食害虫，有些还可以美化环境。大家非常熟悉鸟类，但是，你们了解鸟类吗？今天我们就来认识鸟类（板书：第八章鸟类）”，把长句改成短句，简单明了，学生听起来也非常轻松。

（五）启发性

启发性指教师通过语言引导学生思考，使学生打开思路，领悟道理。《论语·述而》曰：“不愤不启，不悱不发。”朱熹注：“启，谓开其意；发，谓达其辞。”意思是不到学生努力想弄明白，但仍然想不透的程度时，先不要去开导他；不到学生心里明白，却又不能准确表达出来的程度时，也不要去启发他。也就是说，要在学生百思不得其解的时候去开导他，使他想明白、说清楚。一般要求，教师的教学语言应该能调动学生的学习积极性；能够启发学生思考，激发他们的学习兴趣和求知欲；培养学生的审美情趣，丰富学生的思想感情。教师应该通过语言启发学生去思考并得出结论，而不是代替学生思考或得出结论，这样才能使学生好学和善思。例如，下面是银川市第二十四中学陈银平老师教授“生态系统的调节能力是有限度的”教学片段。

教师播放“草原变沙漠，森林变荒原”的视频。请同学们观看后，结合上节课所学，提出自己的疑问。

学生认真观看视频后纷纷提出疑问，如“生态系统有自我调节能力，可是视频中的草原变沙漠，森林变荒原，这又是为什么呢？”……

教师说：“是啊！既然生态系统有自我调节能力，为什么还会有草原变沙漠，森林变荒原？”请同学们带着问题阅读教材第86–87页内容，在自学中思考问题，寻找问题的答案。

学生通过阅读找到了答案，即“生态系统虽然具有自我调节能力，但总是有一定的限度。面对一些破坏性的干扰，生态系统则难以自我调节、自我恢复”。

教师继续引导：“也就是说，虽然生态系统具有自我调节能力，但是调节能力是有限度的。”

学生又产生疑问：“‘调节能力是有限度的’是什么意思?”

教师借用弹簧模拟实验，帮助学生理解“调节能力是有限度的”含义：当外力影响超出一定的范围时生态系统的平衡就会遭到破坏；外力越大，破坏程度越严重，恢复的时间越长，甚至永远不能恢复。

在该教学片段中，教师先让学生观看视频，使学生产生疑问，学生有疑问后，教师并没有直接告诉学生答案，而是让他们通过阅读教材寻找答案。学生找到答案后，又产生了新的疑问，这个问题比较难，但是教师还是没有直接告诉学生答案，而是通过模拟实验，引导学生在观察思考中得出答案。

在这个教学片段中，有 3 句话具有很好的启发性。（1）“请同学们观看后，结合上节课所学，提出自己的疑问”，引导学生思考并产生疑问，因为上节课学习的是“生态系统具有调节能力”。（2）“请同学们带着问题阅读教材第 86–87 页内容，在自学中思考问题，寻找问题的答案”，启发学生思考并寻找答案。（3）“也就是说……”，引导学生把一句话的意思概括完整。

（六）可接受性

可接受性指教师的教学语言应符合学生的认知能力和思维发展水平，便于学生接纳、理解。教学语言的可接受性表现在两个方面。首先，教学语言的外部表现形式能够被学生接受，主要指吐字清晰，音量、节奏、语速、语气适当。如果吐字不清楚、音量过高或过低、节奏太快或太慢、语气不合适等都会影响学生对信息的接受。这就要求教师上课时的声音既要保证全班同学都能听得到，又不会让学生感到烦躁；既不要用平淡的语言、面无表情地去讲授重大或有趣的问题，也不要用慷慨激昂的语气去讲授那些本来平淡无奇的事实。教师还要尽可能接近和模仿学生的语言和语气，使学生有亲切感。

其次，教学语言所表达的内容能够被学生接受。即教师所讲授的内容应符合学生的思维发展水平和认识水平，不能给学生讲授太深奥、太复杂、学生没有基础的知识。有些师范生在讲解骨的结构时，讲到了“大转子”“小转子”，这样的内容对初中生来说就不具备可接受性，因为这是大学解剖学的内容，初中生无法理解。

在中学生物学教学中，教师只有把教学语言的基本特征都充分地体现出来，才有可能使教学取得好的效果。

三、教学语言的构成要素

教学语言是由相互联系、相互配合的诸要素构成的。要使教学语言能够生动、准确地传递教学信息，便于学生接受和理解，教师需要了解教学语言的基本构成要素。

（一）语音

语音是语言的物质基础。语言是由发音器官以声音的形式发出的，有了语音，语言才能被感知。

发音器官由生理作用各不相同的人体器官构成，当这些器官参与发音活动时，它们被称作发音器官。根据在发音过程中的作用，发音器官可分为呼吸器官、发声器官、吐字器官和共鸣器官。呼吸器官包括肺、气管、支气管、膈肌和胸廓，它们为发音提供所需的空气动力。发声器官包括喉头和声带，其作用是在空气动力推动下，发出可供吐字器官和共鸣器官加工的声音。吐字器官包括唇、齿、舌、软腭、硬腭等，它们对发声器官产生的声音进行加工，形成具有意义的语音。例如，舌尖和上齿龈接触，发出“t”“l”的音；舌后缩，舌根抬起与软腭形成阻碍，发出“k”“h”的音；舌面前部向硬腭接触或接近，发出“j”“q”的音。共鸣器官由口腔、咽腔、鼻腔和胸腔构成，它们对形成语音、扩大音量和丰富音色有着重要的作用。

舌在发音中是活动最积极、影响最大的器官，在普通话所有音节中，除了发辅音 b、p、m、f 以外，其他音几乎都要依靠舌的活动。而且舌的弹动力越强，声母就会越清晰、准确。为了使字音清晰、圆润，舌的活动幅度要大，因此，必须适当打开牙关。唇是声音的出口，对控制吐字的质量有明显影响。例如，发音时，如果唇向前突出，会使字音包在口腔中，给人压抑沉闷的感觉；如果适当把唇收拢，使唇齿相依，声音就会明朗。为了使声音集中，还必须加强唇的收撮力，如果唇的收撮力弱，就容易使声音发散、不清晰。唇、齿、舌是一个整体，三者相互协调，才能使发音准确、清晰。

教学语言中要尽可能避免方言，因为方言有时会传递错误的信息，或使学生产生错误的理解。例如，在某些地方的方言中，“xian”和“xi”的发音混淆不清，有些教师将“线粒体”错发成“细粒体”，结果导致学生在答题时将“线粒体”误写成“细粒体”。

在发音时，还要注意音量适当。音量指声音的大小，声音太小，学生听不清楚，声音过大，会使人感到不舒服。音量应控制在教室安静的情况下最后一排的学生也能听清楚。还要注意音量的保持，避免听清前半句，听不清后半句，要保证每一句话的最后一个字学生都能听得清清楚楚。

语音是语言的外部形式，在教学中，对语音的要求是规范，即要讲普通话，且发音准确、吐字清晰，音量适当。

（二）语速

语速指讲话的快慢。在日常生活中，每个人讲话的速度各不相同。但是教学语言是一门专门的工作语言，其语速不能由日常习惯决定，而必须受课堂教学自身规律的制约，受与教学有关的诸多因素的支配，不得有任意性。电影、电视解说的语速为每分钟 250~300 字，课堂教学的语速要慢一些，以每分钟 200~250 字为宜。如果教师语速太快，发送信息的频率就会太高，学生的大脑来不及处理接收到的信息，势必造成信息的遗漏、积压，导致信息接收障碍，甚至终止接收。反之，如果教师语速过慢，信息发送得太慢，跟不上学生大脑处理信息的速度，不仅会浪费时间，还会导致学生精力涣散，降低听课的兴致与效果。因此，语速应适当。

（三）语调

语调即说话的腔调，就是一句话里语音高低轻重的配置。语调是语言的灵魂，是增强语言生动性、体现语言情感的主要因素。如果教师讲课的语调长时间比较低沉，则会使课堂气氛沉闷，学生精神不振，影响信息的接收；反之，如果教师的语调较长时间高亢激昂，则会使课堂嘈杂，使学生感到烦躁和厌倦，也会降低学生对信息的接收率。正确的方法是在讲解重点、难点、问题的承接处时，或在叙述概念、定义、公式、定理时，语调应高一些；在强调关键词时，语调也要高一些，以引起学生思考。语调是教师情感的自然流露，要做到语调自然适度、抑扬顿挫，需要教师对教学内容有深刻的理解，对学生充满感情，全身心地投入教学中。情感的自然流露会使“淡语皆有味，浅语皆有致”。

（四）节奏

节奏指音强强弱、语速快慢、停顿等变化，有高亢型、紧张型、凝重型、轻快型、低沉型、舒缓型等类型。教学中教师不能以一种节奏从头讲到尾，如果这样做，学生的注意力就会不集中。应该在讲到重要的地方提高声调、放慢速度；讲到快乐的地方自然露出微笑；讲到愤怒的地方情绪就激昂；讲到悲伤的地方声音变得低沉。语言的节奏，能够激发学生的情绪，提高接收信息的效率。

（五）词汇

语音是语言的形式部分，而词汇是语言的意义部分，没有词汇就没有语言。在教学语言中，对词汇的要求是规范、准确、生动。用词规范、准确是对教学语言的最基本要求，否则就不能正确地传递教学信息。生物学教学中的用词规范、准确指用生物学专业术语描述生物现象和规律。如果专业术语用得不规范、不准确，就会导致科学性错误。例如，在学习"神经系统的调节"时，学生经常出现一些错误的表述："传导刺激""传导神经递质""兴奋在神经纤维上传递""兴奋在神经元之间传导""兴奋的传导是单向的""兴奋的传递是双向的"等。

这些都是由于专业术语用得不规范、不准确，导致描述不符合事实的科学性错误。正确的应该是"传导兴奋"，而不是"传导刺激"或"传导神经递质"；是"兴奋在神经纤维上传导""兴奋在神经元之间传递""兴奋的传导是双向的""兴奋的传递是单向的"。

生动指教学语言的选词和用词要做到精选妙用，注意词的形象性、感染力和感情色彩。语言的生动不是靠辞藻的堆砌可以达到的，一个很平常的词如果用得精当巧妙，也会格外生动传神。语言的生动与教师的科学知识有关，也与教师的语言表达水平、讲话的技巧有关。教学语言要求用普通话，普通话能否讲好，不仅是发音的问题，还与用词有关。例如，有些地方习惯性地把"你去哪里"说成"你走哪里"，尽管发音很准确，但是用词不规范，使别人不太容易理解。

（六）语法

语法是语言的结构方式，就是词的构造、变化的规则和用词造句的规则，是语言在长期发展过程中形成的，是运用该种语言的全体成员必须共同遵守的规则。教学语言也要遵循汉语的语法规则。如果句子结构不符合语法规则，就无法进行交流。

在教学中，教师是用句子来表达思想、传递教学信息的。句子是由词或词组构成的，是具有一定语调并表达完整意思的语言运用单位。句子的基本成分是主语、谓语、宾语。主语是谓语陈述的对象，指明说的是"什么人"或"什么事物"，一般是名词或代词。谓语是用来陈述、说明主语的，说明主语“是什么”或“怎么样”，一般是动词。宾语在动词后面，表示动作、行为所涉及的人或事物，回答“谁”或“什么”之类问题。句子的补充成分是定语、状语、补语。定语在句子中起修饰、限制主语或宾语的作用。状语修饰、限制谓语，一般在谓语前面，有的在句子最前面，交代时间、地点、范围、情况等。补语对谓语中心语起补充说明作用，一般放在谓语中心语之后。在遣词造句时，一般要求句子的主干成分齐全，不能残缺，而且成分搭配要恰当。分析下面几句话：

（1）实验思路构思较为严谨，但缺乏具体过程验证结论。

（2）验证思路有待严谨。

（3）构思很好，但操作不够条理性。

（1）中“缺乏”与“具体过程验证结论”搭配不合理，可以改成“缺乏验证结论的具体过程”。“缺乏”的应该是“过程”。“具体过程验证结论”是两个词组并列在一起，结构本身也不正确。

（2）中“有待”与“严谨”搭配不合理。“有待”后面应跟动词，如“提高”或“改进”，而“严谨”是形容词。

（3）中“操作”与“条理性”搭配不合理。“操作”后面应跟形容词，如“规范”等，而“条理性”是名词。

教师只有按照教学语言构成要素的要求，恰当、准确地运用教学语言，才能够正确地传递教学信息，引导学生科学地学习，才能够体现出教师的精神力量和个人魅力。

第二节　教学语言技能的训练和评价

一、教学语言技能的基本要求

苏霍姆林斯基曾强调“教师的言语是一种什么也代替不了的影响学生心灵的工具”。因此，教师的教学语言应符合一些基本要求。

（一）讲普通话，发音准确

普通话是教师的职业语言，用普通话进行教育教学工作是合格教师的必备条件。教师是教学信息的传播者，因此，教师要讲普通话，而且发音要准确，汉语中同音字较多，如果发音不准确，容易造成误解。

（二）专业术语与通俗语言巧妙结合

教学语言具有教育性、学科性和科学性等特点，因此，生物学教师要运用生物学专业术语，才能准确地描述生物现象和规律。但是，专业术语一般都是概念，比较抽象，如果只用专业术语，学生不易理解，因此要把专业术语与通俗语言巧妙地结合起来。

（三）严谨、简明、流畅

教学语言要严谨、准确，不能模棱两可、含糊其词。对教学内容的阐述，有时多一个字或少一个字都会使语言不严谨，例如“动脉”和“动脉血”两个词仅一字之差，但含义完全不同。教学语言还要流畅、简洁、明了，使学生容易领会其意。

（四）规范

无论是书面语言还是口头语言，都要符合现代汉语的规范。一般来说，吐字要清楚，遣词造句要讲究语法，叙述事理要符合逻辑。

（五）生动、形象、富于启发性

在教学中，教师应恰当地运用典故、形象的事例等增加语言的趣味性，从而活跃课堂气氛，帮助学生加深对知识的理解和记忆；或使用具有启发性的语言引导学生思考、想象、分析，激发学生的学习兴趣。例如，有位教师在讲心肌的特征时，刚好看到一个学生也许是太困了，眼皮直打架，快睡着了。于是教师说：“幸亏心肌的收缩不受大脑的控制，否则谁还敢在上课时打瞌睡呀！”教师的幽默不但活跃了课堂气氛，也把打瞌睡同学的睡意赶走了。

（六）语言要有节奏感

教学语言不能平铺直叙，要根据教学内容和教学进展，使语言能够高低快慢、轻重缓急相结合，达到抑扬顿挫的效果，从而增强学生的注意力，减少学生的疲劳感，使学生的大脑始终处于兴奋状态。

教学语言技能不是一天两天就能练好的，除了专门训练外，平时还要多练习。在平时，要深入研究中学生物学课程标准和教科书，把教学内容吃透，熟悉教学内容是使语言精练、教学自如的前提条件。对一些过于抽象的内容，要专门讨论和研究如何准确表达，如何表达得更生动。平时应多看、多做，一方面可以拓展自己的知识面，一方面可以积累一些典型的教学语言运用事例。积累得多了，就能够灵活、自如地运用。在备课时，教师不仅要了解学生，吃透教材，还要精心组织语言。

二、教学语言技能的评价标准

教学语言技能是其他技能的基础，教学语言技能的掌握程度不仅会影响教学信息的传递效果，也会影响其他技能的掌握情况。因此，教师应努力提高教学语言技能。教学语言技能的评价标准见表 3–1。

表 3–1　教学语言技能的评价标准

序号	评价指标	分值
1	普通话标准	10 分
2	声音洪亮，语速适中	15 分
3	用词规范、准确	20 分
4	语言流畅、节奏适当	10 分
5	没有口头语和多余的语气助词	10 分
6	有激情，能调动学生的学习积极性	10 分
7	逻辑严密，条理清晰	15 分
8	恰当运用体态语言（教态自然、大方、得体）	10 分

三、教学语言技能的训练方法

苏联教育家马卡连柯说：“只有学会用十五种至二十种声调来说‘到这里来’的时候，只有学会在脸色、姿态和声音的运用上能够做出二十种风格韵调的时候，我就变成一个真正有技巧的人了。”也有些教育家认为，教师的教学语言应该集播音员的清晰、相声大师的幽默、评书演员的流利、故事大王的激情于一体。当然，这是教学语言的理想境界，不可能要求每一位教师都达到，但是应该是每一位教师终生所追求的境界。训练教学语言技能的方法有很多种，可以参考以下方法练习。

（一）录音训练法

选几句教师常用的课堂教学用语，如“上课！同学们好！请大家打开课本第 43 页（高中必修 1），对照图 3–4，阅读最后一段，然后叙述荧光标记的小鼠细胞和人细胞的融合过程”，每天练习几遍，并用手机录音，通过反复讲、录音、听、修改，提高教学语言技能。

（二）微格教学训练

按照微格教学要求，学生分组在微格教室进行教学语言技能训练，然后在全班示范，使学生博采众长，互相学习，共同提高。具体要求如下：

（1）每位同学准备一个生物学家或有关生物的故事，按照教学语言技能的要求备课，并写讲稿，在规定时间到微格教室进行教学语言技能训练。

（2）每位同学讲故事的时间为 3~5 分钟，训练前必须试讲以熟悉内容，做到讲课时脱稿。

（3）根据学校微格教室的数量，事先把全班同学分成若干个小组，每组确定一名组长。组长提前安排好讲课顺序，训练时组织小组成员讲课，保证训练顺利进行。

（4）训练时，每位同学依次扮演教师角色讲故事，小组成员根据教学语言技能的评价标准，对每位同学的教学语言技能进行分析诊断并评分（不给自己评分），组长计算出每位同学的平均分，作为该同学本次训练的成绩。

（5）训练结束后，每组推荐一位同学的教学录像，下次上课时在全班播放，并推荐一位同学评课。

（6）训练结束后，组长把小组成绩和推荐同学的姓名、教学录像、讲稿及评课同学的姓名上报给指导教师。

（7）下次上课时，按照小组顺序，先播放第一组推荐同学的录像，然后评课同学进行评课，最后指导教师进行综合评价。以此类推，对各组推荐的录像进行展示、评价。

思考题：

1. 教学语言技能在生物学课堂教学中有何作用？

2. 如何提高教学语言技能？

3. 生物学课堂教学语言有哪些要求？

4. 普通话标准的同学还需要训练生物学教学语言技能吗？

第四章　导入技能

如果教师不想办法使学生产生情绪高昂和智力振奋的内心状态，就急于传授知识，那么这种知识只能使人产生冷漠的态度，而给不动感情的脑力劳动带来疲劳。

——［苏联］瓦·阿·苏霍姆林斯基（1918—1970）

苏霍姆林斯基的这句话告诉我们，在教学前，一定要使学生情绪高昂和智力振奋，如果学生达不到这样的状态，教学效果可能就会不理想。在教学中，一般通过导入来达到这样的效果。导入是教学活动的开始，也是调动学生的学习热情、点燃学生的求知欲望、把学生带进学习状态的重要环节。

第一节　导入技能概述

一、导入技能的定义

导入技能指在新的教学内容或教学活动开始时，教师采用一定的教学方式引导学生进入学习内容的教学行为方式和心智活动方式。“导”是手段，“入”是目的。课堂导入犹如乐曲的“引子”、戏剧的“序幕”，负有集中学生注意力、渗透主题和带入情境的任务。

二、导入技能在生物学教学中的作用

俗话说“万事开头难”，课堂教学也一样。导入是一节课或新内容的开始部分，是课堂教学的重要组成环节，好的开头可以达到事半功倍的效果，而不好的开头可能会出现事倍功半的效果。导入的主要作用是引导学生进入新内容，并为新内容的

学习创设情境，营造氛围。它在教学中的具体作用体现在以下几个方面。

（一）创设教学情景

人是有情感的动物，往往容易触景生情，导入正是利用人类的这一特性来为学习创设情景的。好的导入，可以创设一定的教学情景，从而引起学生的注意、激发学生的兴趣，使教学达到先声夺人、引人入胜的效果，使学生为完成新的学习任务做好心理准备。

（二）引起注意，激发兴趣

注意是人的心理活动对一定对象的指向和集中，是进行任何学习活动的前提条件。俄国著名教育家乌申斯基把注意形象地比作通向心灵的“唯一门户”。兴趣是力求认识某种事物或爱好某种活动的心理倾向，这种倾向是和愉快的体验相联系的。好的导入在引起学生注意、使他们愿意接受新知识并做出反应的同时，能够激起学生的学习兴趣，甚至使学生表现出对将要学习内容的积极追求（热爱）。如果导入设计得不好，或者课前没有导入，学生的注意力就会不集中，对教师给予的各种刺激可能会“视而不见”“听而不闻”。爱因斯坦曾经说过兴趣是最好的老师，而教师则是点燃学生学习兴趣的火炬。在教学过程中，只有激发学生的学习兴趣，才能调动学生学习的积极性和主动性，学生才能变被动为主动，全身心地投入学习中去。好的导入会使学生对学习产生浓厚的兴趣，促使求知欲强的学生的求知欲由静止状态被激发为活跃状态；同时也是对求知欲弱的学生学习动力的强有力的外部刺激，即激起他们对新课急不可待的情绪。学生一旦进入此种状态，就能产生强烈的学习动机，积极、主动地投入学习中去，变被动的“要我学”为主动的“我要学”。一旦“我要学”这种发自内心的渴望被诱发出来，学习的劲头就会随之而来，不可遏制。继而出现的便是学生对本节课内容的热爱，甚至是对学习本身的热爱。

（三）激发思维

导入中的故事、实验、谚语等，不仅能够引起学生的注意，激发学生对学习的兴趣，还能够激发学生的思维。在导入中，教师往往还会用设问来激发学生的思维，使学生思考教学中的相关问题，从而为新内容的学习奠定基础。

（四）建立知识之间的联系

导入还是课与课之间的桥梁和纽带，具有承上启下的作用，既是先前教学的自然延伸，也是新课教学的开始。导入通过揭示新旧知识之间的内在联系，为新知识的学习打下良好的基础。

（五）明确学习内容

导入用一定的方式带领学生进入学习内容，最终使学生知道将要学习的内容，并使学生明确学习的方向。

（六）控制教学信息的传递效率

导入通过创设情境，激发兴趣，调动学生学习的积极性，能够使学生产生情绪高昂和智力振奋的内心状态，从而提高教学信息的传递效率和学生的学习效率。

我们把导入在课堂教学中的作用形象地概括为一句话——让每一部分内容精彩出场！

第二节　导入技能的类型

中学生物学教学中导入的形式非常多。由于教学对象的不同、教学内容的不同、教学条件的不同，导入的方式也不同，即使是同一教学内容，对于不同的班级，教师也可能采取不同的导入方式。了解导入技能的类型，能让教师设计出形式多样、内容丰富的导入方式。在以往的研究中，研究人员比较注重对导入技能内容的研究，而忽略了对导入技能划分依据的研究。目前，中学生物学教学中常用的导入，主要有两种划分依据，第一种是根据导入所用的方法划分，如直接导入、复习导入、设疑（悬念）导入、情境导入、活动导入等；第二种是根据导入所用的素材划分，如直观导入、故事导入、诗词谚语导入、经验导入等。下面对各种导入方式进行介绍。

一、根据导入所用方法划分的类型

（一）直接导入

直接导入是教师不借助其他材料，只通过概述新课的主要内容及教学程序，使学生明确学习目标和要求，在思想上重视并做好参与教学活动的准备，达到“课伊始，意亦明”的效果。例如，在教授“人的生殖和发育”这节课时，某教师这样导入：

今天我们学习大家预习得最好的一节内容——人的生殖和发育（笑声）。这说明大家对自己身心健康比较关心和重视。从本课开始，就让我们以科学的态度来学习关于自身的科学。

中学生出于好奇心，早就偷偷看过了这一节，这是情理中的事。教师掌握学生这一心理状态，用“预习得最好”几个字巧妙地抖落出学生的这个秘密，使课堂气氛轻松幽默，教师再辅以正面肯定和正确引导，恰到好处地排除了因腼腆给学生带来的心理障碍，为本节内容的学习创设了良好的氛围。这种导入方式直截了当、干脆利落，既点明了学习内容，又提出了学习要求，还能够引起学生的注意，调动他们意识中的积极因素。

（二）复习导入

复习导入是通过复习前面学过的内容来引入新课的导入方式。学习应遵循循序渐进原则，有经验的老师，很注重知识之间的衔接，会通过前后知识之间的联系来导入新课，使教学达到承前启后的目的，从而降低知识掌握的难度，便于学生将新学知识纳入原有的认知结构中去。例如，在教授“物质跨膜运输的方式”这节课时，某教师这样导入：

上一节我们学习了细胞膜的结构和功能，大家想一想：细胞膜有哪些功能？学生回答后，教师讲：细胞膜将细胞与外界环境分隔开，使细胞成为一个相对独立的系统，并保障细胞内部环境相对稳定。但是，细胞进行生命活动又需要不断地从外界获取物质和能量，把细胞内产生的废物排出去。那么，物质是如何进出细胞的？各种物质进出细胞的方式一样吗？今天我们就来学习“物质跨膜运输的方式”，学完后大家就可以解决这些问题了。

该教师通过复习细胞膜的功能，引出新内容“物质跨膜运输的方式”，既简单明了，又建立了前后内容之间的联系，让学生明确了将要学习的内容，并为新内容的学习做了很好的铺垫。

（三）设疑（悬念）导入

设疑（悬念）导入是教师通过设置具有挑战性的问题，制造悬念或使学生产生疑虑，从而激起学生的好奇心和求知欲的一种导入方式。“学起于思，思起于疑”，思维永远是从问题开始的。所以优秀老师一定会设计好的问题，并通过问题设置悬念，激起学生探索问题、解决问题的欲望。例如，在教授“减数分裂”时，某教师这样导入：

我们已经知道每种生物细胞中的染色体数目是恒定的，比如人的体细胞中有23对染色体。大家也知道，在生殖过程中，精子和卵结合形成受精卵，受精卵经过分裂和分化，逐步发育成胎儿。那么受精卵的染色体数目是多少呢？如果是23对+23对，那后代的染色体数目就会一代一代翻倍，后代就……这显然不可能；如果是23对的话，那么精子和卵细胞中的染色体数目又是多少呢？这又是怎么实现的？实际上，人的受精卵中有23对染色体，精子和卵细胞中各有23条染色体，精子和卵细胞中染色体数目是通过一种特殊的细胞分裂方式——减数分裂实现的。今天就让我们一起来学习有关“减数分裂”的内容。

该导入通过3个设问，制造了悬念，让学生产生了疑虑，思维一直处于紧张的思考状态，极大地调动了学生的好奇心和求知欲。第一个设问“受精卵的染色体数目是多少呢”为学生制造了悬念，刺激学生深入思考。第二个设问“如果是23对的话，那么精子和卵细胞中的染色体数目又是多少呢”，虽然不是悬念，但也让学生产生疑虑，引发学生思考。第三个设问“精子和卵细胞中各有23条染色体，这是怎么实现的”，学生经过思考能够推测出精子和卵细胞中应该各有23条染色体，但是从前面的学习中不能推测出为什么是23条，学生还是处于疑虑之中，渴望尽快知道答案。所以，学生对将要学习的内容始终充满好奇和期待。

（四）情境导入

情境导入指教师通过生动有趣的语言呈现形象直观的画面，为学生创设生物学教学情境，让学生展开丰富的想象，使学生产生身临其境的感受，从而情不自禁地进入学习的一种导入方式。例如，在教授“环境的污染与保护”时，某教师这样导入：

教师播放空气、河流，土壤等被污染的视频，让学生仔细观看视频，看完后回答看到了什么、想到了什么。学生看完后描述了看到的现象，并说应该从自身做起保护环境，教师由此引入学习课题。

该导入通过视频，让学生置身于环境被污染的情境中，激发了学生保护环境的情感和意识，不但顺利地导入了新内容，还调动了学生学习新内容的积极性。

（五）活动导入

活动导入指通过让学生参与一些相关活动，激发学生兴趣和思维的一种导入方式。例如，在教授“鸟类”时，某教师设计了如下导入：

> 教师让学生提前折好纸飞机，课间在教室里比赛扔纸飞机，看谁的飞机飞得又高又远。当学生兴致勃勃地“玩”过之后，上课铃声也响了。教师问：“怎样才能使飞机飞得又高又远？”学生纷纷说出一些方法。教师说：“小鸟不用别人扔就可以自由自在地飞得又高又快又远，这是为什么？（稍停顿）今天我们就一起来认识鸟类。”

该导入通过学生折飞机、扔飞机、思考使纸飞机飞得更高的原因等活动，让学生对“飞”有了亲身体验并产生了研究的兴趣，教师将“飞”迁移到鸟类的飞行上，自然地导入将要学习的新内容，为新课的学习做了很好的铺垫。

二、根据导入所用素材划分的类型

（一）经验导入

经验导入指教师利用学生已有的生活经验或熟悉的素材，引导学生进入新课的导入方式。例如，在教授“酶的特性”时，可以这样导入：

> 同学们都洗过衣服，那么使用加酶洗衣粉和不加酶洗衣粉洗衣服有什么区别？使用加酶洗衣粉时，需要注意什么事项？学生凭生活经验能够回答这些问题，当学生回答后，教师说“这些都与酶的特性有关，今天我们一起来学习酶的特性”，由此导入新课。

该导入从学生的生活经验引入新课，既能使学生明确学习内容，又能使学生产生亲切感，感受到所学知识的实用性，从而激发起学生的学习兴趣。

（二）直观导入

直观导入指教师通过展示实物、标本、挂图、模型或实验等直观手段导入新内容的方式。生物学是一门以实验为基础的学科，用实验揭示生物学现象来导入新课，能够吸引学生的注意力，激发学生的学习兴趣，因此，实验导入是生物学教学中常用的导入方式。在导入时，除了课本上安排的实验外，教师还可以自行设计一些小实验来导入新课。例如，在教授“DNA 的结构”时，生物科学（教师教育）专业 2021 级阳震同学是这样导入的：

同学们好！在进入新内容学习之前，请同学们先观看老师做一个小实验：（1）将水、洗洁精和盐按照一定比例混匀，制备提取液；（2）将3~4个成熟的草莓放入塑料袋中碾碎（课前完成），将提取液倒入碾碎的草莓中，混匀后倒入带有滤网的塑料杯，过滤掉所有固体；（3）在过滤好的液体中加入适量预冷后的、浓度为95%的酒精。请同学们观察，混合液上层出现了什么现象？

（学生能看到，出现了白色絮状物）大家知道这些白色絮状物是什么吗？其实，这些白色絮状物主要是草莓的DNA（可用二苯胺试剂鉴定）。从前面的学习中，我们知道DNA是主要的遗传物质，那么，DNA具有怎样的结构使它能够行使这样的功能呢？下面，我们就一起来探索DNA的结构。

该导入的实验步骤简单，现象十分明显，可以让学生直观地看到草莓的DNA，既能够导入教学内容，又能激发学生的兴趣，引发学生思考，调动学生学习主动性和积极性，为学习新内容创设良好的教学情境。

（三）诗词谚语导入

诗词谚语导入指将诗、词、谚语等作为素材来引入新课的导入方式。诗、词、谚语往往包含着深奥的道理，用诗、词、谚语导入新课，能够为学生创设良好的学习情境。例如，在教授“家蚕的生殖和发育”时，某教师导入新课的方法是：

教师：“‘春蚕到死丝方尽，蜡炬成灰泪始干’，这句诗描述了一种什么生物现象？”

学生：“蚕吐丝的生物现象。”

教师：“蚕到底是一生都在吐丝呢，还是只在生殖发育的某个阶段才吐丝呢？带着这个问题，我们来学习今天的内容——家蚕的生殖和发育。”

该导入用家喻户晓的诗句导入新课，营造了非常好的文化氛围，实现了语文、生物学科的有机融合，激发了学生学习生物学知识的浓厚兴趣。

（四）故事导入

故事导入指用故事作为素材来引入新课的导入方式。故事是中小学生比较喜欢的内容，有些故事蕴含深刻的道理，用故事导入新课，能够让教学生动有趣。例如，在教授“生命的诞生”时，某教师这样导入：

“传说最初地球上只有一个人——女娲。后来女娲觉得寂寞了，便用泥捏出了许多跟自己一样的人——有鼻子、眼睛、嘴巴、耳朵，还有四肢和手脚。她捏了许多，到最后实在太累了，便用树枝沾上泥去甩，这些泥点子落到地上也变成了人。只不过，捏出来的人长得精致、漂亮，而甩出来的人长相粗糙、丑陋。这样就形成了今天地球上的人。”当学生听得目瞪口呆时，教师顺势一转：“大家相信人是神造的吗？地球上的生命到底是怎么产生的？带着这些问题我们进入今天的学习内容——生命的诞生。”

该导入用女娲造人的故事紧紧地吸引了学生的注意力，为新内容的学习做了很好的铺垫，也对生活中人是神创造的观点提出疑问，为学生形成正确的世界观奠定了基础。

导入的方式很多，但是在教学中应该使用哪一种类型的导入，需要教师深入钻研教材，熟悉教学内容，并且根据学生的认知特点和教学目标来确定。

第三节　导入技能的训练和评价

一、导入的基本结构

导入的方式方法很多，同一学科的不同内容，甚至同一内容对于不同的学生，导入方式也可能不同。但是无论哪个学科，无论用哪种方式导入，导入的基本结构是相同的，只有掌握了导入的基本结构，才能设计出逻辑合理的导入。下面通过例子来分析导入的基本结构。

例如，在教授“生物的遗传与变异”一章时，某教师设计的导入如下：

师：龙生龙，凤生凤，老鼠的后代会打洞。这句谚语描述的是生物界的一种什么现象？

生：遗传。

师：很好，这句谚语揭示了生物界的遗传现象。那么，什么是遗传？遗传是怎样发生的？（稍停顿）这节课我们就来研究生物的遗传。

这个导入非常简短，效果也非常好。它用了一个学生熟悉的谚语，通过设问，揭示出谚语与所学内容之间的关系，激发了学生的思维和兴趣，并且使学生明确了本节课要学习的内容。在这个导入中，教师每句话所起的作用如下：

龙生龙，凤生凤，老鼠的后代会打洞。（用谚语创设情境，激发兴趣）

这句谚语描述的是生物界的一种什么现象？（设问，使学生定向思维）

很好，这句谚语揭示了生物界的遗传现象。（讲解，建立谚语与所学内容之间的联系）

那么，什么是遗传？遗传是怎样发生的？（设问，使学生定向思维）

这节课我们就来研究生物的遗传。（讲解，明确课题）

通过分析，我们知道这个导入由创设情境 → 建立联系 → 定向思维 → 明确课题这四个环节构成。导入基本上都是由这几个环节构成的，每个环节在导入中都有非常重要的作用。

（一）创设情境

在导入时，教师一般都要采用一些素材（除直接导入）来引出新内容，如生动的故事、活动、谚语、实验等，这些素材的主要作用是为学生的学习创设情境，营造氛围，激发兴趣。因此，创设情境是导入的一个重要环节。

（二）建立联系

导入中所选用的素材必须与新内容有一定的内在联系，才能引出新内容。但是这种联系，学生一般感知不到，教师要通过讲解、分析、设问等，引导学生建立这种联系。在设计导入时，建立联系是一个较难的步骤，首先需要找出所用素材与将要学习的新内容之间的联系，然后用适当的方式引导学生建立联系。在上面的例子中，“龙生龙，凤生凤，老鼠的后代会打洞”这句谚语本身描述的就是遗传现象，教师用一个设问（“这句谚语描述的是生物界的一种什么现象”）引导学生说出答案，就建立了二者之间的联系，而且这种联系是通过学生思考建立的。如果这里不用设问，而是教师自己讲，虽然也能建立联系，但效果就不如让学生思考后建立联系好。

（三）定向思维

导入的目的是引导学生以积极的心理状态进入新的学习内容。当用素材激发起学生的兴趣和思维后，教师就要及时引导学生将思维转向即将学习的内容，而不是任其漫无边际地去发展，否则就不能很好地引导学生进入新内容。一般用设问使学生的思维定向发展。

在上面的例子中，教师说出“龙生龙，凤生凤，老鼠的后代会打洞”后，紧接着设计了一个设问“这句谚语描述的是生物界的一种什么现象”。通过这个设问把学生的思维引导到“遗传”这个主题上来。如果没有这个设问，学生可能会思考各种各样的问题，例如“自然界有龙和凤吗”“龙长什么样”“凤长什么样”等，这些问题虽然也有助于学生思维的发展，但是与将要学习的主题“遗传”没有联系。如果学生一直这样思考下去，教学就没有了核心和主题，也就没有了方向，就不能很好地引出新内容。在引出“遗传”这个主题后，为了能让学生对将要学习的内容产生兴趣，教师又设计了两个设问“什么是遗传？遗传是怎样发生的”，让学生进一步去思考。

在导入中，设问决定着学生思维的发展方向，也决定着教学的发展方向。因此，要用设问来引导学生思考将要学习的新内容，引导学生的思维发展方向。

（四）明确课题

导入的最终目的是引导学生进入将要学习的新内容。通过创设情境、建立联系、定向思维激发起学生的兴趣后，就要及时告诉学生将要学习的内容，使学生明确学习课题，由此引导学生进入新的学习内容，完成导入的任务。

导入基本上由创设情境、建立联系、定向思维、明确课题四个基本环节构成，缺少其中任何一个环节，导入都不够完整，都不能达到理想的效果。只有掌握了导入的基本结构，才能够设计出合理的导入，为新内容的学习奠定良好的基础。

二、导入技能的基本特征

（一）关联性

关联性指设计导入时所用的素材与将要学习的新内容之间要有一定的内在联系。如果所用素材只能激发学生的兴趣，而与将要学习的新内容之间没有直接的相关性，这样的素材就不能很好地引导学生进入新内容的学习。从建构主义理论来讲，素材不仅要能激发学生的兴趣，还要能在新知识的学习中起固定和归属作用。因此，素材与将要学习的新内容之间必须有一定的内在联系。

（二）针对性

针对性指导入中的设问要有针对性，也就是说，设问要能够抓住核心问题让学生思考。设问要针对将要学习的新内容，或素材与新内容之间的内在联系。有时，虽然用同一个故事或谚语等素材去导入新课，但是，由于设问的针对性不同，导入的内容也会有所不同。例如：

（1）俗话说“人是铁，饭是钢，一顿不吃饿得慌”。为什么一顿不吃就会饿得慌？（稍停顿）因为我们吃的饭可以给身体提供营养和能量，不吃饭，身体得不到足够的营养和能量，就会感觉饿得慌。那么，我们吃的饭中含有哪些营养呢？每种饭含的营养一样吗？今天我们就来学习“饮食与营养”。

（2）教师：俗话说“人是铁，饭是钢，一顿不吃饿得慌”。不吃饭，除了饿得慌，还有什么感觉？

学生：头昏、四肢乏力等。

教师：我们吃的食物进了胃、肠，不吃饭应该是胃、肠有反应不舒服，为什么会头昏、四肢乏力？（稍停顿）原来，我们吃的食物经过消化、吸收后，被运输到身体的各个部位，给它们提供营养和能量。不吃饭，大脑、四肢得不到营养和能量，就会感到头昏、四肢乏力。那么，食物是怎样被消化和吸收的？又是怎样被运输的？这就是我们将要学习的内容——人体对食物的消化和吸收，以及人体内物质的运输。今天，我们先学习人体对食物的消化和吸收（板书：第 4 节　人体对食物的消化和吸收），以后再学习营养物质的运输。

这两个导入都用了同一个谚语，但是由于设计的问题不一样，导入的内容也不同。问题的针对性决定着学生思维的发展方向，也决定着能导入什么内容。

（三）趣味性

趣味性指导入要生动有趣，要能够激发学生的兴趣、调动学生的学习热情，为新知识的学习创设良好的情境。导入的趣味性要靠素材和设问来实现，素材要贴近学生的生活，生动有趣。设问要能够激发学生的兴趣和思维。或者，二者中至少有一个生动有趣，才能使导入具有趣味性。例如，有位教师在讲“发芽”时的导入如下：

教师：大家都吃过豆芽，那么，你们见过妈妈生豆芽吗？

学生：（学生开始笑）我们的妈妈只生过孩子，没有生过豆芽。

教师：（老师也笑了）你们理解错了，“生豆芽”是让豆子发芽，而不是像生孩子那样让妈妈生出豆芽。你们的妈妈生过豆芽吗？你们见过生豆芽吗？

学生：没有。

教师：大家都没有见过生豆芽，那么，现在我们就来一起观看豆芽是怎样长出来的，来学习豆子发芽的过程（板书：发芽）。

这个导入中所用的素材是生活常识，并不生动，而设问引起的歧义使学生非常感兴趣，因此，整个导入非常有趣味性，使学生在轻松愉快的氛围中进入了学习内容。

（四）语言的艺术性

导入能否达到好的教学效果，在很大程度上依赖于教师语言的艺术性。教师精湛的语言表达和炽热的情感是吸引学生注意力、激发学生兴趣、调动学生学习积极性的兴奋剂，也是学生思维活动的润滑剂。语言的准确性、科学性和思想性是语言艺术性的前提。通俗易懂、生动活泼、饶有趣味的导入，在激发学生兴趣的同时，能给人以深刻的启迪。

掌握导入的基本结构和基本特征，是设计出合理有效的导入的前提条件。

三、导入技能训练中常出现的问题

有些师范生因为没有很好地掌握导入的基本结构和基本特征，在设计导入时，常出现导入的结构不完整、逻辑不严密、设计针对性不强等问题。下面是几位师范生设计的导入，请分析设计得如何、是否需要改进。

例 1：炎炎夏日，人的皮肤如果长时间暴露在太阳下就会被晒伤，而植物不会因为气温过高而被灼伤，这是为什么？为什么在炎热的夏季，树林里的空气凉爽湿润，操场或马路上的空气却非常燥热呢？今天我们就学习与此相关的内容——绿色植物与生物圈中的水循环。

这个导入存在两处不足。第一，没有建立所用素材与新内容之间的联系。素材是两个问题，因教师没有对素材进行分析，学生不明白这两个问题与将要学习的内容“绿色植物与生物圈中的水循环”之间有何关系。因此，所用素材不能引导学生进入新内容。第二，导入的关联性不强。这两个问题与“绿色植物与生物圈中的水循环”并没有直接的关系，而是与“植物的蒸腾作用”有关，这两个问题应该用来导入“植物的蒸腾作用”。

例 2：大家都看见过体育健儿的优美身姿，是不是觉得他们的外形都很美？那么同学们自己的外形怎么样？大家认识自身身体的各个部分吗？请同桌的两位同学配合一下，对照着书中的人体外形图，认识身体的各个部分。你能说出自己身体各部分的名称吗？

这个导入存在三处严重的不足。第一，关联性不强。选用的素材“体育健儿的优美身姿”与将要学习的内容“认识身体的各个部分”之间没有联系，不管身姿是否优美，每个人身体的基本结构都是一样的。第二，问题的针对性不强。前两个问题不能引导学生思考将要学习的内容，也没有意义。无论是体育健儿还是自己，外形美不美都与本节课要学习的内容没有关系。第三，没有明确课题，即没有告诉学生到底要学什么内容。

例 3：因为联系是普遍存在的，因此生物之间也存在一定的联系。下面是一些生物之间的关系——青蛙吃蚊子，老鹰吃蛇，老鹰吃鸡，虫吃青菜，鸡吃虫，蛇吃青蛙。大家想一想，青蛙为什么要吃蚊子？老鹰为什么要吃蛇？鸡为什么要吃虫？下面我们就来学习食物链。

这个导入用哲学原理及生活常识做素材来引入新课，既有哲理性，又能吸引学生的注意力。但是存在三处不足。第一，设问的针对性不强。问题跟学习的内容“食物链”之间并不存在关联性。如果将问题改成“这些生物之间因为什么而存在联系”，就可以把学生的思维引向“食物链”。第二，导入的结构不完整，缺少“建立联系”环节，并没有说明“青蛙吃蚊子，老鹰吃蛇，老鹰吃鸡，虫吃青菜，鸡吃虫，蛇吃青蛙”与将要学习的新内容“食物链”之间有何联系。第三，所选用的素材缺乏科学性。食物链至少包含三个营养级（生产者，植食性消费者，肉食性消费者），而该导入中举的例子都是两种生物之间的关系。

四、导入技能的评价标准

一个导入到底能不能很好地引入新课，并让学生处于良好的准备状态，要从导入的作用、结构和基本特征等方面进行综合评价，具体见表 4–1。

表 4–1　导入技能的评价标准

序号	评价指标	分值
1	内容新颖，能激发学生兴趣	15 分
2	能创设良好的教学情境	20 分
3	关联性强，逻辑严密	15 分
4	针对性强，能激发学生思维	15 分
5	结构完整，能有效引出新课	20 分
6	语言简练、生动	15 分

五、导入技能的训练方法

（一）观摩体验法

观看一段中学生物学课堂教学录像，根据导入技能的评价标准和要求，对教师的导入技能进行分析、评价，学习教师导入新课的方法。

（二）书面作业法

从现行中学生物学教科书中选一节课，为其设计一个合适的导入，并根据导入技能的要求和评价标准分析自己设计得怎么样。

（三）微格教学训练

按照微格教学要求，学生分组在微格教室进行导入技能训练，然后在全班示范，使学生博采众长，互相学习，共同提高。具体要求如下：

（1）每位同学从现行中学生物学教科书中选一节课（或者一个教学片段），按照导入技能的要求设计导入，并写出微格教学教案，在规定时间到微格教室进行导入技能训练。

（2）每位同学的讲课时间不超过 5 分钟，训练前必须试讲以熟悉内容，做到讲课时脱稿。

（3）根据学校微格教室的数量，事先把全班同学分成若干个小组，每组确定一名组长。组长提前安排好讲课顺序，训练时组织小组成员讲课，保证训练顺利进行。

（4）训练时，每位同学依次扮演教师角色讲课，小组成员根据导入技能的评价标准，对每位同学的导入技能进行分析诊断并评分（不给自己评分），组长计算出每位同学的平均分，作为该同学本次训练的成绩。

（5）训练结束后，每组推荐一位同学的教学录像，下次上课时在全班播放，并推荐一位同学评课。

（6）训练结束后，组长把小组成绩和推荐同学的姓名、教学录像、课件及评课同学的姓名上报给指导教师。

（7）下次上课时，按照小组顺序，先播放第一组推荐同学的录像，然后评课同学进行评课，最后指导教师进行综合评价。以此类推，对各组推荐的录像进行展示、评价。

思考题：

1. 课堂教学中为什么要用导入？
2. 怎样才能设计出一个好的导入？
3. 怎样才能很好地掌握导入技能？
4. 课堂导入的效果主要由哪些因素决定？

第五章　讲解技能

教师不是来讲书的……他的任务在指导学生的精读，见不到处给他们点明，容易忽略处给他们指出，需要参证比较处给他们提示。当然遇到实在搞不明白处，还是给他们讲解。

——叶圣陶（1894—1988）

讲解是讲授法中的一种，讲授法是学校教学中最常用的方法之一，在课堂教学中所占时间最多。美国教学研究专家弗兰德斯在大量课堂观察研究的基础上提出了2/3律，即课堂时间的2/3用于讲话，讲话时间的2/3是教师讲话，教师讲话时间的2/3是向学生讲话，而不是与学生对话。我国学者的研究也表明，教师的讲述占课堂时间的65%左右。正确有效的讲述可以使学生在短时间内获得大量的系统连贯的知识，同时便于教师按照教学计划有条不紊地完成教学任务，充分发挥教师的主导作用。

虽然讲授法有几千年的历史，但是也遭到了批评，经常有人把它和“满堂灌”“填鸭式”联系在一起。尤其是在基础教育课程改革中，讲授法更是遭到前所未有的质疑和挑战，甚至在某些场合谈“讲”色变。有人批评讲解就是照本宣科，只能向学生传递信息，不利于学生能力的培养，导致学生进行机械的、被动的学习，抑制了学生的主体参与。实际上，许多“缺陷”并非该方法本身所固有，而往往是人们应用不当造成的。张志公说：“所谓启发式是教学的一个术语，指的就是采取这种启发的办法进行教学，来代替完完全全由教师来讲、学生完完全全被动地来听的这种方式……可是我们万万不能从这里得出来教师不能讲，教师讲，或者教师讲得多点，就是满堂灌了，不能得出这样一个结论。教师就是要讲，得会讲，得善于讲，得讲得好，讲不等于灌。”

讲解本身存在一定的局限性，影响学生在学习过程中的主动性、积极性，但是，无论是在传统教学中，还是在现代教学中，无论是传授知识，还是培养能力，要求学生探究、讨论都离不开讲解。在生物学教学中，很多知识都需要教师通过讲解来使学生获得，因此对于即将走上工作岗位的师范生来说，掌握扎实的讲解技能是非常必要的。

第一节　讲解技能概述

一、讲解技能的定义

讲解技能指教师运用口头语言，并辅以各种教学媒体，使学生理解事实、形成概念、掌握原理和规律等知识的教学行为方式和心智活动方式。在生物学教学中，生物的形态结构、生活习性、生理功能等事实，以及概念、原理、规律等抽象内容都需要教师讲解。

讲解的实质是通过语言对知识进行分析，揭示其内在联系。通过教师的讲解，学生可以建立新知识与原有知识经验之间的联系。新知识的获得主要依赖认知结构中原有的观念，讲解的主要任务是通过建立新旧知识的联系，使学生在原有知识经验的基础上构建新的知识体系。

二、讲解的特点

讲解有两个特点：第一，在主客体信息传输（知识传授）过程中，语言是主要的媒介。讲解主要是教师用语言通过分析、综合、归纳和概括，使学生形成概念、掌握原理和规律，它主要靠语言向学生传输教学信息。因此，讲解的前提条件是良好的语言组织能力、快速的语言编码能力、运用语言表情达意的能力。

教学是一门艺术。教师的讲解和一般的交谈、辩论、宣传、鼓动、谈判、交涉、演讲等有所不同。讲解技能的重要特点之一是讲解语言清晰、条理清楚、快慢适合学生。

第二，信息由主体向客体传输，具有单向性，学生常处于被动地位。

讲解的特点如图 5-1 所示。

主体（教师）——信息（知识）流向 / 媒介：语言——→ 客体（学生）

图 5-1　讲解的特点

正因为讲解具有这样的特点，讲解技能才成为历史比较悠久、使用比较广泛而又遭到比较多批评的一项教学技能。

三、讲解的优缺点

讲解技能在教学中的运用历史久远，从两千多年前的孔子“私学”和柏拉图“学园”延续至今。讲解之所以具有如此长久的生命力，是因为它具有很多其他教学方法所不具备的优势，当然它也存在一些自身无法克服的缺点。

（一）讲解的优点

（1）讲解的媒介是语言，语言是每个人最熟悉并且运用最多、最娴熟的交流工具，因而讲解操作起来最简单、最方便。这正是讲解一直活跃在课堂中的一个重要原因。

（2）讲解通过教师系统的分析、说明等，使学生在较短的时间内快速掌握较多的知识，更好地掌握教材的重点和难点，减少学习的盲目性，提高学习效率，是学生有效学习的重要途径。它面向全体学生，可以使学生在头脑中建立起清晰的知识框架，有利于学生系统地掌握知识；可以方便、及时地向学生提出问题，指出解决问题的途径；教材中微观、抽象的内容，可以通过教师的讲解使学生弄明白；可以引导学生在原有认知结构的基础上，感知、理解、巩固和应用新概念和新原理，使学生对事物的认识从感性上升到理性；可以帮助学生明确得出结论的思维过程和研究方法，提升学生的认识能力和实践能力，有利于培养学生的逻辑思维能力；可以激发学生的学习兴趣，提升学生的思想水平和审美情趣；可以充分发挥教师的主导作用，有利于教师控制整个教学过程，节省时间；有利于发挥正面教育和教学的作用。

（3）讲解可以脱离具体情境的限制，使教学突破个人生活的局限。它可以突破时间、空间的局限和个体直接经验的局限，扩大学生的认识范围。研究表明，如果讲解技能运用得好，在知识传授中可以达到省时、省力、高速、高效的目的。

（二）缺点

讲解也有一些不足之处。例如：它使学生过分依赖教师，处于被动地位；不能解决师生交流和反馈问题，这样会影响学生创造性人格的发展；没有直接的感性材料，学生没有亲身体验，信息主要靠听来获得，记忆保持率不高；难以适应因材施教；学生的兴趣、爱好、特长得不到发挥，不利于学生个性的发展。因此，教师应该正确认识讲解的作用。

第二节　讲解技能的类型

根据不同的分类依据，讲解技能可以分成不同的类型。

一、根据讲解所用方式划分的类型

根据讲解所用的方式，讲解技能被划分成七种类型。

（一）叙述式讲解

教师用比较简洁、不带明显感情色彩的语言客观地把事物在时间上的发展变化、空间上的位置和延伸以及它们之间的联系讲述出来。在生物学教学中，有关生物的生长发育过程、各项生命活动过程等知识需要用叙述的方式讲解。例如：

水是细胞内良好的溶剂，许多种物质能够在水中溶解；细胞内的许多生物化学反应需要水的参与。多细胞生物体的绝大多数细胞必须浸润在以水为基础的液体环境中。水在生物体内的流动可以把营养物质运送到各个细胞，同时把各个细胞在新陈代谢中产生的废物运送到排泄器官或者直接排出体外。

（二）描绘式讲解

教师用生动、形象的语言，再现人物、事件和情景等的一种方法。在生物学教学中，有关生物的形态、结构等知识需要用描绘的方式讲解。例如：

蝗虫属于节肢动物，身体分为头部、胸部和腹部三部分，每个部分可分为若干节，触角、足等附肢也分节，头部有用于摄食的口器。身体表面包裹着坚韧的外骨骼，外骨骼能够起到保护和支持内部的柔软器官、防止体内水分蒸发的作用，但外骨骼会限制身体的发育和长大，所以蝗虫在发育过程中需要蜕皮。

蝗虫是一种昆虫，蜜蜂、蝉、蝴蝶、蚊、蝇等都是昆虫。除昆虫外，节肢动物还包括蜘蛛、蜈蚣、虾、蟹等。节肢动物是种类最多的动物类群，它们的主要特征是：体表有坚韧的外骨骼，身体和附肢都分节。

（三）解释式讲解

教师用简洁、严谨的语言对事物、事理的原因等进行说明的一种讲解方式。在生物学教学中，有关生命现象的知识需要用解释的方式讲解。例如：

20 世纪 90 年代以来，关于细胞衰老机制的研究取得了重大进展。科学家提出了许多假说，目前为大家普遍接受的是自由基学说和端粒学说。

自由基学说：我们通常把异常活泼的带电分子或基团称为自由基。自由基含有未配对电子，表现出高度的反应活泼性。在生命活动中，细胞不断进行各种氧化反应，在这些反应中很容易产生自由基。此外，辐射以及有害物质入侵也会刺激细胞产生自由基。例如，水在电离辐射下便会产生自由基。自由基产生后即攻击和破坏细胞内各种行使正常功能的生物分子。最为严重的是当自由基攻击生物膜的组成成分磷脂分子时，产物同样是自由基。这些新产生的自由基又会去攻击别的分子，由此引发雪崩式反应，对生物膜损伤比较大。此外，自由基还会攻击 DNA，可能引起基因突变；攻击蛋白质，使蛋白质活性下降，导致细胞衰老。

端粒学说：每条染色体的两端都有一段特殊序列的 DNA——蛋白质复合体，称为端粒。端粒 DNA 序列在每次细胞分裂后会缩短一截。随着细胞分裂次数的增加，截短的部分会逐渐向内延伸。在端粒 DNA 序列被截短后，端粒内侧正常基因的DNA 序列就会受到损伤，结果使细胞活动渐趋异常。

（四）说明式讲解

教师用简明的语言，对事物的性质、特征、成因、规律、功能，以及事物间的关系等加以说明的一种讲解方式。在生物学教学中，有关生物体或生物组织、器官的性质、特征、功能、分布等知识需要进行说明式讲解。例如：

鸟有许多适于飞行的特点。身体呈流线型，可减少飞行中空气的阻力。体表覆羽毛，前肢变成翼，翼上生有几排大型羽毛，翼搏击空气使鸟能振翅高飞或平稳滑翔。骨骼轻、薄、坚固，有些骨内部中空，可减轻体重。胸骨上高耸的突起叫作龙骨突；胸肌发达，附着在胸骨上牵动两翼完成飞行动作。

鸟的视觉发达，有些能在疾飞中捕食；用坚硬的角质喙啄取食物，没有牙齿；食量大、消化能力强，食物经消化吸收后形成的残渣很快就随粪便排出。

（五）论说式讲解

教师用富有逻辑性的语言，根据教材中提供的已知材料进行讲道理、论是非，使学生在接受科学知识的同时明白一定的道理。在生物学教学中，原理性知识一般需要进行论说式讲解。例如：

细胞中的吸能反应总是与 ATP 的水解相联系，由 ATP 水解提供能量；放能反应总是与 ATP 的合成相联系，释放的能量贮存在 ATP 中。能量通过 ATP 在吸能反应和放能反应之间循环流通。

细胞内储存能量的物质有糖类、脂肪、蛋白质等，细胞内能源物质的消耗顺序是：糖类→脂肪→蛋白质。一般情况下生物体内细胞利用的能源物质是糖类，而且糖类中的能量需要分解释放并传递给 ATP，转变成活跃的化学能，才能供各种生命活动利用，从而解决能量“稳定储存”和“灵活利用”的矛盾。

直接供给生命活动能量的能源物质是 ATP。在生物体内能量的转换和传递中，ATP是一种关键物质。ATP 是生物体内能量转换的“中转站”，有利于能量的运输和协调供给，如线粒体呼吸释放能量合成的 ATP，可以转移到细胞膜用于主动运输和细胞分裂等生命活动，从而解决“产能”和“用能”在空间上的矛盾。

（六）推理式讲解

教师利用学生已掌握的知识、材料，推导出新知识的一种讲解方式。在生物学教学中，运用学过的知识解决问题时需要进行推理式讲解。例如：

孟德尔的假说合理地解释了一对相对性状的豌豆杂交实验中出现的性状分离现象，但是，一种正确的假说仅能解释已有的实验结果是不够的，还应该能够预测另外一些实验的结果。如果实验结果与预测相符，这个假说就得到了验证。

孟德尔巧妙地设计了测交实验，让 F_1 与隐性纯合子杂交，以 F_1 高茎豌豆（Dd）与隐性纯合子矮茎豌豆（dd）杂交为例，根据假说推出测交后代中高茎与矮茎植株的数量比应为 1∶1。

测交实验的结果是，在得到的 166 株后代中 87 株是高茎的，79 株是矮茎的，高茎与矮茎植株的数量比接近 1∶1。孟德尔测交实验的结果验证了他的假说。

（七）证明式讲解

教师根据已知材料提炼出一些观点、法则、公式，或者用事实，或者引用科学公理作为依据来证明观点、法则、公式的正确性时，所采用的讲解方式。例如：

20 世纪 60 年代以后，不少科学家对细胞膜是静态的观点提出疑问：如果是这样，细胞膜的复杂功能将难以实现，就连细胞的生长、变形虫的变形运动这样的现象都难以解释。

1970 年，科学家用发绿色荧光的染料标记小鼠细胞表面的蛋白质分子，用发红色荧光的染料标记人细胞表面的蛋白质分子，将小鼠细胞和人细胞融合。这两种细胞刚融合时，融合细胞的一半发绿色荧光，另一半发红色荧光。在 37 ℃下，经过 40 分钟，两种颜色的荧光均匀分布。这一实验以及相关的其他实验表明，细胞膜具有流动性。

实际上，在教学中，通常将几种讲解方式结合起来使用，而不会刻意区分用哪一种方式。在目前的生物学教学中，初中阶段的内容大多采用叙述、描绘、解释、说明等方式讲解，而高中阶段的内容大多采用论说、推理、证明的方式讲解。

二、根据讲解内容划分的类型

根据讲解内容的不同，讲解技能可划分为事实性知识的讲解和抽象性知识的讲解两大类。

（一）事实性知识的讲解

事实性知识的讲解指教师对教材中重要事实的解释、说明、描述等，是说明事实（事物）发生和发展过程及结果的一种方式。在生物学教学中，生物的形态、结构、生理活动过程等都是重要的事实，需要用此方法来讲解。讲解是一个完整的、连贯的过程，从起始至终结，有一定的程序。讲解事实性知识的一般程序是：提出问题→叙述事实→提出要点→核查理解。

1. 提出问题

在讲解时，首先围绕讲解对象提出问题，以引起学生的注意和思考。这是事实性知识讲解的起始环节。

2. 叙述事实

根据提出的问题，对讲解对象进行描绘、分析、说明。这是事实性知识讲解的主体环节。从认知顺序来看，讲解侧重于从已知到未知。因此，在讲解时，首先对讲解对象进行描绘，然后引导学生利用已有的知识和逻辑思维进行分析，在此基础上，再对各部分进行说明。由此，学生在新旧知识间建立联系，从而实现认知上的转化，达到对新知识的理解。讲解是在学生充分感知感性材料的基础上进行的。因此，在讲解时，还需要借助直观教学手段帮助学生理解事实。如果讲解内容包含几层含义或几个知识点，每个都应先提出问题，再叙述。

3. 提出要点

教师在学生对讲解内容有了初步认识的基础上概况总结，引导学生从事实和现象中悟出道理，指导学生把握教学的重点、难点。这是事实性知识讲解的关键环节，能够起到画龙点睛的作用。

4. 核查理解

教师通过提问、练习等检查学生对知识理解和掌握的程度，及时获得反馈信息，并使学生获得的知识得到巩固。例如，对“艾滋病”的讲解过程如下。

（1）提出问题。（教师提供相关数据：自艾滋病病毒发现以来，全球超过 7 000 万人感染了艾滋病病毒，其中 3 500 万患者死于艾滋病病毒。截至 2018 年底，中国估计存活艾滋病感染者约 125 万人）艾滋病是由一种病毒侵入机体导致的，这种病毒就是人们常说的 HIV。病毒的遗传物质有哪些？艾滋病病毒的遗传物质又是什么呢？

（2）叙述事实。绝大多数病毒的遗传物质是 DNA，少数是 RNA。今天所学的艾滋病病毒的遗传物质就是 RNA。那么艾滋病病毒是如何侵入人体的呢？通过观察图片，同学们尝试着思考一下艾滋病病毒是怎样导致机体患病的。

……

从下图可以看出，无论是体液免疫还是细胞免疫，都需要 T 细胞的参

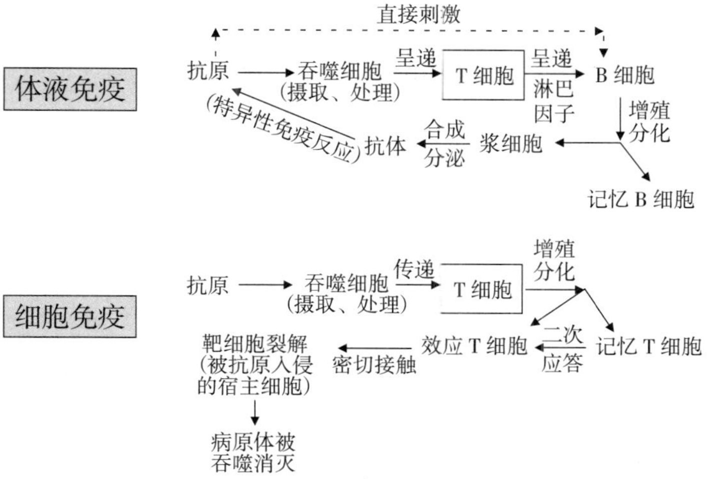

体液免疫和细胞免疫过程

与。如果 T 细胞大量死亡，就会导致机体几乎丧失一切特异性免疫功能，最终致人死亡。

……

(3) 提示要点。当今虽然艾滋病依然无法治疗，但是抗 HIV 病毒药品的出现使艾滋病患者有了新的希望。HIV 是一种特殊的病毒，它进入人体后首先逆转录成 DNA，然后将其整合到细胞染色体末端。

(4) 核查理解。最近网上一篇文章报道了全球首例免疫艾滋病基因编辑婴儿露露和娜娜的诞生。同学们对露露和娜娜的实验持积极的态度还是消极的态度?

……

大家都说得很好。我认为虽然不少人觉得这是科学的进步，人类需要打破伦理道德去创新，但是，谁也不知道在这样成功的实验之前是否有失败的案例。

(二) 抽象性知识的讲解

抽象性知识的讲解是一种以概念、原理、规律、法则、理论、问题等为中心内容的讲解方式。抽象性知识的讲解按照论证的思维方式可分为归纳式讲解和演绎式讲解。

1. 归纳式讲解

归纳是由一系列具体的事实概括出一般原理的过程。归纳式讲解是从特殊的、个别的知识推出一般性知识、规律的讲解。概念、原理、规律等知识需要进行归纳式讲解。讲解时教师首先要引导学生对个别的、具体的事物及其变化等事实材料进行分析、比较，在此基础上归纳、概括出共同本质或一般规律、原理。讲解的一般程序如下。

（1）提供感性材料。讲解时，首先让学生通过观察实物、实验等各种直观手段，或回忆过去的经验、事物等，获得一定的感性认识。这是综合概括、得出一般原则的基础。提供的感性材料要与一般原则密切相关，含有原则的本质属性。同时，提供的感性材料要力求典型、丰富多样，以免以偏概全，导致不全面甚至错误的概括。

（2）指导分析。分析是在头脑里把一个个感知对象作为整体予以分解，为综合概括打下基础。根据学习的需要来确定分析什么，可以分析事物的某些部分、特征，也可以分析事物的某些关系或成因。通过分析，学生可以弄清楚事物及各部分之间的关系，对事物有更深入、更细致的认识。

（3）综合概括。综合是在头脑里把分析出来的东西联合起来形成一个统一的整体。它是在分析的基础上对各部分进行考察、比较，找出它们的共同特征，并抽选出来加以联结的过程。只有通过综合概括，才能揭示出事物的本质特征，才能真正认识事物。这是归纳式讲解的核心环节。

（4）巩固深化。一个完整的认识过程需要经过两个阶段，即从实践到认识（即由感性认识到理性认识），再从认识到实践（即理性认识回到实践中去）。通过提供感性材料、指导分析、综合概括，学生对事物有了理性认识，形成理论。学生学习的最终目的是把获得的理论运用到实践中，并使运用知识的能力得到提高。

归纳式讲解可培养学生的综合概括能力，帮助学生掌握规律性知识。目前，无论是义务教育阶段的生物学课程，还是普通高中阶段的生物学课程，都以大概念构建知识体系，让学生能够深入理解和应用生物学概念，培养核心素养。所以讲解概念的技能是中学生物学教学的一项重要技能，在本章第三节专门介绍。

2. 演绎式讲解

演绎式讲解是引导学生运用一般原理、公式去推论个别事物，最后得出结论，达到认识具体事物的讲解方式。讲解时要注意从学生的知识基础、年龄特征、个性、心理特点出发，考虑学生的接受能力。演绎式讲解的一般程序是：先提出概念，接着阐明有关术语，然后运用三段论等推理方法进行论证，再举出正、反事例进行验证，最后通过问答、讨论、练习等方式巩固、深化知识。

阐明术语的目的在于进一步界定概念，弄清其内涵和外延，避免引起混乱。举出事例是具体化的思维过程，即把综合概括获得的概念、原理、法则推而广之，用于具体事物，使之具体化，即从一般回到个别，这是演绎式讲解的核心环节。例如，“细胞膜是选择透过性膜”的讲解过程如下：

> 细胞膜是选择透过性膜。选择透过性指细胞对物质的输入和输出有选择性，有些物质可以自由通过细胞膜，而有些不能自由通过。水分子可以自由通过细胞膜，一些离子和小分子也可以通过，而其他离子、小分子和大分子则不能通过。例如 O_2、CO_2、H_2O、甘油、胆固醇等都可以通过细胞膜，而葡萄糖、氨基酸等不能自由通过细胞膜。生物膜的这一特性与细胞的生命活动密切相关，是活细胞的一个重要特征。

第三节　讲解概念的技能

生物学是研究生命现象及其活动规律的一门自然科学，它以一系列概念作为分析、判断、综合和推理等逻辑思维的依据。在中学生物学教学中，概念教学处于核心地位。《普通高中生物学课程标准（2017 年版 2020 年修订）》指出，“教师在设计和组织每个单元的教学活动时，应该围绕大概念和重要概念展开，依据重要概念精选恰当的教学活动内容和活动方式”“教学活动不应仅仅停留在让学生记住一些零散的生物学事实的层面上，而是要通过对事实的抽象和概括，帮助学生建立生物学概念，并以此来建构合理的知识框架，为学生能够在新情境下解决相关问题奠定基础”。

因此，生物学概念是生物学科的基础，是生物学领域最基本的语言表达单位。学生学习生物学知识，从一定意义上讲，主要是掌握概念和由概念构成的系统。讲解概念的技能是生物学教师必须掌握的一项技能。

一、概念的内涵

概念是哲学、逻辑学、心理学、语言学等许多学科研究的对象。不同学科对概念有各种不同的理解。

从哲学上讲，概念是人脑对客观事物本质属性的一种抽象概括，即对一类具有共同特性的人、物体、事件或观念的本质属性的抽象概括，是客观事物本质属性在人脑中的反映。

概念是逻辑学最重要的组成部分。逻辑学认为概念是思维的产物，是思维的基本单位。概念的两个基本逻辑特征是内涵与外延。内涵是概念的含义，反映概念中思维对象的特有属性或本质属性。外延是概念的适用对象，指具有概念所反映的特有属性或本质属性的对象，即概念所指称或表达的对象。

许多心理学家对概念也进行了定义，如奥苏贝尔将概念定义为："符号所代表的具有共同标准属性的对象、事件、情境或性质。"这里的符号主要是具有一般意义的词。例如，假定有人对你说："我向你借一本书。""书"一词立即让你在头脑里产生一般书的表象，它不是指某一特定外观与内容的书，而是代表了教科书、小说、专著等一类事物，"书"一词就代表了一个概念。大多数概念都包括四个要素，即概念的名称、概念的例证、概念的属性、概念的定义。例如，"生物"这个概念的四个要素如下。

1. 概念的名称

指代表具有共同关键特征的一类事物的词汇或符号。"生物"这个词代表所有"具有生命活动特征的物体"，它便是这个概念的名称。

2. 概念的例证

概念是用符号所代表的同类事物，同类的个别事或物便是概念的例证。例如，人、麻雀、水稻、大肠杆菌等一切具有"生命活动特征"的物体都是"生物"这个概念的例证，又称为正例。一切不具有"生命活动特征"的物体都是"生物"这个概念的反例，如石头、课桌、电脑等。所有正例组成的集合便是概念的外延。

3. 概念的属性

又称关键特征（本质特征）或标准属性（共同属性），指概念的一切正例的共同特征。"生物"这一概念的属性或关键特征是"具有生命活动特征"。一切"生物"的正例都包含这些关键特征，一切反例都不包含这些特征。概念的正例除了包含关键特征之外，还包含一些无关特征。一类事物往往具有多种特征（或属性），其中它所必有而其他事物必无的属性即关键属性，其他事物也可能具有的属性即无关特征。对于"生物"这个概念来说，"能运动"是无关特征。概念的属性也是概念的内涵。

4. 概念的定义

指对同类事物共同属性或本质特征的概括。“生物”这个概念的定义是“生物是具有生命活动特征的物体”。

二、讲解概念技能的定义

概念是生物学领域最基本的语言表达单位，对概念和概念教学进行研究是众多学者的追求，但是目前还没有见到关于讲解概念的具体定义。编者根据课堂教学技能的定义以及讲解概念的过程，把讲解概念技能定义为：教师利用语言及媒体手段，为学生提供感性认识材料，并引导学生通过观察、分析、归纳 、总结，形成概念的教学行为方式和心智活动方式。

三、生物学概念体系的基本框架

目前，无论是义务教育阶段的生物学课程还是普通高中阶段的生物学课程，都以大概念构建知识体系，让学生能够深入理解和应用生物学概念。现将义务教育阶段和普通高中阶段生物学课程标准中的概念框架呈现出来，以便大家参考。

（一）我国义务教育生物学课程标准中的生物学概念框架

我国《义务教育生物学课程标准（2022 年版）》的生物学概念框架见表 5-1。

表 5-1　《义务教育生物学课程标准（2022 年版）》的生物学概念框架

主题	大概念	重要概念
生物体的结构层次	概念 1　生物体具有一定的结构层次，能够完成各项生命活动	1.1　细胞是生物体结构和功能的基本单位
		1.2　生物体的各部分在结构上相互联系，在功能上相互配合，共同完成各项生命活动
生物的多样性	概念 2　生物可以分为不同的类群，保护生物的多样性具有重要意义	2.1　对生物进行科学分类需要以生物的特征为依据
		2.2　根据生物的形态结构、生理功能以及繁殖方式等，可以将生物分为不同的类群
		2.3　微生物一般是指个体微小、结构简单的生物，主要包括病毒、细菌和真菌
		2.4　我国拥有丰富的动植物资源，保护生物的多样性是每个人应有的责任
生物与环境	概念 3　生物与环境相互依赖、相互影响，形成多种多样的生态系统	3.1　生态系统中的生物与非生物环境相互作用，实现了物质循环和能量流动
		3.2　生态系统的自我调节能力有一定限度，保护生物圈就是保护生态安全

续表

主题	大概念	重要概念
植物的生活	概念 4　植物有自己的生命周期，可以制造有机物，直接或间接地为其他生物提供食物，参与生物圈中的水循环，并维持碳氧平衡	4.1　绿色开花植物的生命周期包括种子萌发、生长、开花、结果与死亡等阶段
		4.2　植物通过吸收、运输和蒸腾作用等生理活动，获取养分，进行物质运输，参与生物圈中的水循环
		4.3　植物通过光合作用和呼吸作用获得生命活动必需的物质和能量，有助于维持生物圈中的碳氧平衡
人体生理与健康	概念 5　人体的结构与功能相适应，各系统协调统一，共同完成复杂的生命活动	5.1　人体通过消化系统从外界获取生命活动所需的营养物质
		5.2　人体通过循环系统进行体内的物质运输
		5.3　人体通过呼吸系统与外界进行气体交换
		5.4　人体主要通过泌尿系统排出代谢废物和多余的水
		5.5　人体各系统在神经系统和内分泌系统的调节下，相互联系和协调，共同完成各项生命活动，以适应机体内外环境的变化
	概念 6　人体健康受传染病、心血管疾病、癌症及外部伤害的威胁，良好的生活习惯和医疗措施是健康的重要保障	6.1　人体具有免疫功能，通过计划免疫等措施能够预防传染病
		6.2　生活习惯与行为选择能够影响人体健康
遗传与进化	概念 7　遗传信息控制生物性状，并由亲代传递给子代	7.1　生物通过有性生殖或无性生殖产生后代
		7.2　生物体的性状主要由基因控制
	概念 8　地球上现存的生物来自共同祖先，是长期进化的结果	8.1　地球上现存的生物具有共同祖先
		8.2　多种多样的生物是经过自然选择长期进化的结果
生物学与社会·跨学科实践	概念 9　真实情境中的问题解决，通常需要综合运用科学、技术、工程学和数学等学科的概念、方法和思想，设计方案并付诸实施，以寻求科学问题的答案或制造相关产品	9.1　模型制作类跨学科实践活动：针对特定的生物学内容，运用生物学、物理、技术、工程学等学科概念，以及“结构与功能”“尺度、比例和数量”“系统与模型”等跨学科概念，选择恰当的材料，设计并制作模型，直观地表征相应的结构与功能，提升探究实践能力
		9.2　植物栽培和动物饲养类跨学科实践活动：植物栽培和动物饲养可以综合运用多学科的知识和方法，考虑“结构与功能”“物质与能量”“因果关系”等跨学科概念，设计恰当的装置，以满足生物生长的需要
		9.3　发酵食品制作类跨学科实践活动：发酵食品的制作可以运用传统的发酵技术来完成；发酵食品的改良需要好的创意，运用多学科的知识和方法，从发酵的条件控制、装置的改进、食材的选择等方面不断尝试

（二）我国普通高中生物学课程标准中的生物学概念框架

我国《普通高中生物学课程标准（2017 年版 2020 年修订）》中的生物学概念框架见表 5-2。

表 5-2　《普通高中生物学课程标准（2017 年版 2020 年修订）》中的生物学概念框架

模块	大概念	重要概念
分子与细胞	概念 1　细胞是生物体结构与生命活动的基本单位	1.1　细胞由多种多样的分子组成，包括水、无机盐、糖类、脂质、蛋白质和核酸等，其中蛋白质和核酸是两类最重要的生物大分子
		1.2　细胞各部分结构既分工又合作，共同执行细胞的各项生命活动
		1.3　各种细胞具有相似的基本结构，但在形态与功能上有所差异
	概念 2　细胞的生存需要能量和营养物质，并通过分裂实现增殖	2.1　物质通过被动运输、主动运输等方式进出细胞，以维持细胞的正常代谢活动
		2.2　细胞的功能绝大多数基于化学反应，这些反应发生在细胞的特定区域
		2.3　细胞会经历生长、增殖、分化、衰老和死亡等生命进程
遗传与进化	概念 3　遗传信息控制生物性状，并代代相传	3.1　亲代传递给子代的遗传信息主要编码在 DNA 分子上
		3.2　有性生殖中基因的分离和重组导致双亲后代的基因组合有多种可能
		3.3　由基因突变、染色体变异和基因重组引起的变异是可以遗传的
	概念 4　生物的多样性和适应性是进化的结果	4.1　地球上的现存物种丰富多样，它们来自共同祖先
		4.2　适应是自然选择的结果
稳态与调节	概念 1　生命个体的结构与功能相适应，各结构协调统一共同完成复杂的生命活动，并通过一定的调节机制保持稳态	1.1　内环境为机体细胞提供适宜的生存环境，机体细胞通过内环境与外界环境进行物质交换
		1.2　内环境的变化会引发机体的自动调节，以维持内环境的稳态
		1.3　神经系统能够及时感知机体内、外环境的变化，并作出反应调控各器官、系统的活动，实现机体稳态
		1.4　内分泌系统产生的多种类型的激素，通过体液传送而发挥调节作用，实现机体稳态
		1.5　免疫系统能够抵御病原体的侵袭，识别并清除机体内衰老、死亡或异常的细胞，实现机体稳态
		1.6　植物生命活动受到多种因素的调节，其中最重要的是植物激素的调节

续表

模块	大概念	重要概念
生物与环境	概念 2　生态系统中的各种成分相互影响，共同实现系统的物质循环、能量流动和信息传递，生态系统通过自我调节保持相对稳定的状态	2.1　不同种群的生物在长期适应环境和彼此相互适应的过程中形成动态的生物群落
		2.2　生物群落与非生物的环境因素相互作用形成多样化的生态系统，完成物质循环、能量流动和信息传递
		2.3　生态系统通过自我调节作用抵御和消除一定限度的外来干扰，保持或恢复自身结构和功能的相对稳定
		2.4　人类活动对生态系统的动态平衡有着深远的影响，依据生态学原理保护环境是人类生存和可持续发展的必要条件
生物技术与工程	概念 3　发酵工程利用微生物的特定功能规模化生产对人类有用的产品	3.1　获得纯净的微生物培养物是发酵工程的基础
		3.2　发酵工程为人类提供多样的生物产品
	概念 4　细胞工程通过细胞水平上的操作，获得有用的生物体或其产品	4.1　植物细胞工程包括组织培养和体细胞杂交等技术
		4.2　动物细胞工程包括细胞培养、核移植、细胞融合和干细胞的应用等技术
		4.3　对动物早期胚胎或配子进行显微操作和处理以获得目标个体
	概念 5　基因工程赋予生物新的遗传特性	5.1　基因工程是一种重组 DNA 技术
		5.2　蛋白质工程是基因工程的延伸
	概念 6　生物技术在造福人类社会的同时也可能会带来安全与伦理问题	6.1　转基因产品的安全性引发社会的广泛关注
		6.2　中国禁止生殖性克隆人
		6.3　世界范围内应全面禁止生物武器

四、讲解概念的步骤

概念是人脑对客观事物本质属性的一种抽象概括，是符号所代表的具有共同标准属性的对象、事件、情境或性质。概念是抽象的知识，它到底代表哪些事物，是对事物哪些特征的抽象概括，学生并不了解。因此，讲解概念就是教师运用语言或直观教具等给学生提供感性材料，让学生对概念所代表的事物有充分的感性认识，在此基础上引导学生通过分析、比较等揭示出这类事物的本质属性，并通过综合、概括形成定义，最终使学生对概念所代表的事物及其本质特征有清晰的认识，并能够运用概念。概念是抽象的知识，一般采用归纳式讲解。讲解的基本步骤是：提供感性认识材料，揭示概念的本质属性，给概念下定义，活化概念。下面以“生态系统”概念为例进行说明。

（一）提供感性认识材料

学生对事物的认识，总是从感性认识上升到理性认识，而概念一般比较抽象，因此，在讲解概念时必须通过列举事例等使学生获得感性认识。在列举事例时教师应注意以下两点。

1. 突出关键特征，控制无关特征

大量的实验研究和教学经验表明，关键特征越明显，学习越容易；无关特征越明显，学习越困难。因此，举例时，应尽量突出关键特征，控制无关特征。例如，在学习“生态系统 ”这个概念时，可以列举一块草坪、 一个池塘等关键特征明显的例子， 而尽量不要列举城市生态系统等关键特征不明显的例子。而且，不要强调它们是南方的还是北方的以及它们的大小等，这些都是无关特征。

2. 恰当运用正例和反例

正例传递最有利于概括的信息，反例传递最有利于辨别的信息，可加深对概念本质的认识。举例时，应该既有正例，又有反例。例如，在讲解“生态系统”这个概念时，可先举一块草坪、一个池塘等正例。通过这些例子，学生能够概括出它们的共同特征。再举一块空地、 一棵树等反例。通过反例与正例的比较，学生就能够发现哪些是“生态系统”这个概念的本质特征。反例的适当运用还可排除概念学习中无关特征的干扰。例如，在讲“鸟”的概念时，可用蝙蝠作为反例说明“会飞”并不是“鸟”这个概念的本质特征，从而排除“会飞”这个无关特征对“鸟”概念的干扰。因为在日常生活中，大家都知道鸟会飞，因此，认为“会飞”是“鸟”的本质特征，实际上蝙蝠虽然会飞，但它不是鸟。通过这个反例，让学生认识到会飞的动物不一定是鸟，“会飞”并不是“鸟”的本质特征。

（二）揭示概念的本质属性

揭示本质属性就是在感性认识的基础上，通过分析、比较区分出这类事物的本质属性与非本质属性，这是讲解概念的关键。首先，通过分析，找出每个事物的特征。其次，对这些事物的特征进行比较，找出它们共同具有而其他事物不具有的特征。这些特征就是它们的本质属性。例如，在讲解“生态系统”这个概念时，通过对正例进行分析后发现，草坪上有草、昆虫等生物，它们构成了生物群落，它们依赖这里的阳光、土壤、水分、空气等无机环境才能生存，而它们的生存又改善了这里的水土条件、空气质量等。因此，这块草坪上的生物和它们赖以生存的环境相互作用，不可分割，构成了一个统一整体。池塘中有鱼、泥鳅、水草等生物，它们也构成了生物群落，而且它们也依赖这里的阳光、土壤、水分、空气等无机环境才能生存，它们的生存又改善了这里的水土条件、空气质量等。池塘中的生物和它们赖以生存的环境也相互作用，不可分割，构成了一个统一整体。通过比较发现，池塘和草坪的共同特征是：都是一个区域，都有生物群落，且生物和它们赖以生存的环境相互作用，构成了一个统一整体。再分析一棵树，它仅是一个生物体，一块空地中无生物。它们都不具备草坪和池塘共有的特征。通过对正例和反例进行比较，揭示出“生态系统”的本质属性是“在一定区域内”“生物群落及其与无机环境相互作用”“构成的统一整体”。

（三）给概念下定义

下定义，就是用简洁明确的语句揭示概念的内涵，即揭示概念所反映的对象的特点或本质属性的一种逻辑方法。下定义是讲解概念的直接目的。形式逻辑对如何给概念下定义有明确的规则，就是把被下定义的概念放在它最临近的属概念里，并且指出它和同一个属概念下的其他种概念之间的差别，即种差。邻近属概念指包含被定义者的最小的属概念。这句话可以用一个公式来表示：

被定义概念 = 种差 + 邻近属概念

生态系统的定义是：一定区域内的生物群落及其与无机环境相互作用构成的统一整体。“统一整体”是“生态系统”的邻近属概念，“一定区域内的生物群落及其与无机环境相互作用构成的”是生态系统与其他“统一整体”的本质区别，即种差。

1. 下定义的三个步骤

第一步：提取邻近属概念。下定义时，首先要找一个比种概念大一级的概念，即邻近属概念。邻近属概念的出现一般有两种情况：一种是隐含在所列举的事例中，需要教师引导学生去归纳或提取；另一种是没有现成的属概念，需要根据材料的内容自己确定属概念。“生态系统”这个概念的邻近属概念是隐含在所列举的事例中的。

第二步：寻找种差，就是寻找出它和同一个属概念下的其他种概念之间的差别。有些种差是由多个属性组成的复杂属性，提取时一个也不能少，否则会造成定义不严密。例如，“生态系统”这个概念的种差是由“一定区域内”“生物群落及其与无机环境相互作用”“构成”三个属性构成的，如果少一个就不能揭示生态系统的本质，而“生物”这个概念的属性只有一个，即“具有生命活动特征”。

第三步：表述定义，就是把被定义者、种差、属概念，用“是”“叫”等一类连接词连接起来并用一个陈述句表述出来。表述要符合“被定义概念 = 种差 + 邻近属概念”的公式。如果种差由多个属性构成，下定义时，这些属性是多项定语的排列，多个属性的排序要合理。

下定义是对本质属性的概括，既要准确筛选语段中的关键信息，保证重点不缺失，又要归纳信息，淘汰本质属性以外的信息，保证语句简洁。一般来讲，应该淘汰以下六种信息：重复、冗赘信息；比较信息；成因、背景信息；描写信息；作用、意义信息；举例的信息。

2. 下定义的四条原则

定义是否准确严密，通常用四条原则来检验。

（1）定义必须相称。指所下定义概念与被定义概念的外延（概念所反映的事物的范围）必须相等，不可过宽，也不能过窄。例如，如果将生物定义为“生物是能运动的物体”，就犯了定义过宽的错误，因为汽车、飞机都能运动，但是它们不是生物。如果将生物定义为“生物是具有细胞结构的物体”，则犯了定义过窄的错误，把病毒排除在外了。因为病毒没有细胞结构，但是它也是生物。

（2）定义不能循环。定义概念不能直接或间接地包含被定义概念，也就是说下定义不能同语重复、自己解释自己，必须直接说明被定义概念。例如，“寄生就是一种生物寄生在另一种生物的体内、体外或体表”，就犯了定义循环的错误，用“寄生”来界定被定义者“寄生”。

（3）定义不能否定。定义一般不能用否定形式，因为否定形式只能说明有关概念不具有什么属性，而不能直接说明它具有什么属性。例如，“浪漫主义不是唯美主义”“经济基础不是上层建筑”“唯物主义不是唯心主义”“教师不是体力劳动者”，这些定义没有揭示概念的本质属性。

（4）定义不能用比喻。定义应该揭示概念的内涵，用比喻达不到这个目的。例如，“教师是人类灵魂的工程师”“谚语是智慧的花朵”“知识就是力量”“书籍就是打开知识宝库的钥匙”“杂文是匕首和投枪”等，虽然都很形象，但并不能反映被定义概念的本质。这里“工程师”“花朵”“力量”“钥匙”“匕首和投枪”都是喻体，而不是邻近属概念，所以不能视为严格意义上的定义。

（四）活化概念

活化概念就是通过练习等，使学生灵活运用概念。学生学习概念之后不能只停留在记忆、理解的水平上，而要学会运用概念。一般来说，练习可以使学生加深对概念的理解，并达到灵活运用的程度。

例 1：在学习“生态系统”这个概念之后，可举一些现实生活中相关的例子让学生分析。

一间教室里有学生和教师，还有桌椅板凳、空气，教室是不是一个生态系统？（不是，因为教室是教师和学生进行教学和学习的环境，教室里只有人这种生物，没有形成生物群落，人和这个环境并不构成统一整体。因此，教室不是生态系统）

在学了种群、群落、生态系统这一系列概念后，让学生找出这些概念之间的关系。（种群是个体的集合，群落是种群的集合，群落又是生态系统的构成部分。它们之间有一定的层次性和包容性：生物个体→种群→群落→生态系统）

例 2：在学习“寄生”这个概念后，为了检查学生对该概念掌握的情况，可以举例让学生判断。

胎儿生活在母体内，并且依靠母亲提供的营养生活，那么，胎儿和母亲是不是寄生关系？（不是，因为他们是同一种生物）

例 3：提取下列材料的要点，整合成一个单句，为遗传下定义。

（1）遗传是一种生物自身繁殖的过程。

（2）这种繁殖将按照亲代所经历的同一发育途径和方式进行。

（3）在这一过程中，生物将摄取环境中的物质建造自身。

（4）这种繁殖过程所产生的结果是与亲代相似的复本。

分析：“遗传”是被定义概念，而“自身繁殖的过程”就是邻近属概念，“按照亲代所经历的同一发育途径和方式”“摄取环境中的物质建造自身”“产生与亲代相似的复本”是遗传区别于其他繁殖过程的特有属性，为种差。因此，遗传的定义是：遗传是生物按照亲代所经历的同一发育途径和方式，摄取环境中的物质建造自身，产生与亲代相似的复本的一种自身繁殖的过程。

第四节　讲解技能的训练和评价

一、讲解技能的基本要求

教师的讲解可以提高信息传输的密度，减少学生学习的盲目性，因而可以提升学习效果。然而在实际运用中，教师的讲解经常不得法，常常是教师讲，学生听，课堂以教师为主，学生处于被动地位，信息传输主要是以教师传给学生为主的单向交流，歪曲了讲解的本来面貌。教师能否讲好，主要看他对讲解的基本要求是否有充分的认识，其讲解是否符合讲解的基本要求。讲解技能的基本要求包括以下几个方面。

（一）讲解要抓住重点、难点

这是对讲解的最基本要求，也是衡量讲解是不是“注入式”教学的一个关键点。为了克服“满堂灌”“话语霸权”“教师独白”“课堂权威”等行为，切忌教师一堂课一讲到底，而要选择那些不得不讲的内容，即很重要的内容和很难理解的内容（如果教师不讲，学生就很难理解）来讲，对于那些学生早就知道或者很轻易就能学会的知识，教师的讲解就是多余的。逐字逐句的讲解没有给学生参与教学的机会，他们就会逐渐养成懒得思考的习惯，这样的讲解就成了“注入式”教学。要让学生尽量自己了解所学知识，在学生无法彻底了解的时候，才加以说明、订正、补充。因此，教师的讲解应抓住重点、难点和关键点，而不是面面俱到。例如，在学习光合作用时，光合作用的发现历程，学生一目了然，教师不能作为重点来讲，而光合作用的过程和光合作用的应用既是重点又是难点，需要教师投入较多时间来精心讲解。

（二）讲解要有启发性

在讲解时，不仅哪些知识该讲、哪些知识不该讲是有要求的，对怎么讲也有要求。重点、难度该讲，但不是逐字逐句地去讲。讲解应该给学生设置思考的余地，用问题启发学生去思考，使学生通过自己的思维来掌握知识，形成能力。有无启发性也是衡量讲解是不是“注入式”教学的一个关键点。例如，在学习光合作用过程时，教师可以问学生：色素为什么有颜色？学生思考后可能回答得不尽如人意，教师可以补充说明：因为光是七色的，有些色素不吸收某些光，所以呈现出特定的颜色。同时，光里面含有能量，启发学生回顾能量守恒定律，为后续讲解光合作用中能量变化和物质变化埋下伏笔。

（三）讲解要有科学性和思想性

讲解的科学性指内容应准确无误，不能含糊其词、模棱两可，更不能是错误的。讲解的思想性指要贯穿正确的观点，忌将生物学现象或生物体拟人化，忌目的论的观点，而且语言要辩证，不能绝对化。讲解的主要媒介是语言，讲解的科学性和思想性主要通过语言的科学性来体现（见第三章教学语言技能中语言的科学性）。

（四）讲解要逻辑严密，条理清晰

讲解要根据知识体系的逻辑关系安排先后顺序，要一个问题接一个问题讲解，有条理地把知识解释清楚。在进行论证、推理、说明时，要做到逻辑严密，符合事物本身的规律。例如，有些师范生在讲解“DNA 是主要的遗传物质”时，这样讲：

因为人是生物，生物的主要遗传物质是 DNA，所以，人的主要遗传物质是 DNA。

在这里，由于逻辑不严密，出现了错误。“生物的主要遗传物质是 DNA”中的“生物”，指生物界的所有生物，而不是一个或一种具体的生物。

（五）讲解要善于使用例证

例证是进行学习迁移的重要手段，能将熟悉的经验与新的知识、概念联系起来。讲解时要善于用例证来说明问题，而且要举典型的事例。典型事例最具有说服力，因为它与新概念之间具有实质性的非人为的逻辑联系。需要说明的是，事例本身并不能说明问题，通过分析才能够说明问题，因此，举出事例后还要进行深入的分析。例如：

甲状腺是人体最大的内分泌腺体，甲状腺组织有强大的浓集碘的能力。缺碘可导致甲状腺激素分泌不足，使人患大脖子病。例如，四川由于水土缺碘，人们日常摄入的食物缺碘，四川成为大脖子病的高发地。如今，当地食盐加碘，大脖子病的发病率逐年降低。

（六）讲解的语言要准确、真实

讲解分为“讲”和“解”，二者都离不开语言，都是通过教师的语言表达和阐述来实现的，无论是“讲 ”还是“解”，语言表达都必须严谨、准确。严谨指严密、谨慎，没有歧义；准确指符合事实和实际，真实地反映事物的本来面貌，既不夸大，也不缩小。如果语言表达不准确或不严谨，就会传递错误的信息。

“教学有法，但无定法，贵在得法”，方法是靠人来运用的，运用得好坏全在于人，而不在于方法本身。

二、讲解技能的评价标准

根据讲解的过程和基本要求，讲解技能的评价标准见表5-3。

表5-3　讲解技能的评价标准

序号	评价指标	分值
1	有效导入	10分
2	讲解科学、准确	15分
3	提供实例，让学生充分感知	10分
4	能够引导学生进行分析、比较	15分
5	能够进行综合概括	15分
6	重点、难点突出	15分
7	条理清晰，逻辑严密	10分
8	通过运用加深理解	10分

三、讲解技能的训练方法

（一）观摩体验法

观看一段中学生物学课堂教学录像，根据讲解技能的评价标准和讲解技能的要求，对教师的讲解技能进行分析、评价，学习教师讲解的优点。

（二）微格教学训练

按照微格教学要求，学生分组在微格教室进行讲解概念技能训练，然后在全班示范，使学生博采众长，互相学习，共同提高。具体要求如下：

（1）每位同学从现行中学生物学教科书中选一个生物学概念，按照讲解概念技能的要求进行教学设计，并写出微格教学教案，在规定时间到微格教室进行讲解概念技能训练。

（2）每位同学的讲课时间不超过7分钟，训练前必须试讲以熟悉内容，做到讲课时脱稿。

（3）根据学校微格教室的数量，事先把全班同学分成若干个小组，每组确定一名组长。组长提前安排好讲课顺序，训练时组织小组成员讲课，保证训练顺利进行。

（4）训练时，每位同学依次扮演教师角色讲课，小组成员根据讲解概念技能的评价标准，对每位同学的讲解概念技能进行分析诊断并评分（不给自己评分），组长计算出每位同学的平均分，作为该同学本次训练的成绩。

（5）训练结束后，每组推荐一位同学的教学录像，下次上课时在全班播放，并推荐一位同学评课。

（6）训练结束后，组长把小组成绩和推荐同学的姓名、教学录像、课件及评课同学的姓名上报给指导教师。

（7）下次上课时，按照小组顺序，先播放第一组推荐同学的录像，然后评课同学进行评课，最后指导教师进行综合评价。以此类推，对各组推荐的录像进行展示、评价。

思考题：

1. 在大力提倡学生自主学习的今天，讲解技能还有必要存在吗？
2. 讲解为什么会被误认为是“注入式”教学？
3. 怎样做才能使讲解成为一种有效的教学方式？
4. 讲解概念与讲解形态结构的要求有何不同？

第六章　提问技能

如果教师的提问能引起学生的注意，就能使学生在每个阶段都连贯地表现为等待、探索和行动。

——［德］赫尔巴特（1776—1841）

提问是自古以来世界各国教育和科研领域特别关注的一个话题。爱因斯坦曾说：“提出一个问题往往比解决一个问题更重要。”英国哲学家卡尔·波普尔认为：“科学和知识的增长永远始于问题，终于问题——越来越深化的问题、越来越能启发新问题的问题。”杰伊·麦克泰和格兰特·威金斯认为，教学设计的关键是通过提出适当的问题激发学生思考。日本著名教育家斋藤喜博甚至认为，教师的提问是“教学的生命”。由此可见提问的重要性。

从某种意义上讲，教师课堂提问水平的高低决定着课堂教学的成败。提问是一门艺术，问题提得好，学生就想说、会说，问题提得不好就适得其反。提问技能是课堂教学中用得比较多的一项技能，是师范生必须掌握的一项技能。

第一节　提问技能概述

一、提问技能的定义

（一）问题

《现代汉语词典》对“问题”的解释是要求回答或解释的题目。美国学者加里·D. 鲍里奇认为任何口头的说法或手势，只要引起了学生的回应或回答，就被看作问题；心理学家瑞格指出“问题是试图引起反应的任何句子”，也就是说只要这个句子可以激发学生的兴趣、引起学生的思考和讨论，就能将其视为一个问题。

（二）提问

这里所说的提问指课堂提问，即提出问题要求回答。从广义上讲，提问指一切有询问形式或询问功能的句子或教学内容。

（三）提问技能

提问技能指教师事先设计问题，在教学的适当时候提出并要求学生回答的教学行为方式和心智活动方式。提问技能包括设计问题和提出问题两项技能。课堂提出的问题一般都是教师在备课时事先设计好的，也有部分是在课堂上根据学生的学习进展随机生成的。问题提得好不好关键在于设计，因此，设计问题是提出问题的前提条件。

二、提问技能在生物学教学中的作用

（一）集中学生注意力，促进学生思维发展

Wigle（1999）认为，教师的课堂提问能够使所有学生积极进入学习过程；激发所有学生积极思考；留出充分的等待时间，以便学生进行深度认知加工；使学生进入高水平的思维过程。因为通过提问，学生被置于复杂的、有意义的问题情境中，被置于积极的问题解决者的角色，他们的兴趣和注意力被集中到某一特殊的专题或概念上，从而产生解决问题的自觉意向。在课堂教学中，教师的提问能集中学生的注意力，使学生的心理活动指向和集中在教学内容上。好的提问可以使学生对学习内容的有意注意得到强化。

亚里士多德曾说过，“思维从疑问和惊奇开始”。提问能够有效地点燃学生思维的火花、激发他们的求知欲，并为他们发现、解决疑难问题提供桥梁和阶梯，引导他们去探索解决问题的途径，在问题求解过程中培养他们的高级思维能力。提问能引起学生的认知矛盾，并给学生适宜的紧张度，从而激发学生积极思考，引导学生的思维向不同的方向发展，拓展思维的广度，提高思维的深度。无论教师何时提问，学生要回答，就得迅速思考，整理已有知识，顺畅流利地表达出来。这一过程也有助于学生思维的发展。因此，宋代朱熹说：“读书无疑者须教有疑，有疑，却要无疑，到这里方是长进。”提问是教师对学生学习的一种支持行为。

（二）获得反馈信息，促进教学交流

通过提问，教师可以了解学生对知识、技能等理解和掌握的程度，了解学生学习中的困惑，了解学生学习中的情绪、心态。因此，课堂提问是一种最直接、最快捷地获取反馈信息的重要手段。教师根据从提问中获得的反馈信息，及时调整、改进自己的教学方法和进度，做到有的放矢、因材施教。学生从提问中可以了解教师的意图，从而检查自己的学习情况，调整自己的学习方法。因此，提问可以使师、生双方协调教学，克服教学的盲目性，发挥双方的积极性。提问还是促进师生交流、沟通的主要途径和手段。通过教师提问、学生回答、教师评价，师生可以相互了解，建立和谐的师生关系，同时培养学生交流、沟通的能力。

（三）提示教学要点，强化巩固知识

在教学中，教师一般对教学的重要内容进行提问，因此，通过提问学生能够明确教学的要点。通过学生回答、教师评价，学生对知识有更清晰、准确的理解，从而强化巩固所学的知识和技能，促进对教材内容的理解和记忆。

（四）激发学习兴趣，活跃课堂气氛

教学中的有些提问还有助于活跃课堂气氛，激发学生的学习兴趣。例如，在学习“细胞的癌变”时，教师提问：“一个人在一生中会经常生病，那么细胞会不会生病?”在讲“营养物质的作用”时，教师提问：“我们现在的饮食规律是一日三餐，如果改成三日一餐可以吗?”这些问题一提出来，学生的兴趣就非常浓厚，课堂气氛也会马上活跃起来。

（五）培养学生的语言表达能力

为了使回答言之有理，学生需要精心组织语言，并且有条理地表达出来。课堂上经常提问有助于培养学生的口语表达能力，更重要的是可以提高学生在大庭广众之下回答问题的心理承受力。

（六）引导学生主动参与教学

研究表明，课堂上学生对教师的提问活动参与程度最高。因为教师的提问对大多数学生而言，相对于读和写、听和说，更具有激发作用，即面对教师的提问，学生不得不积极思考并做出恰当的回答。学生在准备回答问题时发展了思维能力，也锻炼了语言表达能力。

第二节　提问技能的类型

国内外学者根据不同的分类标准，将问题分成不同的类型。不同类型的问题在教学中所起的作用不同。因此，了解问题的类型及各类问题在教学中的作用有助于教师设计出更符合教学实际的问题。

一、国外有关问题的分类

（一）六个水平的问题

Broom（1956）把教学中的问题分为由低到高六个水平，每个水平的问题都与学生不同类型的思维活动相联系。六个水平的问题分别为知识水平的问题、理解水平的问题、应用水平的问题、分析水平的问题、综合水平的问题、评价水平的问题。Sander（1966）把问题分为记忆性问题、解释性问题、应用性问题、分析性问题、综合性问题、评价性问题。Krathwohl（2002）把问题分为记忆性问题、理解性问题、应用性问题、分析性问题、评价性问题、创新性问题。

（二）输入问题、加工性问题和输出问题

Shepardson & Pizzini（1991）根据问题的认知水平将问题分为输入问题、加工性问题和输出问题。输入问题需要学生回忆相关信息；加工性问题需要学生在已经回忆起来的信息中找出关联；输出问题需要学生用新的方法（假设，推测，概括，创造，评价）超越原来的信息。

（三）低水平问题和高水平问题

Barden（1995）将问题分为低水平问题和高水平问题，这种分类主要依据问题所在的背景和教学中预期的学习目标。比如，如果学生遇到以前见过的一个问题，那么原来的高水平问题现在有可能成为低水平问题。

（四）良构问题和劣构问题

认知心理学家从问题的结构特性出发，一般将问题分为良构问题和劣构问题两类。具有清晰解决方法的问题称为结构良好的问题，即良构问题。这类问题一般都有正确、统一的答案；有可知的、可理解的解决方法；有一个最佳的、特定的求解过程。例如：“家鸽的呼吸系统由哪些器官组成？”解决这样的问题所需的知识和

技能需要记忆，没有难度。这样的问题可以促进学习者记忆，但不利于知识的迁移。

不具有明确解决方法的问题称为结构不好的问题，即劣构问题。这类问题一般界定不明确；目标含糊不清，缺少限定；具有多种解决方法，或根本不存在解决方法，或没有公认的解决方法。例如，怎样的生活方式才算是健康的？解决这样的问题需要学习者表达个人对问题的观点；需要学习者对问题做出判断，并说明理由；需要广泛的知识和经验。这样的问题有利于学习的迁移，但需要帮助学习者界定问题的情境和目的。

（五）事实性问题、解释性问题、开放性问题和社会性问题

Barnes（1969）根据他在英国中学观察的情况，将教师的问题分为四类。

（1）事实性问题：应该回答“是什么”的问题。

（2）解释性问题：应该回答“为什么”和“怎么样”的问题。

（3）开放性问题：不需要任何解释说明的问题。

（4）社会性问题：这类问题通过控制学生、发出呼吁，从而影响学生的社会行为。

二、国内有关问题的分类

（一）老问题、新问题和疑难题

从学习者认识事物的发展过程来看，问题可分为老问题、新问题和疑难题。

（1）老问题。指从学习者已经掌握的知识内容中产生的疑问。学习者只需依靠现有认知水平就能较容易地解决这类问题。

（2）新问题。指学习者对尚未学习过的新知识内容产生的疑问。学习者必须学习新知识才能解决这类问题。

（3）疑难题。指在学习者所学知识内容中，那些难度大、学习者不容易解决的问题。学习者必须进行积极深入的思考才能解决这类问题。

事实表明，这种问题分类方法在理科教学中有着高度的实用价值。

（二）低认知水平的问题和高认知水平的问题

国内研究者认为在课堂教学中，需要学生学习的知识是多样的，再加上学生的思维有不同的形式和水平，这就要求教学中所提的问题应有多种类型和水平。他们

把问题分为低认知水平的问题和高认知水平的问题。

1. 低认知水平的问题

用于检查学生知识掌握情况，一般只有一个正确答案。学生根据所记忆的知识照原样回答即可，不需要深入思考。教师判断学生的回答也较容易，只简单地分为正确与错误即可。低认知水平的问题包括知识性问题、理解性问题、应用性问题三种。

（1）知识性问题。这类问题主要考查学生对概念、公式、法则等基础知识的记忆情况，如要求回答“是”与“否”的二择一问题。这类问题比较简单，要求学生对教师的提问进行迅速反应。例如：“植物的生长是由于细胞分裂使细胞的个数增加以及细胞长大两方面原因吗？”学生回答：“是。”

这类问题还包括要求用词语或句子回答的问题。这类问题要求学生回忆已学过的事实、概念等，所回答的句子一般要求和教材上的表述相一致。例如：“遗传物质有哪两种？”学生答：“DNA 和 RNA。”“DNA 和 RNA 有何区别？”学生答：“DNA 含脱氧核糖，RNA 含核糖。”“DNA 和 RNA 有何关系？是怎样控制生物性状的？”这种包括系列句子的提问，是向较高级提问的过渡。

知识性提问是一种最简单的提问。对于这类提问，学生只需凭记忆回答。一般情况下，学生只是逐字逐句地复述学过的一些内容，不需要自己组织语言。简单的知识性提问限制学生的独立思考，没有给他们表达自己思想的机会，因此，课堂提问不能局限在这一层次上。在知识性问题中，教师通常使用的关键词是：谁、是什么、在哪里、什么时候、有哪些、写出等。

（2）理解性问题。这类问题用来检查学生对已学知识及技能的理解和掌握情况，多用于某个概念、原理讲解之后的复习提问。学生要回答这类问题必须对已学过的知识进行回忆、重新组合，对学习材料进行内化处理，组织语言表达出来。因此，理解性提问是较高级的提问。学生通过对事实、概念、规则等的描述、比较、解释，究其本质特征，从而更深入地理解所学内容。在理解性问题中，教师经常使用的关键词是：请你用自己的话叙述、阐述、比较、对照、解释等。

理解性提问一般分为三个等级：

第一级，一般理解。要求学生用自己的话对事实、事件等进行描述。例如：“你能叙述光合作用的过程吗？”“你能说说根毛吸水的过程吗？”

第二级，深入理解。要求学生用自己的话叙述中心思想，以便了解学生是否抓住了问题的实质。例如：“你对人体是一个统一的整体是如何理解的?”“你对生物的适应性是如何理解的?”

第三级，对比理解。指对事实、事件进行对比，找出其本质的区别，达到更深入的理解。例如，学习过无机盐的相关知识后，教师可设计一些问题：“生理盐水的质量分数为什么是 0.9%？过高或过低会产生什么影响?”“老年人容易发生骨折，这是骨质发生了什么变化？这主要是由缺少哪种无机盐引起的?”学生要回答这些问题，必须对所学的知识进行回忆、转化或重新组合。

（3）应用性问题。这类问题用来检查学生把所学概念、规则和原理等知识应用于新的问题情境中解决问题的能力水平。在应用性问题中，教师经常使用的关键词是：应用、运用、分类、分辨、选择、举例等。例如，在教完母系遗传形成的原因后，教师可结合当前科技热点设计这样的问题：“基因工程中培育具有抗性基因（如抗虫）的农作物，为防止通过花粉与近缘植物杂交，导致基因污染，应将目的基因整合到核 DNA 还是质粒 DNA？为什么?”教师应从培养学生知识运用能力入手，引导学生思考、讨论，通过运用所学知识解决实际问题，做到理论联系实际，进一步培养他们的知识运用能力。

2. 高认知水平的问题

高认知水平的问题通常是具有深度引导性的问题。这类问题通常不是只有一个正确答案，学生需要在原有知识的基础上，对问题进行分析、综合、概括等组织加工，才能得出正确答案。教师主要根据提问的意图，判断答案是否有道理、是否独创，或者在几个答案中比较哪一个更好些。

高认知水平的问题包括分析性问题、综合性问题、评价性问题三种。

（1）分析性问题。这类问题要求学生通过分析知识结构因素，弄清概念之间的关系或者事件的前因后果，最后得出结论。学生必须能辨别问题所包含的条件、原因、结果及它们之间的关系。学生仅靠记忆并不能回答这类问题，必须通过认真的思考，对材料进行加工、组织，寻找根据，进行解释和鉴别，才能解决问题。在分析性问题中，教师经常使用的关键词是：为什么、哪些因素、什么原理、什么关系、得出结论、论证、证明、分析等。例如，在教完“染色体变异”相关知识后，教师可以设计这样一些问题：①“如果单倍体植株中含一个染色体组，那么经秋水仙素处理后，得到的植株基因型是什么？含几个染色体组？是几倍体？是纯合体还是杂合体？”②“如果该单倍体植株中含两个染色体组，那么经秋水仙素处理后，得到的植株基因型是什么？含几个染色体组？是几倍体？是纯合体还是杂合体？”③“②中得到的一定是纯合体吗？若该单倍体植株基因型是 Aa，则该植株经秋水仙素处理后得到的是几倍体？基因型是什么？是纯合体还是杂合体？”这些问题能够激发学生思考，分析问题之间的关系。

（2）综合性问题。这类问题需要学生具备分析综合与推理想象两方面的能力。分析综合要求学生对已有材料进行分析，并得出结论。例如：“森林对人类有什么意义？破坏森林会造成什么后果？”该问题要求学生分析树木的光合作用、树木的水土保持作用、森林与人类生活的关系等，从而预见破坏森林可能给人类带来的恶果。推理想象要求学生根据已有的事实推理，想象可能的结论，也就是由已知推未知。比如，通过亲本的基因型来推断后代的基因型及表现型。

综合性问题的表达形式一般为：“根据……你能想出问题的解决方法吗？”“为了……我们应该……？”“如果……会出现什么结果？”

（3）评价性问题。这类问题要求学生运用准则和标准对观念、作品、方法、资料等做出价值判断，或者进行比较和选择。评价性问题需要学生运用所学内容和各方面的知识经验，并结合自己的思想感受和价值观念，进行独立思考才能回答。它要求学生能提出个人的见解，形成自己的价值观，是最高水平的问题。在评价性问题中，教师经常使用的关键词是：判断、评价、证明、你对……有什么看法等。例如：“你认为转基因技术和转基因食品将对科学发展、人类健康、生态环境、社会法律和伦理等方面产生哪些影响？你如何评价这些影响？你身边有类似的实例吗？若有，请举例。你对此持何种态度？有何建议？”

评价性问题能让学生认识到问题的复杂性，促使他们从多角度去认识和分析问题，评价事物。

第三节　提问技能的训练和评价

提问技能包括设计问题和提出问题两项技能，设计问题是提出问题的前提条件。因此，要想掌握好提问技能，就需要掌握好设计问题和提出问题的方法。

一、设计问题的方法和要求

要提出有水平的问题来，仅凭经验和随机发挥是不够的，还需要掌握一些设计问题的基本方法。

（一）设计问题的方法

1. 针对核心概念提出问题

例如，在“眼与视觉”这一教学内容中，有两个核心概念，即“眼”和“视觉”，针对这两个概念可以提出以下问题：“眼有哪些结构？眼对人的生命活动有何意义？视觉是怎样形成的？”

2. 将陈述句变成问句

仍以“眼与视觉”为例，标题是一个陈述句，可以把它变成疑问句：“眼与视觉（形成）有何关系？”再如，还可以把教科书上的一段描写“在完成一个反射的过程中，兴奋要经过传入神经和传出神经等多个神经元，相邻的两个神经元之间并不是直接接触的”直接变成问题：“相邻的两个神经元是不是直接接触的？”

3. 根据“五何”思维方向设计问题

祝智庭教授提出的“五何”思维方向可以作为设计教学问题的依据。“五何”就是“是何、为何、如何、若何、由何”。

是何：是什么，即由 What、Who、When、Where 引导的问题，它针对具体事实发问。这类问题的解决有助于获得事实性知识。

为何：为什么，即由 Why 引导的问题，是针对目的、理由、原理、法则、定律和逻辑推理等原理性内容提出的问题。这类问题的解决通常可以了解事物之间的关系，并做出解释和推理。

如何：怎样，即由 How 引导的问题，是针对方法、途径、状态及事物发展规律提出的问题。这类问题的解决通常可以获取策略性知识。

若何：如果情境中的一个因素（人物、时间、地点、工具和规则）发生变化，结果会怎么样，通常是由 what…if 引导的问题。这类问题易产生思维迁移（角色迁移和情境迁移），使学习者获得创造性知识。此类问题可以拓宽思路，是创新和发现问题的“启动机”。

由何：问题从哪里来，指由 from… 引导的问题，是为了追溯、呈现或强调与对象相关的各种情境要素而提出的问题。这类问题可以作为情境的依附对象，描述一个问题产生的情境。

为了便于操作，祝智庭教授还设计了“五何”问题设计模板。例如，围绕“生态系统的稳定性”这个主题，根据“五何”问题设计模板设计的问题如图 6–1 所示。

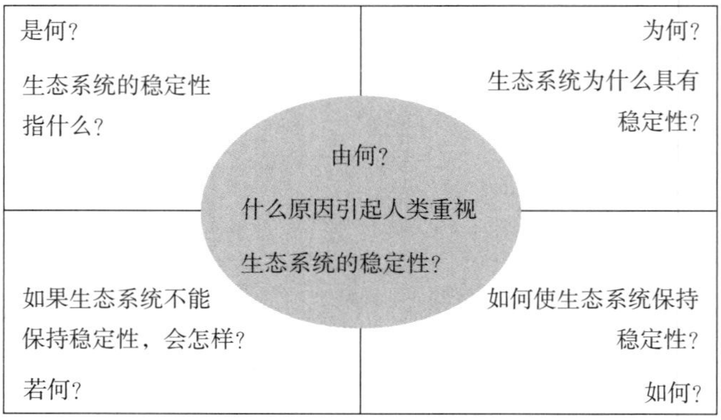

图 6–1　生态系统的稳定性“五何”问题

在“五何”问题中，“由何”往往并不是真正的问题，而是用于情境导入或布置任务。

“是何”解决的是“生态系统稳定性”的定义，使学生获得记忆层次的知识。在生物学教学中，有关概念的定义、生物的形态结构及发育过程等知识都可以用“是何”来提问。例如：“什么是变态发育？”“细胞是什么样的？”

“为何”解决的是“生态系统的特性——自我调节能力”，使学生获得理解层次的知识。在生物学教学中，有关各种组织、器官的生理功能等知识都可以用“为何”来提问。例如：“为什么血液具有运输氧气的功能？”“为什么小肠是人体吸收营养物质的主要器官？”

“如何”涉及现实生活中的具体问题，可以使学生运用学过的知识解决问题，而不是仅仅记住一些知识。在生物学教学中，有关让学生养成良好生活习惯的知识都可以用“如何”来提问。例如：“如何保护视力？”

“若何”把学习者置于一种严峻的问题情境中，使学习者设身处地思考问题。在每一个单元的学习中，都应该设计“若何”问题，拓宽学习者的思路。

根据“五何”思维方向设计的问题处于不同的思维层次，涵盖教学应解决的主要问题，可使整个单元主题比较明确，而且“五何”问题设计模板可操作性强，是生物学教学中设计问题的好帮手。

4. 根据理解的六个侧面设计问题

杰伊·麦克泰和格兰特·威金斯认为理解潜在地存在于似乎没有任何问题的知识中，而且理解有多种多样的表现方式。一般来说，一个问题有六个不同的理解侧面，每个侧面都有其特定的功能和表现。六个侧面分别是解释、阐明、应用、洞察、神入（移情）、自知。

解释：能够对现象、事实、数据和观点等进行准确、恰当、言之有理的说明，侧重于说明原因。往往涉及：为什么会这样？用什么来说明此类事件或行动？怎样说明？它与什么相联系？它是怎样起作用的？它有什么含义？

阐明：说明、解说、转述，从而阐明某种意义。阐明的目的在于理解而不是解释，即通过讲述来表达自己对学习内容的理解，侧重于说明事物的意义。需要回答：讲述意味着什么？为什么它会如此重要？它与我有什么关系？

应用：在不同情境中有效利用知识的能力，即熟练地掌握概念、原理或技能，并把它们有效地运用于新的环境中。往往涉及：如何应用所学知识和技能？用在何处？如何对自己的思想和行动进行校正以适应特殊情况？

洞察：观点深刻并具有批判性，包括心照不宣的假设和明确的暗示。经常通过提出“它究竟是什么”等问题表现出来，并且把任何答案都看作一种视角下的产物。

神入（移情）：能深入体会另一个人的情感和观点，是一种站在他人的立场来理解世界的认知能力，表现为想别人之所想、感别人之所感。需要回答：这对你意味着什么？对于我所没有了解的，他们了解哪些？如果我要理解，我需要哪些经验？

自知：能够理智地认识自己的思维和行为模式的优势及局限性。需要解决：我如何形成自己的观点？我的理解力局限何在？我的盲点何在？因为受制于偏见、习惯、思维或行动方式，我容易对什么产生误解？

他们还认为，教学设计的目标在于使设计过程成为促进学生对课程内容进行理解的过程，教学设计的关键是通过提出适当的问题激发学生思考。

为了引导学生全面、深刻地理解一个学习主题，可以从理解的六个侧面设计问题。例如，围绕“营养”主题设计出的问题如图 6–2 所示。

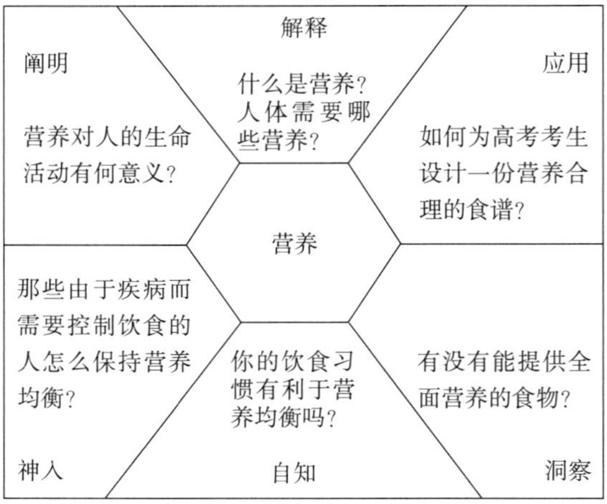

图 6–2　围绕“营养”主题设计的问题

根据理解的六个侧面设计的问题把本节的学习内容清晰地呈现了出来，并且前三个侧面的问题是针对本节的知识内容设计的问题，而后面三个问题涉及态度、责任方面的目标。按照平时的教学经验，解释、阐明、应用、自知方面的问题，教师一般都会想到，但是洞察、神入（移情）方面的问题教师一般不容易想到，而这样的问题正是引导学习走向深入的问题。

（二）设计问题的要求

1. 围绕重点和难点设计问题

教师要在研究课程标准、分析教材、分析学生具体情况的基础上，围绕教学的重点和难点设计问题。这样的问题才能使教学有的放矢。

2. 设计的问题要有思考价值

提问的主要目的是促进学生思维的发展，因此，设计的问题要能够启发学生思考。如果问题无须思考，或者仅凭经验、常识就可以回答，这样的问题就没有多大的意义。尽量不要提“是不是”“对不对”这样的问题。因为这样的问题答案已在问题中，学生不需要思考就可以回答，对学生的思维没有促进作用。这类问题不是激发学生思考，而是诱导学生猜测答案。但是也不是说绝对不能提这样的问题。例如，学习“寄生”这个概念后，为了检查学生对该概念的掌握情况，教师设计了这样一个问题：“胎儿生活在母体内，并依靠母体提供的营养生活，那么，胎儿的生活方式是不是寄生？”这个问题是一个需要在“是”与“不是”之间做出选择的问题，如果学生对这个概念的内涵理解不透彻、对特征掌握不牢固，可能就会错答成

“是”。实际上，因为胎儿和母亲是同一种生物，所以，他的生活方式不是寄生。这个问题的回答需要学生根据寄生的特征进行判断。

3. 设计的问题要有层次性

根据问题的类型我们知道，不同类型的问题对学生的理解能力、认知水平的要求不同，因此，教师应根据教学目标设计不同难易层次的问题，并循序渐进地进行教学提问。国外研究表明，当教师对所教内容不能有深入的理解时，他们可能用低认知水平的问题来控制课堂教学，学生的参与度低。与此相反，当教师对所教内容有深入的理解时，他们可能用高认知水平的问题来控制课堂教学，学生的参与度会很高，来自学生提的问题也很多。因此，教师要根据教学内容的要求设计不同层次的问题。例如，在讲解“血液和血型”一节内容时，为了使学生对血型及输血的知识有比较深入的理解，可以设计一组问题：

(1) 什么叫血型？什么是ABO血型系统？

(2) 为什么O型血的人被称为“万能输血者”？

(3) 血型是如何判定的？你会验血吗？

(4) 输血前为什么要做交叉配血试验？

问题（1)是记忆层次的内容，是最简单的问题；问题（2)是理解层次的内容，是较难的问题；问题（3）(4)是运用层次的内容，是难度比较大的问题。通过这组问题，引导学生掌握不同层次的知识，也使学生的思维由浅到深逐步发展。

4. 设计的问题要有趣味性

教师设计的问题还应具有趣味性，这样才能更好地调动学生的学习积极性、促进学生思考。例如，“细胞会不会生病”“如果细胞也会生病，那么，生病后会有何表现”“人类能够治疗细胞的病变吗”等问题就很有趣。这样的问题一提出，学生就非常想知道答案，会积极地进行思考和讨论。

5. 设计的问题要有整体性

在教学中，往往需要设计一组问题而不是只设计一个问题。设计的一组问题要有整体性，即设计问题时，要紧扣教材内容，围绕学习的目标、要求，将问题集中在那些牵一发而动全身的关键点上，以利于突出重点、攻克难点。由此再延伸出一些其他问题，形成一连串问题，构成一个指向明确、思路清晰、逻辑严密的“问题链”。这种“问题链”能够体现教师的教学思路，打通学生的学习思路，具有较大的容量。例如，在“植物的组织”教学中，为了让学生了解营养组织与保护组织中细胞的不同，教师设计了一组问题：

我们平时在吃水果（桃子、葡萄等）时，果皮的口感和果肉的口感有何不同？

（果皮不易嚼烂；果肉汁多，味甜，易嚼，口感好）

为什么会产生这样的不同？

（因为它们是由不同的组织构成的）

你能推断出果皮和果肉细胞的特点吗？

（果皮不易嚼烂，是因为组成它的细胞排列紧密，且细胞壁较厚。而果肉汁多、易嚼、口感好，是因为组成它的细胞壁薄、液泡大且细胞排列疏松。由此得出果肉组织的特点：细胞排列松散，集中于果实的内部，细胞壁薄，液泡内存有大量的细胞液，具有贮存水分和营养的功能）

6. 设计问题时要注意深度和广度

问题的深度规定学生认知活动的层次，分记忆、理解、应用、发展等几个层次。问题的广度规定学生思考的范围。广度小可以突出问题的重点，迅速激发学生思维，提高效率，节约时间，但过小容易产生束缚，影响学生思维的活跃程度。设计问题时，要根据学生的实际情况确定问题的深度和广度。例如，关于蝙蝠，有人设计了以下问题：

蝙蝠是什么？（范围过大，没有深度）

蝙蝠是脊椎动物还是无脊椎动物？（问题指向明确，有一定深度）

蝙蝠是不是鸟？为什么？（问题指向明确，有深度）

根据食性，蝙蝠属于什么动物？（问题指向明确，但范围过小，深度不够）

7. 问题表述清晰

第一，设计的问题应该是一个疑问句。第二，设计问题时，用词要准确，表达的意思要清晰、明确、简明，使学生明白需要回答的范围，不要提出一些复杂的、含糊不清或语句很长的问题。这就要求在设计时对所提问题进行仔细推敲，不但要考虑问题与教学内容的关系，还要考虑学生是否能理解和接受。第三，表达问题的措辞要恰当、准确，不产生歧义。例如，“蝙蝠是什么”，这个问题的范围太大，表达的意思不够明确，学生不知道从哪个角度来回答。“根据食性，蝙蝠属于什么动物”，这个问题表达的意思比较清晰、明确，它限定了蝙蝠是动物，并要求从食性来判断蝙蝠是什么动物。

8. 试答检查

问题设计完成后，要通过试答来检查问题是否偏移目标、是否适合学生、学生能否回答、是否有争议（是有益的争议还是无益的争议）、是否有歧义等。通过试答，教师可进一步完善问题。例如，“大家有没有想过食物进入消化道后发生了哪些变化”，这个问题到底要回答“有没有想过”，还是回答“发生了哪些变化”，显然是要回答后面的问题，但是这个问题中用了两个疑问词，这让学生搞不清楚到底要思考什么。试答后，可以把问题改成“请大家想一想，食物进入消化道后发生了哪些变化”，这个问题就比较清晰明了。

二、提出问题的方法和要求

美国一位教学法专家说过：“教师教学效率的高低，大部分可以从他们所提出的问题的性质和发问的方法来考虑，中小学教师若不谙熟发问的技术，他的教学工作是不易收效的。”从某种意义上讲，教师课堂提问水平的高低决定着课堂教学的成败。提高提问技能，需要了解提问的过程及提问的具体要求。

（一）提问的过程

提问的过程包括引入、陈述、介入、评价四个阶段。

1. 引入阶段

指教师用语言或其他方式向学生表示即将要提问，使学生对提问做好心理准备。例如：“同学们，下面让我们共同考虑这样一个问题……”“通过上面的分析，请大家考虑……”

2. 陈述阶段

教师用清晰的语言表述要提出的问题，并做必要的说明使学生明确如何回答。陈述阶段还包括候答和叫答环节，候答即等候学生回答，叫答即叫学生回答。

（1）候答。候答时间包括教师发问后至学生回答前的时间（候答时间 A）和学生回答后至教师开始说话前的时间（候答时间 B）。有研究者发现，在实验条件下，教师的候答时间 A 增加至 7 秒以上时再介入，教学效果明显提高。其主要原因可能是：首先，给学生提供了更多的思考机会；其次，创造了有利于学生思考问题的更为宽松的课堂氛围。一般情况下，教师在学生回答 1~2 秒后做出反应。因为学生有可能还会补充。如果教师把候答时间 B 增加至 3 秒以上时，师生之间的问答性质就会由质问式变成对话式，这种变化有助于学生集中注意、提高成绩。

（2）叫答。叫答分教师点名叫学生回答和学生自愿回答两种方式。教师点名叫学生回答又分为规则叫答和随机叫答两种形式。有研究表明，按一定形式（如座次、学号、姓氏笔画等）依次请学生回答的规则叫答比随机叫答效果好。因为规则叫答可减轻学生的焦虑水平，有利于其集中注意力。而且随机叫答多倾向于让优秀学生回答，这对能力较弱的学生来说是不公平的。所以，教师应适当控制对自愿回答者的叫答，保证其他同学回答问题的机会。同时，对不请自答的学生，教师要加以适当抑制，让他们学会尊重别人的回答。但在多数学生沉默不语时，教师要鼓励他们参与教学，甚至允许他们“大声喊”（即不请自答，未经教师同意直接说出答案）。此外，叫答的范围越广，教学效果越好。有研究发现，与叫答单个学生相比，在叫答所有学生的情况下，学生会表现出更多的专注行为，较少出现焦虑，学业成绩也较好。如果教师叫答后，学生没有回答，教师也应该等待。

3. 介入阶段

在学生不能作答或回答不全面时才引入此阶段，教师可以用不同的方式处理学生的回答，即理答。理答主要以下面五种方式进行。

核查：核对查问学生是否明白问题的意思。

催促：让学生尽快回答或完成教学指示。

提示：提示问题的重点或答案的结构。

重复：在学生没听清题意时，原样重复所提问题。

重述：在学生对题意不理解时，用不同词句重新描述问题。

4. 评价阶段

当学生对问题做出回答后，教师要对学生的回答做出评价。针对学生的不同回答，评价有多种方式。

（1）学生回答正确的评价。

肯定：教师首先要对学生的回答表示肯定。

重复：重复学生的回答。

表扬：必要时给予表扬。教师表扬学生应采取慎重态度，并非所有的表扬都有利于学生的学习。一般来说，被表扬的行为越具体，效果越好；对依赖性强、易焦虑学生的表扬效果好于对自信学生的表扬效果。不同表扬的效果见表 6–1。

解释：对正确回答做进一步解释。

追问：或进行追问，了解学生是否真正理解。

延伸：依据学生的回答，引导学生思考新的问题或更深入的问题。

扩展：就学生的回答加入新的材料或见解，拓展学习成果或展开新的内容。

核查：检查其他学生是否理解某学生的答案或是否有不同见解。

（2）学生回答不完全正确的评价。

如果学生回答不完全正确，教师首先要肯定正确的部分，而后通过追问或反问，提供回答线索引导学生回答。

表 6–1　有效表扬与无效表扬的比较

有效表扬的特征	无效表扬的特征
依具体情况给予表扬	很少或无规律地给予表扬
表扬学生工作的特定方面	表扬学生一般化的积极反应
注重学生的成就，表扬也依成就不同有变化	不注重学生表现，表扬缺少变化
只奖励特定行为表现标准（包括努力）的达成	只奖励参与，而不考虑行为结果
告诉学生他们的能力和成就的价值信息	不告诉学生任何信息或只告诉他们在班内的排名
引导学生正确评价自己与学习活动有关的行为，多考虑如何解决问题	引导学生与别人比较，更多地考虑竞争
以学生自己原有的成绩为背景描述他们现在的成绩	以学生同伴的成绩为背景描述他们现在的成绩
把成功归因于努力和能力，暗示将来仍有希望取得类似的成功	把成功只归因于能力或运气、学习任务容易等外部因素
鼓励内源性归因（学生认为他们是因为喜欢学习或想提高与学习任务有关的技能才付出努力）	鼓励外源性归因（学生认为他们是由于外部原因取悦教师、在竞争中获胜赢得奖赏等才付出努力）
把学生的注意力集中在与学习任务有关的行为上，鼓励教学过程之后与学习任务有关的行为	把学生的注意力集中在控制他们并作为他们外部权威的教师身上
学生在完成困难的学习任务时，付出很大努力或取得成功，则给予表扬	介入进行中的教学过程，使学生不能专注于与学习任务有关的行为

(3) 学生回答不正确的评价。

如果学生回答不正确，教师要纠正错误的回答，然后转问其他学生或重新教学，并且要给出正确的答案。

(4) 学生不能回答的评价。

如果学生回答不出来问题，首先，教师应以鼓励的态度面对学生的沉默，让学生感受到被理解和支持。其次，有时候学生可能是由于没有完全理解问题的意思而不能回答，这时候教师可尝试用更简单、更直接的语言重新表述问题，或者给出一些提示或线索，帮助学生找到解题的切入点。如果问题确实超出了学生当前的能力范围，教师可以转问其他学生或重新教学，给出正确答案。

(二) 提问的基本要求

提问不仅是为了得到一个正确答案，更重要的是促进学生思考，并利用知识解决问题，使学生的思维向更深一层发展。为了使提问取得良好的效果，教师必须掌握提问的基本要求。

1. 面向全班同学提出问题

一般情况下，教师的提问是为了集中全班同学的注意力，调动全班同学的学习积极性，了解全班同学的学习情况，所以要面向全班同学提出问题，让所有同学都积极思考。个别情况下，也可以先叫学生起来再提出问题，例如，发现有学生注意力不集中，或者在课堂上做无关事情，可以把学生叫起来再提问。

2. 精心组织提问语言

提问的语言要准确、简洁、清晰、连贯，语速适当，把问题表述清楚，使学生明确回答要求，以利于学生思考和组织答案。提问的语速是由提问的类型决定的。低认知水平的问题比较简单，可以用较快的速度叙述，而高认知水平的问题比较复杂，除应有较长时间的停顿外，还应仔细缓慢地叙述，以使学生对问题有清晰的印象。例如，在讲解“血液循环”（苏教版七年级下册）时，提出“人的心率为什么在运动状态下比在平静状态下要高”这一问题时，对“心率”“运动状态”“平静状态”“高”几个词或词组略微重读或慢读。若采用多媒体进行教学，可以通过幻灯片展示问题，并将其中重要的字、词、句着重标示出来，使学生明确问题的关键所在。

3. 恰当把握提问的时机

课堂提问并不是从始至终问到底，或者什么时候想问就问，而是要恰当地把握提问的时机，学生处于“心求通而未得”“口欲言而未能”之时，才是对学生“开其意”和“达其辞”的最佳时机。此外，要依照教学的进展和学生思考的进程提问。在提出问题后，教师要稍微停顿并环视全班每一个学生，这样可使每个学生都感到老师可能要提问自己，从而面向全体学生，促进学生积极思考。

4. 提问方式多样化

提问方式不能一成不变，要将初级简单提问、中级一般提问、高级复杂提问相结合；将记忆性、应用性、理解性等多种提问类型相结合；将提问与讲解相结合，充分调动学生积极性，激发学生学习兴趣。教师问得自如，学生答得轻松，有问必答，密切配合，才能提高课堂教学效果。

5. 有针对性地叫答

一般来说，学生的理解能力及个性特点不同，他们对提问的表现也不相同。根据对问题的理解程度和回答的积极性，课堂中有这样四类学生：理解能力强、积极回答问题的学生；理解能力强、被动回答问题的学生；理解能力弱、积极回答问题的学生；理解能力弱、被动回答问题的学生。对于这四类学生，教师可分别对待（见表 6–2）。

表 6–2　回答问题的学生类型与教师的处理方法

学生类型	学生特点	教师处理误区	教师正确的处理方法
理解能力强、积极回答问题	学习好，善于发表见解，在教师提出问题后很快要求回答，并能正确回答	对他们关注较多，乐于让他们回答问题	可利用他们活跃课堂气氛，起到回答问题的带头作用
理解能力强、被动回答问题	学习好，但不愿在众人面前表现自己，不积极回答问题	对他们关注较少	注意鼓励措施的运用，如，“这个问题回答得非常好，全班学生要向他学习”，培养其回答问题的积极性
理解能力弱、积极回答问题	学习较差，善于表达并积极举手回答问题，但不能正确回答	对他们关注较多，但讨厌其总是错误回答问题	引导其进一步对问题进行思考，如“从另一个角度，你再思考下这个问题”，但不要挫伤其积极性
理解能力弱、被动回答问题	学习较差，不善于表达且不举手回答问题，或根本不想回答	对他们关注最少，基本遗忘这些学生	提出一些较容易的问题，以正反馈的方式培养其积极思考以及回答问题的兴趣

为了调动每一个学生学习的积极性，让他们参与教学过程，教师必须有针对性地进行叫答。对于不善于表达的学生要多给一些锻炼的机会，对于学习成绩不好的学生要让他们回答比较简单的问题，并不断鼓励和帮助。还要特别注意提问坐在教室后面和两边的学生，这些区域常常被教师忽略。

6. 候答时间安排恰当

提问后要给学生留足够的思考时间，等学生有了充分的准备，再叫学生回答。这样学生站起来答题不紧张，能正常发挥自己的水平，教师也能从学生的回答中得到真实的反馈信息。

（三）提问技能运用的基本原则

为了使课堂提问有效，提问时应遵循以下五个原则。

1. 有效性原则

即保证提问达到一定的效果。例如，复习检查时的提问，目的是检查学生对知识的掌握情况，在学生回答问题时，应要求学生不要看教材和笔记；学生回答后，教师要进行评价。如果学生看着教材或笔记来回答，而且回答后教师不进行评价，这样的提问并不能了解学生对知识的掌握情况，没有达到检查的目的，所以是无效提问。

2. 针对性原则

指提问应该有一定的针对性。

（1）应针对教学重点难点或教学中存在的问题进行提问。提问的内容最好是前一节课的重点、难点或与本节课内容有关的问题，不能漫无目的地提问。例如，在“眼与视觉”这一教学内容学完后，教师应针对重点内容“眼的结构”和“视觉的形成”提问。有些教师的提问如下：

教师：眼有哪些结构？（学生：眼的附属结构和眼球）

教师：附属结构有哪些？各有什么功能？（学生一一作答）

教师：眼球的结构有哪些？（学生：眼球壁和内容物）

教师：眼球壁和内容物各有哪些结构？各有什么功能？

教师一直追问下去，把上节课所有内容追问完，得花十几分钟。这样的提问既花费时间，又不能突出重点和难点，对本节课或上节课的教学没有太大的意义。

（2）针对不同学习程度的学生提出难度不同的问题。针对教学内容设计不同难易程度的问题。例如，在“眼与视觉”这一教学内容中，较容易的问题是“眼球的结构有哪些”“如何保护视力”，较难的问题是“视觉是如何形成的”“眼与视觉形成有何关系”“近视的原因有哪些”。对基础扎实、思维活跃、理解力强的学生提后三个问题，而对基础不够扎实、理解力弱的学生提前两个问题。

（3）针对学生听课情况提问。有些学生思维能力强，但是上课不专心听讲，容易开小差。当他们注意力不集中时，应进行提问，暗示他们上课要集中注意力，认真听课。这不是为难学生，也不是搞突然袭击，而是提醒学生上课专心听讲，是暗示的信号。

3. 全面性原则

新课程强调面向全体学生，尊重学生差异。提问也要面向全体学生，即教师要面向全班学生设计问题，并面向全班学生提出问题，叫答对象也要全面，保证参与面广。

4. 民主性原则

教师应营造民主、宽松的课堂氛围，提问时不要太严肃，使学生在比较放松的状态下思考。教师应有公平、公正的态度，对回答正确的学生进行表扬，对回答错误的学生不应指责和嘲笑，不能挫伤他们的积极性，更不能伤害他们的自尊心，而要加以鼓励、引导和启发。针对不同层次的学生，采用不同的提问方式，既要激活成绩好的学生的思维，又要给学习困难的学生一定的机会。教师要变化提问的角度，让每个学生都能在课堂上找到自信，自如地展现自己。

5. 适度性原则

课堂提问并非越多越好，提问的次数和问题的多少应根据教学内容而定。提问的难易程度也要适当，使每个层次的学生都能进入积极的思考状态。

三、提问技能的评价标准

教师课堂提问水平的高低以及有效性是影响课堂教学成败的重要因素，因此，要通过评价来规范教师的提问技能，具体评价标准见表 6–3。

四、提问技能的训练方法

提问是一门艺术，需要掌握一定的技巧。通过练习，师范生能掌握提问的方

表 6-3　提问技能的评价标准

序号	内容	分值
1	提问面向全班同学，并要求举手回答	15 分
2	问题紧扣教学内容，表述清晰	15 分
3	问题具有启发性，难易适当	10 分
4	提问面广，能照顾到各类学生	10 分
5	提问后能给学生留充足的思考时间	15 分
6	能适当提示、点拨，引导学生思考	10 分
7	学生回答后，及时给予分析评价	15 分
8	对学生的回答善于应变及引导	10 分

法，提高提问技能。下面是训练提问技能的几种方法。

（一）观摩体验法

观看一段中学生物学课堂教学录像，根据提问技能的评价标准和要求，对教师的提问技能进行分析、评价，学习教师提问的优点。

（二）微格教学训练

按照微格教学要求，学生分组在微格教室进行提问技能训练，然后在全班示范，使学生博采众长，互相学习，共同提高。具体要求如下：

（1）每位同学从现行中学生物学教科书中选一节教学内容，按照提问技能的要求进行教学设计，并写出微格教学教案，在规定时间到微格教室进行提问技能训练。

（2）每位同学的讲课时间不超过 7 分钟，训练前必须试讲以熟悉内容，做到讲课时脱稿。

（3）根据学校微格教室的数量，事先把全班同学分成若干个小组，每组确定一名组长。组长提前安排好讲课顺序，训练时组织小组成员讲课，保证训练顺利进行。

（4）训练时，每位同学依次扮演教师角色讲课，小组成员根据提问技能的评价标准，对每位同学的提问技能进行分析诊断并评分（不给自己评分），组长计算出每位同学的平均分，作为该同学本次训练的成绩。

（5）训练结束后，每组推荐一位同学的教学录像，下次上课时在全班播放，并推荐一位同学评课。

（6）训练结束后，组长把小组成绩和推荐同学的姓名、教学录像、课件及评课同学的姓名上报给指导教师。

（7）下次上课时，按照小组顺序，先播放第一组推荐同学的录像，然后评课同学进行评课，最后指导教师进行综合评价。以此类推，对各组推荐的录像进行展示、评价。

（三）案例分析法

下面是青岛第十四中学的关茜老师在教授“肺与外界气体交换”时，在课堂上提出的问题（根据录像整理，个别问题稍有改动），请结合教材及提问技能的要求进行分析评价。

（1）我们每个人都是啼哭着来到人世间的，那么第一声啼哭意味着什么？

（2）呼吸的主要器官是什么？它（肺）在哪里？外界气体究竟是怎样进出肺的呢？

（3）打开课本第 47 页，再看一下本节的内容，在看书的过程中考虑，你想研究哪些问题？

（4）什么是胸廓？你们认为胸廓与胸腔有什么区别？

（5）呼吸的时候，你的胸廓发生了什么变化？

（6）双手放在胸口，深吸气与深呼气，有什么感受？

（7）双手放到肋骨两侧，深吸气与深呼气，有什么变化吗？

（8）你们想过没有，仅凭感觉器官感受到的现象不一定是科学事实，你们的感受是否准确？有什么好的办法来证明（呼气与吸气时胸廓和肋骨有变化）？

（9）看后面两组测量的结果，他们测量的结果一样吗？

（10）通过这次测量活动，我们能得出什么结论？一起回答，在你吸气的时候胸廓有什么变化？在你呼气的时候胸廓有什么变化？

（11）胸围差反映的是胸廓横向的变化还是纵向的变化？它能不能完全代表你胸廓容积的变化？胸廓在吸气和呼气时是怎样变化的？

（12）胸廓的这种横向和纵向的变化可能是由什么引起的？

（13）引起你胸廓变化的肌肉有哪些？

（14）在你呼吸的时候，肋间外肌和膈肌进行了怎样的配合？

（15）看动画，当肋间外肌和膈肌都收缩的时候，胸廓是怎样变化的？

（16）当肋间外肌和膈肌都舒张的时候，胸廓是怎样变化的？

（17）胸廓容积在扩大或缩小的时候，肺有变化吗？用什么来证明？

（18）模拟实验装置的各部分分别代表什么？

（19）在同学演示模拟实验装置的过程中，你们有什么疑问吗？

（20）肺扩大和缩小时，肺内气体是怎样变化的？怎样知道？

（21）针管吸气后，堵住针管口，推针把，有什么感受？为什么推不动了？当用手推时，针管内部的容积是逐渐变大，还是逐渐变小？松开推的那只手，又有什么变化？在松开的过程中，针管内的气体体积是如何变化的？

（22）小组讨论，肺内的气体是如何变化的，气体是如何进出肺的？

（23）通过讨论回答，是胸廓的扩大引起吸气，还是吸气导致胸廓扩大？

（24）哪位同学能对上述现象做出解释？

（25）通过本节课的学习，你们明白了什么？想到了什么？

（26）你们想不想知道，在一次深呼吸中你能呼出多少气体？怎样测量？有什么好的办法？

（27）测量后，你们呼出了多少气体？

（28）你所测出的气体量是你肺的最大容积吗？

思考题：

1. 提问在生物学课堂教学中有何意义？

2. 怎样才能设计出一个有价值的问题？

3. 在生物学课堂教学中如何进行提问？

4. 掌握提问技能有哪些关键要素？

5. 从中学生物学教科书中选一个生物学概念，围绕概念设计5个不同层次的问题。

第七章　演示技能

凡是需要知道的事物，都要通过事物本身来进行教学；那就是说，应该尽可能地把事物本身或代替它的图像放在面前，让学生去看看、摸摸、听听、闻闻等。

——［捷克］夸美纽斯（1592—1670）

俄国著名教育家乌申斯基认为，教学不应建立在抽象的观念和词句上面，而应建立在儿童直接感知的具体形象上面。儿童年龄越小，就越要注重直观教学。因为一般来说，儿童是依靠形式、颜色、声音和感觉来思考的。自然界的实物、实物模型、图画等可以作为直观教学的基本手段。因此，他建议教师利用儿童的生活经验使其获得生动的印象。这说明演示技能在教学中的重要性。

第一节　演示技能概述

一、演示技能的定义

教师根据教学内容的特点和学生学习的需求，运用直观教学手段，把生物的形态、结构或变化过程等内容展现出来，指导学生理解和掌握知识、传递教学信息的教学行为方式和心智活动方式，称为演示技能。演示中所采取的直观教学手段指教学中能够被学生直接感知的各种教学手段，如视频、实物和模型等。

二、演示技能在生物学教学中的作用

（一）提供感性认识材料，帮助学生感知和理解

生物学是研究生命现象、生命活动过程和规律的科学，是一门以实验为基础的

自然科学。有些生命活动过程是不能直接用肉眼观察到的，例如，食物进入人体后被消化吸收的过程；有些生命现象不是任何时候、任何人都能够看到的，例如，南方看不到北方植物的生长发育过程，北方看不到南方昆虫的生活过程。通过视频、模型、标本等直观教学手段的演示，学生能够获得对这些现象的感性认识，正确地感知生命现象和生命活动过程。中学生尤其是初中生处于形象思维发展的阶段，难以理解一些比较抽象的生命现象和生命活动过程，例如，初中生对“胸腔的变化与肺内气体交换的关系”就不容易理解。通过模型等直观教学手段的演示可以降低学生的学习难度，帮助学生正确地理解抽象的知识。综上， 在生物学教学中，演示技能可以给学生提供具体的供感性认识的材料，帮助学生准确地感知生物特征、理解生命现象和生命活动过程。因此，演示是突破难点的有力手段，是帮助学生构建概念和掌握原理的有效方法。

（二）培养学生的观察能力和逻辑思维能力

在教学过程中，教师选用典型的、具体的、易于观看的教具或实验进行演示，指导学生有顺序、有逻辑地观察教具，关注关键的实验现象，同时引导学生尝试运用各种逻辑思维方法由表及里、由现象到本质进行思考，从而促进学生分析、比较、抽象、概括、判断、归纳、演绎、推理等思维活动，有利于学生观察能力和逻辑思维能力的发展。

（三）培养学生的操作技能

在进行实验的演示过程中，教师规范的操作可对学生起到示范作用，对实验步骤、原理的解说可以使学生学到正确的实验操作技术，掌握一些仪器的使用方法。因而，演示技能是培养学生实验操作技能的基本环节。

（四）激发学习兴趣，集中学生注意力

演示中用到的演示物往往具有颜色、形状清晰等特征，演示操作的活动方式或变化特点通常典型而明显，使用多媒体课件的演示还可以呈现形象的声音、清晰的实验现象和操作，这些都能激发学生的好奇心，激起学生的求知欲，使学生的注意力集中。演示的过程以及出现的现象也会给学生留下深刻的印象，使学生牢固地掌握知识。

第二节　直观教学手段的类型

一、直观教学手段的分类

演示技能的前提是能够选择恰当的直观教学手段，因此，需要先了解直观教学手段的分类和特性。

直观手段指能使人产生感性认识的各种事物。教学中的直观手段称为直观教学手段，它是教学信息的载体。生物学教学中的直观手段种类较多，根据承载的教学信息，一般可以分为直接直观手段、间接直观手段和语言文字直观手段三类（见图7-1）。

- 直观教学手段
  - 直接直观手段
    - 实物
    - 标本
    - 实验
    - 自然界
    - 人为环境
  - 间接直观手段
    - 模型
    - 挂图
    - 黑板画
    - 视频
    - 多媒体课件
  - 语言文字直观手段

图 7-1　直观教学手段的类型

（一）直接直观手段

教学中所利用的实物或标本等可以使学生直接形成对生物体形态或生命现象的认识，因此，将它们称作直接直观手段。直接直观手段除了实物和标本外，还包括生物学实验，如尿液成分的分析实验等；自然界，如草原、雨林、荒漠等；一些人为环境，如生产单位、科研单位、动物园、植物园、养殖场、种植基地等。活的生物体、标本、生物学实验，一般在课堂上演示，而自然界和人为环境一般应带领学生去参观。

（二）间接直观手段

有些生物体（或组织、器官）等不能拿到课堂上让学生观察，就可以利用其替代品或图像让学生通过看看、摸摸、听听、闻闻等方式感知其特征。替代品或图像虽然不是生物体本身，但是可以让学生间接认识生物体，因此，把它们称作间接直观手段。间接直观手段包括挂图、模型、黑板画、多媒体课件、视频等。其中，数字图片、多媒体课件、视频等是通过现代科学技术传递教学信息的，因此，又称为现代教学手段；相应地，挂图、模型、黑板画等则称为传统教学手段。

（三）语言文字直观手段

语言文字的描述可以帮助学生对生物体或生命现象形成一定的认识，如介绍叶绿素分离实验时，教师通过语言介绍层析液成分和作用，可以帮助学生理解不同叶绿素如何在层析液作用下获得不同的层析带。因此，语言文字也是直观手段。

二、生物学教学中的直观手段

生物学教学中直观手段的种类比较丰富，不同的手段在教学中的作用不同，运用的方法也有所不同。为了能够恰当地选择和运用直观教学手段，需要对各种直观手段进行深入的了解。

（一）实物和标本

实物，即活的动物、植物或人体自身，还包括临时涂片，活的离体器官、组织及其临时装片。实物（见图 7–2）可以使学生直接观察到生物的形态、结构、大小、颜色、生活习性等，能够真实地反映出该生物及其同类的形态结构特征，能够真实地表现出生物所特有的生命活动特征。它具有形象、真实的特点，最能调动学生的学习积极性。但在教学中，实物也有一定的局限性，例如受季节、区域、学校条件等因素影响，有些实物在课堂演示时不好控制。

标本（见图 7–3），是失去生命活动特征的动物、植物、微生物，或其离体组织、器官的永久切片、涂片和装片，化石等，一般需要经过加工修整使其保持生物的原形或基本特征。标本除了能够真实地反映生物的形态特征外，还具有许多突出的优点，如不受时间和空间限制；便于近距离观察；可以长时间地陈列和反复使用；可以用于课内外的各个教学环节；能使学生快速看到需要较长时间等待才能在自然界看到的现象，如生物个体发育或系统发育的过程。因此，标本在生物学教学中得到普遍运用。但标本反映的是生物的静态特征，难以体现动态特征，标本的制作和保存也有一定的要求，因而标本在教学中的使用也具有一定的局限。

实物和标本具有一些共同特征，演示方法比较类似，演示时需要注意下面几个

图 7–2　家蚕活体照片

图 7–3　奔跑的豹子标本图片（胡鸣镝）

问题：

（1）演示物要有适当的尺寸，要放置到一定高度，保证全体学生都能看到；

（2）演示物要与背景颜色有明显的区分；

（3）展示、指示的部位要准确；

（4）演示要与讲授、板书相配合；

（5）要引导学生观察和思考。

（二）模型

模型，不是生物体本身，而是根据教学需要，用各种材料加工而成的模拟的生物体或其组织、器官等。相对于标本而言，模型具有一定的灵活性，它可以根据教学需要对原型进行扩大、缩小或具象化，如 DNA 双螺旋结构模型（见图 7–4）就是原型的放大；有些模型非常灵活，可拆卸，例如心脏模型（见图 7–5）；教师和学生还可以自己动手制作模型，例如花的模型（见图 7–6）等；现在还可以用 3D 打印机打印部分模型（见图 7–7）。因此，模型在教学中很受欢迎，它不但可以使学生清晰地看到生物体及其组织、器官的形态结构，还能用来展示实物或标本不能体现的生命活动过程，帮助学生理解其活动原理。但是，模型不能把所有的动态特征及真实的颜色等都体现出来。

演示模型时，教师需要向学生介绍其与实物的对应关系，如大小、比例、颜色、各部分与整体的关系等。例如，动物心脏模型上的动脉血管做成红色、静脉血管做成蓝色，是为了便于观察或区别而人为规定的表示色，不是原色。再如，细胞结构的模型，是为了便于学生用肉眼就能观察其内部结构而将其放大的，并不是细

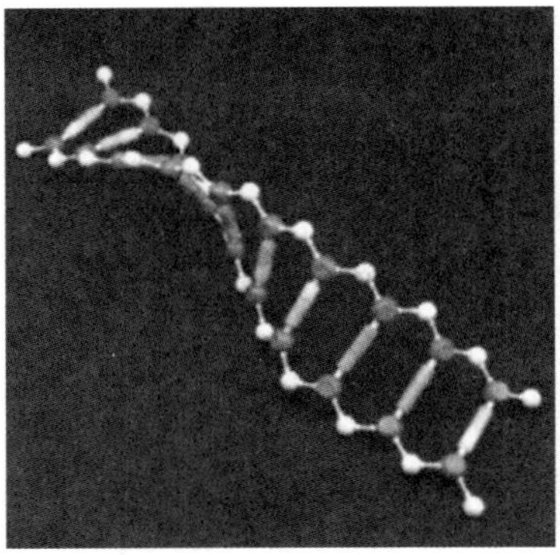

图 7-4　DNA 双螺旋结构模型

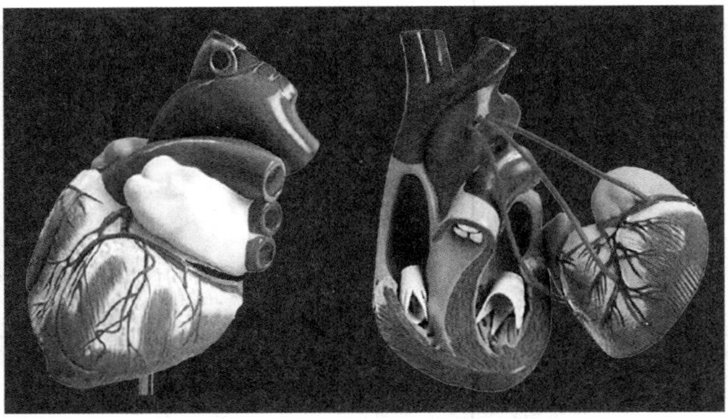

图 7-5　心脏模型

图 7-6　自制花的模型（陈少媚制作）

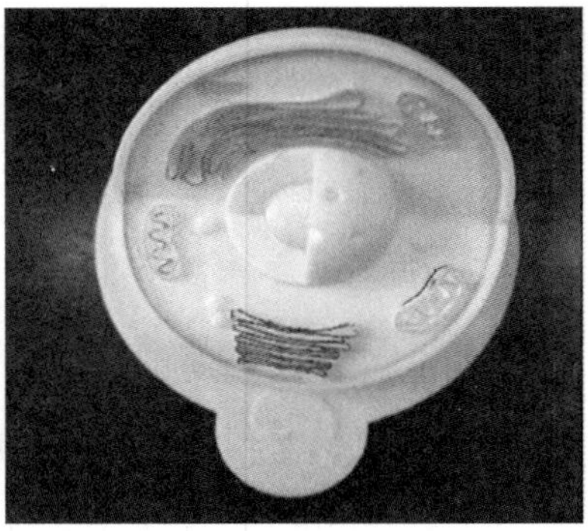

图 7-7　3D 打印机打印的细胞模型

胞原有的大小，同样，所使用的颜色也是为了方便对各亚细胞结构进行辨析而非实际所具有。向学生交代清楚这些问题，才能避免学生的误解。另外，根据模型大小和教学需要，模型可以由教师在讲台上演示，也可分发给学生，让学生操作。

（三）演示实验

教师为了向学生揭示所研究问题的发生发展规律或过程，引导学生通过观察和思考构建概念、掌握规律而操作给学生看的示范性实验，称为演示实验。在生物学课堂教学中，为了使学生对生物学现象形成直观感性认识，可以采取演示实验的方法。

1. 演示实验的类型

演示实验从目的上来看，可以分为呈现新知识的演示实验、指导性演示实验、验证性演示实验和探究性演示实验四种；从内容范围上来看，可以演示实验的全过程，也可以只演示实验的开始或结果，因此，有演示全过程的实验和演示某个片段的实验。

（1）呈现新知识的演示实验。这种演示实验以让学生获取新知识为目的，教师演示的方法即通常所说的“边讲解边演示”。从逻辑上看，这是由特殊到一般的教学过程。在演示时，教师要先详细说明实验的各种条件，向学生呈现一种现象或全部现象后，通过启发，引导学生对所看到的现象进行分析、解释，最终得出正确的结论，并把结论由特殊推广到一般。

在演示实验时，如果学生尚未掌握实验有关的理论知识，往往容易忽视实验的关键现象。因此，教师要注意引导学生仔细观看操作过程，观察实验现象，理解实验现象产生的条件和各注意事项，使学生看懂实验。这是演示实验的感性认识阶段。演示实验结束后，教师应当通过启发，引导学生尝试对实验现象进行解释，对实验结果进行归纳并得出结论。这样才能加深学生对知识的理解，培养他们的思维能力。这是实验演示的理性阶段，或称归纳阶段。最后，还应当让学生用文字或图表形式把实验结果记录下来，以便巩固知识。这是演示实验的巩固阶段。

另外，对于学生还没有使用过的仪器设备，演示前应当说明它的操作方法及注意事项。这对训练学生的基本技能、规范其实验操作具有十分重要的意义。

（2）指导性演示实验。这类实验需要通过教师的规范操作和分析讲解，为学生进行实验操作或探究活动做示范和准备。例如，在“制作口腔上皮细胞临时装片”实验（见图 7–8）中，为了让学生很好地掌握操作方法，教师应边讲边演示，让学生看清楚每一步的操作过程，尤其是盖玻片和染色的过程比较复杂，教师一定要进行演示，最好还能帮助学生对实验步骤进行提炼、得出口诀，如擦—滴—刮—涂—盖—染—看。

① 擦：用洁净擦镜纸将新的或经清洗的载玻片、盖玻片擦拭干净；

② 滴：用滴管在擦净的载玻片中央滴一滴生理盐水，以保持细胞形态；

③ 刮：用凉开水把口腔彻底漱净后，用牙签在口腔内壁轻轻刮几下，牙签尽量与口腔内壁平行，避免刮伤；

④ 涂：把牙签上附着的一些碎屑放在载玻片的生理盐水滴中涂抹几下；

⑤ 盖：用镊子轻轻夹起盖玻片，注意镊子用力要适中，先让盖玻片的一边接触生理盐水滴，然后缓慢放下，注意不要留下气泡；

⑥ 染：把一滴稀碘液滴在盖玻片的一侧，用吸水纸从另一侧吸溶液，直到稀碘液将标本完全浸润；

⑦ 看：把制作好的口腔上皮细胞临时装片放在低倍显微镜下认真观察，辨别细胞各部分结构。

方法步骤

① 用洁净的纱布把载玻片和盖玻片擦拭干净（图 7–8a）。

注意：载玻片和盖玻片是易碎玻璃制品，擦拭时防止玻璃破碎扎伤手指。

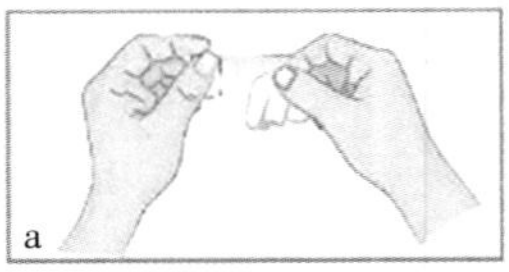

② 用滴管在载玻片中央滴一滴生理盐水（图 7–8b）。

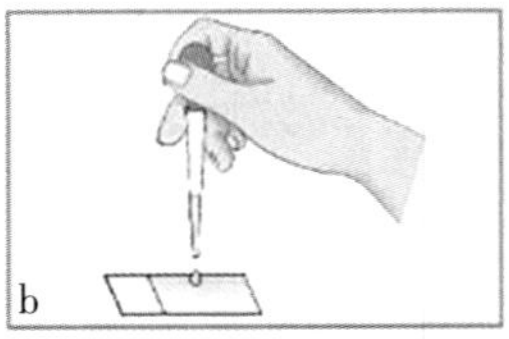

③ 用水漱口，清除口腔中食物碎屑。用消毒牙签的钝端在口腔侧壁上轻轻刮几下（图2–4c）。

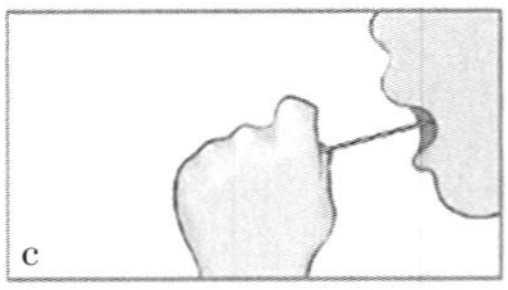

④ 将牙签的钝端放在载玻片的生理盐水中并涂抹均匀（图 2–4d）。

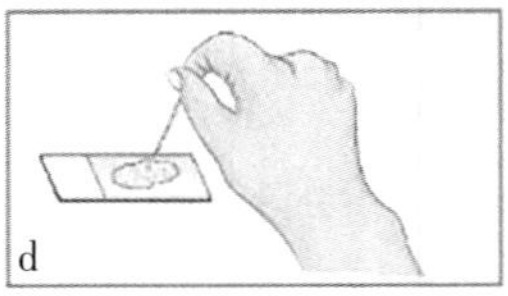

⑤ 用镊子夹起盖玻片，使其一边接触载玻片上面的液滴，然后缓缓地盖在液滴上。盖片时要防止装片上出现气泡（图 2–4e）。

⑥ 在盖玻片一侧滴一滴碘液，用吸水纸从盖玻片对侧引流，使碘液扩散到整个标本（图 2–4f）。

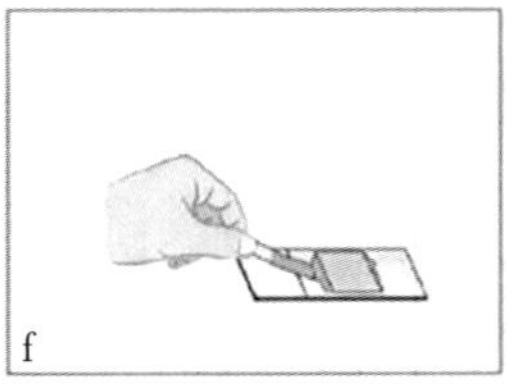

图 7–8　观察口腔上皮细胞（选自北师大版生物学七年级上册）

（3）验证性演示实验。这种演示实验以验证和巩固知识为目的，即通常所说的验证性实验。从逻辑上看，这是由一般到特殊的教学过程。上课时，教师先对新知识进行讲解，然后进行实验演示，以使学生验证和巩固所学的理论知识。这种方法可以培养学生的演绎推理能力。在进行实验演示时，教师可引导学生运用学过的知识设计实验方案，并预测实验结果；实验完毕后引导学生运用学过的知识对实验现象进行描述分析，对实验结果进行解释说明。这样，不但能有效激发学生的学习兴趣，还能鼓励学生积极思考，有利于巩固和运用所学知识。

（4）探究性演示实验。为了让学生体验科学研究的过程，很多教学内容都非常适合结合探究的过程呈现。例如，在“种子萌发的环境条件”一课中，教师可以通过组织学生或师生之间的讨论，对种子萌发的环境条件做出假设，然后引导学生进行实验设计，再按照设计的实验方案准备各组实验装置，如“无光照组、无空气组、低温组、无水组……对照组”，最后放在适宜的地方与学生共同观察实验结果以得出结论。为提高课堂效率，也可提前多准备一套有现象的实验装置在课上让学生观察，而课上准备的则留给学生课后再持续观察。这样的教学过程能突出学生的主体地位，更能将知识与探究的研究方法共同传授给学生。

2. 演示实验的要求

演示实验是一种示范性实验，具体要求如下。

（1）实验操作的规范性。在演示实验的过程中，教师的每个操作细节都要做到规范化，使学生了解仪器的正确使用方法、掌握规范的实验操作要求，给学生树立良好的榜样。这是演示技能的关键所在。

（2）实验结果的准确性。在演示实验前，教师要认真选择并准备实验结果最佳的实验材料和实验方案。在演示过程中，教师要有认真的科学态度，使实验能够达到预期的结果，以保证教学顺利进行。

（3）实验演示的全局性。在进行实验演示时，教师既要操作，又要讲解；既要组织学生进行观察，又要启发引导学生思考。这就要求教师有较强的组织教学的能力，能够全面兼顾各个方面。若顾此失彼，演示实验将达不到预期的效果。因而，这也是生物学教师的优势技能之一。

（四）挂图

挂图是根据教学需要而绘制的有关生物及其生命活动过程的图画。它有很大的灵活性，可以突出表现教学的重点、难点及需要学生仔细观察的内容。它可以帮助学生认识生物的形态结构，理解生命活动过程，理清生物之间的关系及生物发展的历史。它不受时间、地点等条件的限制，教师还可以自己制作，但是挂图不能把生物动态的特征体现出来。在多媒体课件等现代教学手段出现之前，挂图是中学生物学的一种主要教学手段，现在已经用得很少了，所以不做过多介绍。

（五）黑板画

用粉笔在黑板上描绘出的图画，称为黑板画。画黑板画是生物学教师的专业技能之一，它要求教师用简练的笔画快速勾画出生物的形态结构、生理活动过程等。相对于挂图而言，黑板画最大的优点是具有生成性，因在现场完成而有动态感和灵活性，可以高度集中学生的注意力。在教学中，为了使学生看清楚某些结构或过程，可以用黑板画进行适当的放大或缩小。教师可以边讲解边画黑板画，相对于文字具有更好的形象性和吸引力，还可以使板书图文并茂，增强教学的艺术性。例如，在学习高中生物学的胞吞、胞吐时，用黑板画就能够比较好地呈现其动态过程，经济且高效(如图 7–9)。

图 7–9　用黑板画呈现的胞吞过程（古佳琳绘制）

演示黑板画时，要以突出教学重点和难点为主，图要简洁明了、科学准确；应快速、熟练地完成，能让全体学生清晰地看到画图的全过程。

（六）视频

视频通常指涉及各种动态影像的储存格式。常见的视频格式包括 MPEG、AVI、RAM、MOV、WMV、RMVB、FLV、MP4 等。视频不受时间、空间的限制，可以通过动画、图片、声音、音效生动形象地反映出生物体的特征、自然界的现象和生命活动过程，它生动、简洁、经济、可重复、易操作，能够激发学生的兴趣，调动学生的积极性，促进学生对生物学知识的理解和掌握。随着科技的发展，视频制作的难度越来越小、获得视频的途径越来越多，教师越来越善于在课堂上使用视频等现代化的直观教学手段，由视频拓展而来的微课等教学方法越来越受欢迎。

根据内容，视频资料可分为介绍形态结构与功能的视频、实验的视频、介绍自然生态的视频等。根据来源，视频资料可分为自制视频、转载视频和再加工视频。自制视频指使用者自行录制后，进行剪辑、配音等后期加工制作而成的视频资料；转载视频指使用者通过复制或下载等方式获得后直接使用的视频资料，获得途径主要包括授权的电影、电视、录像、互联网各网站等；再加工视频指通过复制或下载等方式获得后，使用者根据自身的需要进行后期加工的视频资料。各种视频都应受到知识产权保护。

使用视频资料进行教学时应注意：

（1）认真审核视频内容。非自制的视频资料，质量良莠不齐，在教学前要认真完整地审核视频内容。首先，要确认其思想意识形态正确、没有科学性或学科性错误、符合新课程标准要求，才能选用为教学手段。其次，即使内容正确，仍应对语句和文字进行仔细分析，确认没有语法或文字错误，才能在课堂上使用。

（2）为课堂量身定制视频。虽然与生物有关的视频不少，但是大部分并不能完全与课堂教学内容契合。可以选择分段播放或节选播放的方式，例如《草履虫》影片可以分三段——“从草履虫的生活环境到形态大小”“从草履虫的运动到应激性”“草履虫的生殖”，逐段在课堂上播放；也可只选择播放“草履虫的生殖”一段，帮助学生理解教学内容的重点和难点；还可以对视频某片段进行增删以适应教学需要。

（3）对视频内容进行说明。教师在使用视频时应通过先播后讲或先讲后播的方式对视频内容进行介绍、解释和说明，也可通过与学生讨论的方式，帮助学生正确地理解视频与课堂内容的关联性，提高教学效率。

（七）多媒体课件

多媒体是利用计算机传递的文本、图形、图像、声音、动画和视频等信息的集合，利用计算机综合处理以上各种信息的技术称为多媒体技术。课件是用于辅助课堂教学的计算机文件，是根据课程标准的要求和教学的需要，以多种媒体的表现方式和超文本结构制作而成的课程软件。随着多媒体技术的普及，几乎所有的课件都采用了多媒体技术，所以课件又称为多媒体课件（下称“课件”）。

课件可以将图画、动画、视频等多种直观手段进行整合和编排，使用时可以按照教师的教学进度和学生的反馈控制播放进度。课件有多种应用形式，有供教师教学演示用的（也称为课堂演示型课件），有供学生学习、练习用的，还有供教学评价用的，也有多种功能兼有的。其中，课堂演示型课件是为了帮助教师讲授课堂教学内容而设计的，主要用于呈现教学内容。它要求画面直观、文字清晰、尺寸比例适合，能按教学思路逐步深入地展开教学内容。多媒体技术使教学信息传播不再局限于印刷在书本上的内容或教师带到课堂上的实物，大大提高了课件的表现力。课件可使多种感官参与交互；传递的信息量大、传输速度快、效率高，应用范围广；可将教学内容化动为静、化快为慢、化小为大、化远为近等，使教学内容更加生动形象，有利于提高学习效率。

课件除了能整合各种直观手段之外，还可以制作出逻辑关系清晰的多媒体动画，帮助学生直观理解生物学现象，如用 PowerPoint 软件的自定义动画功能制作“兴奋在神经元间的传递”过程的动画（见图 7-10）。

制作课件的软件有多种类型，除了常用的 PowerPoint 之外，还有互动性较强的 Authorware、专业性较强的 Directorc 以及兼具动画效果和互动效果的 Adobe Flash 等。其中，PowerPoint 的制作难度较低且普及度高，成为最受欢迎的课件制作软件。但 PowerPoint 也具有许多局限性，例如，它在一定程度上固化了教学内容和策略，固化了知识呈现的方式和顺序，“代替”了教师对内容的教，“模式化”了学生对教学内容的学。为此，在使用课件进行演示时要注意：

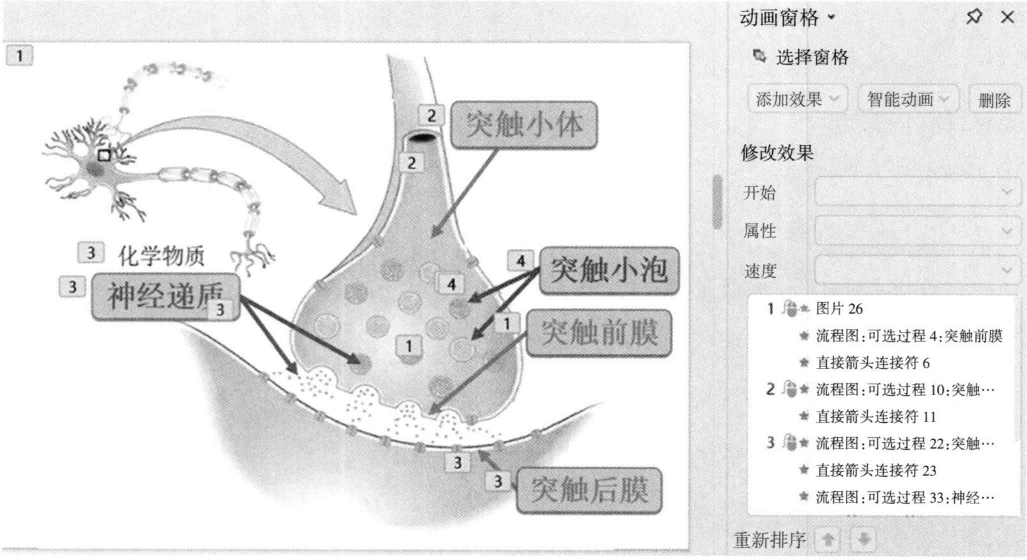

图 7-10 使用 PowerPoint 制作“兴奋在神经元间的传递”多媒体动画的制作页面（蓝欣制作）

（1）尽量由授课教师完成课件的制作。每节课的课件都应该是为该节课的内容和学习者量身定制的，只有在详细研究分析教学内容和学习者状态的前提下制作的课件才能更好地用于教学，也只有充分熟悉课件才能使课件更好地服务于课堂教学。课件最适合的制作者就是课件的使用者，也即授课教师，因此，最完美的课件应该是自己制作的课件。

（2）科学设计和选择教学内容的呈现方式。在设计教学内容呈现顺序和方式时，课件不应该仅仅是教学内容的罗列，更不应该是课本内容的复制粘贴，而应该选择最适合的内容呈现方式，如流程图、关系图、图画、视频等。与此同时，课件要通过增加呈现方式、变化字体字号字色等方式突出教学重点、突破教学难点，以便发挥多媒体技术的优势，为学生学习创设情境，帮助学生化繁为简、化抽象为具体，从而调动学生的学习积极性。

（3）重视课件中对学生思维启发与学生互动环节的设计。应在了解学生心理特征、知识背景、思维习惯和兴趣激发点的基础上，在课件中设计启发性问题、安排学生互动环节，在课件中体现学生科学思维和探究能力培养，突出学生的主体地位。

（4）播放速度应适当。课件播放要考虑学生的认识规律，关键内容的播放时间应能够满足学生的记忆或记录需求，并与讲解相呼应，引导学生观察思考，从而高效地对知识进行拓展延伸，避免走马观花式展示。

（5）课件播放应配合板书。课件可提高课堂内知识呈现的效率，而板书保持的时间较长，因此应使二者优势互补，既发挥课件的多媒体优势让学生快速理解掌握知识，又借助板书列出重要的知识系统。

第三节　演示技能的训练和评价

演示技能需要选择适当的直观教学手段、遵循一定的过程。只有按照一定的要求，以一定的评价标准和训练方法勤加练习，才能更好地提升演示技能。

一、选择直观教学手段的方法

可用于生物学教学的直观教学手段多种多样，选择直观教学手段的总体原则是形式为内容服务，应选择效果最明显、最能说明问题的教学手段。

（一）选择直观教学手段的依据

在生物学教学中，主要依据教学目标与重点难点、教学内容、学生的特点、演示物的特点、教学条件等选择直观教学手段。

1. 教学内容

不同类型的教学内容需要采用不同的教学手段。例如，要观察生物的形态结构，可以用实物、标本、挂图、模型等；要观察生物真实的大小、体色等，最好用实物；要认识呼吸、消化、排泄等生理活动过程，用黑板画、模型、视频、多媒体课件等能够体现动态特征的直观手段效果比较好。

2. 学生的特点

不同年龄阶段的学生心理成熟程度不同，对事物的接受能力也不同，选用直观教学手段时必须考虑他们的年龄特征。义务教育阶段的学生处于形象思维发展的阶段，注意力较难持久集中，要尽量多用实物、图画、视频等鲜活的、动态的直观教学手段。高中阶段的学生，抽象思维逐步发展，学习和生活经验逐渐丰富，注意力持续集中的时间也延长，用模型等间接直观手段就能帮助他们理解，同时可发展其抽象思维能力。

3. 教学目标与重点难点

教学目标是教学要达到的预期结果，是课堂教学努力的方向。不同的教学目标对学生的要求不同，因此需要用不同的教学手段传输教学信息以达到不同的教学目标。例如，“细胞的结构”这个知识点，对于义务教育阶段的学生来说，教学目标是知道细胞膜、细胞核、细胞质等基本结构。在教学时，选用细胞的永久切片或临时装片，就能够让学生比较形象直观地认识细胞。高中生则要求知道细胞的亚显微结构，教学中，就要用多媒体课件或视频帮助学生认识叶绿体、线粒体、高尔基体等亚显微结构。

教学重点是一节课中最关键的知识点，通常与教学目标相呼应且较为固定；教学难点是学生在学习该节课时较难掌握的知识点，通常由学生的特点决定且具有一定的可变性。因此，运用直观教学手段可以有效地帮助学生减轻重点内容学习的负担、降低难点内容学习的难度，必要时，还可以融合多种直观教学手段帮助学生分解知识的各个逻辑点，从而高效地完成学习任务。相对而言，非重点、难点则可用更快捷的方式完成教学。

4. 演示物的特点

生物学教学中直观教学手段的种类比较多，不同的教学手段具有不同的优缺点，因此还需要根据直观教学手段的特点来选用。例如，在学习“家兔的形态结构”时，虽然实物最直观形象，但是它在课堂上不好控制，所以选用图画、视频可获得比实物更好的教学效果。而在“动物心脏的结构”的教学中，教师一般会选用图画、模型或者视频等手段，让学生认识心脏的外部形态结构，这些教学手段中常用红色和蓝色表示动脉和静脉，而且血管都是立体的，学生很容易辨认，但是不够真实；实际上，选用离体心脏（实物）效果最好，因为这是最真实的。在动物离体心脏上，血管并不是红色、蓝色的，因为没有血液，血管并不是立体的，而且动脉和静脉的管壁薄厚差别不大，颜色差异也不明显，学生很难区分动脉和静脉，也不容易辨认出心脏的前后、左右，教师要通过引导学生观察，并介绍心脏前后、左右的特征，以及相连血管的特征，让学生辨认心脏的各部分结构，在离体心脏上能够把相连的血管及心脏的结构辨认清楚，才是真正掌握了心脏的外部形态结构。而要认识心脏的内部结构时，用离体心脏的效果就不如模型（除非实验课），因为模型的立体感比较强，而且可以拆开让学生看清楚心脏内部的各部分结构。

5. 教学条件

学校的教学条件是选择直观教学手段的一个决定性因素。尽管我们知道各种直观教学手段有不同的优缺点，但是若学校的经费比较紧张，条件比较有限，没有足够的标本、模型、实物等直观教学手段，此时，教师应结合或发挥自身优势，寻找比较经济的、易得的材料或资源，如绘制挂图，或通过网络等方式获得电子图片、动画，或使用简易的材料制作模型等方式解决直观教学手段的问题，尽力让学生得到更好的直观教学资源。

（二）选择直观教学手段的流程

为了使教学手段的选择更客观、合理，避免主观臆断，编者参照肯普的媒体选择流程图，制作了直观教学手段的选择流程图（见图 7-11），供使用者参考。

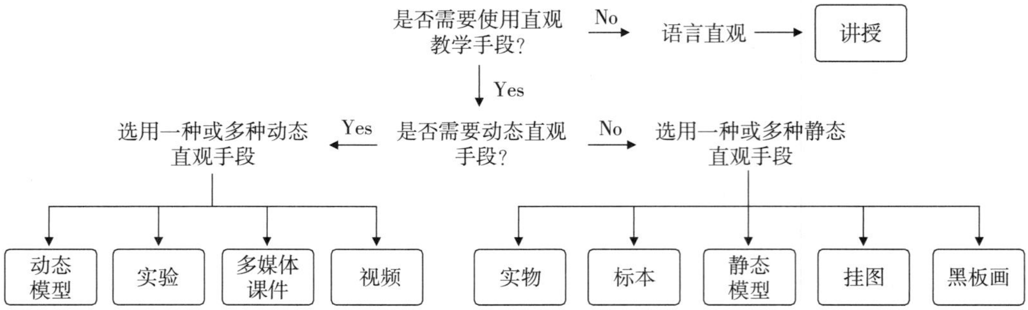

图 7–11　直观教学手段选择流程图

二、演示的基本过程

虽然各种直观教学手段承载的教学信息不同，演示的方法和要求也各不相同，但是演示都是为了帮助学生准确地感知和理解生物学现象和原理，都应符合学生的认识规律，因此，演示的基本过程是相同的。演示的过程一般为：心理准备→出示演示物→介绍演示物→指导观察→提示要点→核查理解。

（一）心理准备

课堂上，教师需要在演示前告诉学生将要观察的内容和目的，使学生以饱满的精神状态和充分的准备期待演示物的出现。

（二）出示演示物

学生做好心理准备后，教师熟练地按照操作规范及时将直观教学手段完全或有计划地分步、分段呈示出来。如果演示物出示过快或过慢，会影响演示的效果，削弱学生的学习积极性。

（三）介绍演示物

除实物外，生物课堂中使用的图画、黑板画、模型、多媒体课件、视频等都应该介绍其与实物的大小比例，演示物颜色与实物颜色的对应关系、各部分（部件）所代表的实物部分（部件）等，以免造成学生的误解。例如，将“心脏”挂图挂出来后，要说明是哪种动物的心脏、不同颜色所表示的含义、图上所呈现的是从哪个侧面观察到的结构等。因为不同动物心脏的结构有一定的差别，蓝色的血管是人有意识涂的，如果演示时不进行说明，就会使学生的认识不准确，或产生误解，误认为动物的心脏都一样、有蓝色的血管等。使用标本时，应说明经过了怎样的处理，发生了哪些变化。例如，让学生观看蛔虫的浸制标本来认识蛔虫的形态结构时，应说明，标本经福尔马林浸泡后，体色发生了变化，蛔虫成体略带粉红色或微黄色。此外，即使是实物，也应告诉学生这只是一个代表物种或器官，而生物具有多样性。例如，使用家鸽标本时，应说明是以家鸽为例介绍鸟类的外形特征，还应对比介绍其他鸟类与家鸽不同的外形特征，如鸟类的喙、爪等，让学生理解物种的多样性与统一性。

（四）指导观察

演示的目的在于用直观手段帮助学生通过观察，正确地感知和理解生命现象和生命活动规律，从而掌握概念、规律等知识，同时熟练掌握观察方法。观察的角度不同，采用的方法不同，获得的感性认识也不同。教师在演示时，应提示观察的关键点，如颜色、气泡、沉淀等，同时留出足够的观察时间争取让全体学生都能得到亲身观察的机会，引导学生对观察到的现象进行理性思考。例如，对于活体动物，要先指导学生观察形态结构、大小、体色等外部特征，然后观察行为、活动方式等动态特性，如果需要观察生理活动过程或内部结构则最后进行相关处理。

（五）提示要点

对于演示的内容，或者学生不易察觉、不易看清的细节，教师应进行提示和强调，避免错过重要的现象而使演示未能发挥作用，更不应完全放任学生无目的地自由观看。例如，在观察鲫鱼的外形时，教师要提示学生用手摸鲫鱼体表，学生才能感觉到鲫鱼体表有黏液，由此会产生问题：“黏液对鲫鱼的生活有何意义？”对于鱼的侧线，教师要进行提示：“仔细观察鲫鱼身体两侧，还能发现什么？”如果是演示实验，则应该先介绍相关的实验原理，在按步骤演示实验的同时解释操作规范和目的，出现现象前提示观察的重点并尽量让全体同学都能观察到。课堂上的演示是培养核心素养的重要途径，提示往往能起到画龙点睛的作用，教师应在传授知识的同时，通过提示培养学生的科学思维能力和探究能力。

（六）核查理解

演示是否达到预期的教学目的，应通过学生的学习效果进行评价。教师可以通过提问、练习、活动、任务等方式来检查学生对演示中知识的掌握程度、思维方法的习得情况、探究能力是否有提升。多元的评价方式有助于得到更可靠的核查结论。

三、演示直观教学手段的基本要求

为使演示获得更好的教学效果，演示时有一些基本的要求需要遵循。

（一）演示物应有适当的尺寸

为了保证直观教学的质量，所选择的直观教学手段应该有适当的尺寸以确保学生能通过清晰地观察演示物获得感性认识。过小的演示物应进行分组演示或设法放大；过大的演示物不能在课堂上演示，可以在课下指导或组织学生观察。

（二）演示物应放置在一定高度

为了使全班学生都能看清，应把演示物放在或举起至一定高度。如“比较不同温度下的酶活力”需要展示若干支试管，应先将试管架放在稳固的支持物上，再将试管放置于试管架中，还可以将试管架进行巡回展示。

（三）演示物应有较好的清晰度

应在光线充足的条件下演示直观手段，并通过增设背景色等方式提高现象的清晰度。此外，为了使现象更便于学生辨认和观察，实验演示时应该对各个实验组或对照组进行明显的标记。

（四）演示适时，操作规范

演示标本、挂图、模型等静态演示物时，介绍要清楚，指示部位要准确。演示实验时，操作应规范、准确、熟练。若有数个演示物，则应提前规划好出示的方式、位置和顺序，这样才能在传授知识的同时培养学生的实验技能。

（五）演示要与讲解、板书等技能紧密结合

演示的同时应进行准确、清晰、必要的讲解，对于关键的内容应通过板书的方式较持久地呈现给学生，避免一晃而过。

（六）演示要关注学生的思维

演示是一项对生物学教师要求较高的教学技能，也是帮助学生形成科学思维的一种非常好的教学手段。在演示的过程中，要为学生提供充分的感性认识的时间，通过精心的教学设计让学生带着任务、带着目的进行观察、学习和思考，促进学生科学思维能力和探究能力的发展。

四、演示技能的评价标准

演示技能的熟练程度对教学效果的影响较大。在教学中，应根据演示技能的评

价标准（见表 7–1）对演示效果进行评价。

表 7–1　演示技能的评价标准

序号	评价指标	分值
1	演示物选择恰当	15 分
2	演示物大小适当，位置合适，保证学生都能看到	10 分
3	演示物准备充分	15 分
4	演示前进行必要的交代	10 分
5	演示操作规范、熟练	15 分
6	演示时，能引导学生观察和思考	15 分
7	演示能够突出教学重点和难点	10 分
8	演示能与讲授、板书等结合	10 分

五、演示技能的训练方法

依据技能形成的基本规律，演示技能可用以下方法进行训练。

（一）观摩体验法

观看一段中学生物学课堂教学录像，根据演示技能的评价标准和要求，对教师的演示技能进行分析、评价，学习教师运用演示技能的方法。

（二）微格教学训练

按照微格教学要求，学生分组在微格教室进行演示技能训练，然后在全班示范，使学生博采众长，互相学习，共同提高。具体要求如下：

（1）每位同学从现行中学生物学教科书中选一节教学内容，按照演示技能的要求，先设计制作好演示物，然后准备好教学设计和课件，在规定时间到微格教室进行演示技能训练。

（2）每位同学的讲课时间不超过 7 分钟，训练前必须试讲以熟悉内容，做到讲课时脱稿。

（3）根据学校微格教室的数量，事先把全班同学分成若干个小组，每组确定一名组长。组长提前安排好讲课顺序，训练时组织小组成员讲课，保证训练顺利进行。

（4）训练时，每位同学依次扮演教师角色讲课，小组成员根据演示技能的评价标准，对每位同学的演示技能进行分析诊断并评分（不给自己评分），组长计算出每位同学的平均分，作为该同学本次训练的成绩。

（5）训练结束后，每组推荐一位同学的教学录像，下次上课时在全班播放，并推荐一位同学评课。

（6）训练结束后，组长把小组成绩和推荐同学的姓名、教学录像、课件及评课同学的姓名上报给指导教师。

（7）下次上课时，按照小组顺序，先播放第一组推荐同学的录像，然后评课同学进行评课，最后指导教师进行综合评价。以此类推，对各组推荐的录像进行展示、评价。

思考题：

1. 在生物学教学中为什么要用直观教学手段？

2. 生物学教学中的直观教学手段有哪些优势？

3. 生物学教学中应如何选用直观教学手段？

4. 多媒体课件可以把生物的形态、动作、声音形象地呈现出来，有了多媒体课件还需要其他直观教学手段吗？你将如何处理其关系？

5. 教授“视觉形成”时，你能设计多少种直观教学手段？你觉得哪种教学效果会比较好？

第八章 板书技能

课堂上，学生应有一张“知识地图”，有了这张地图，目标才能明确，才能少走冤枉路。

——魏书生

在教学中，板书是一门重要的教学技能。好的板书，往往是教师对教材的一种“再创造”，它集教材的“编路”、教师的“教路”和学生的“学路”于一体，能充分体现教师对教材的深刻理解和巧妙处理，显示教师的教学思想、教学风格、教学智慧。

板书技能是教师必须具备的一项基本教学技能。在课堂教学中，板书技能与教学语言技能、讲解技能相辅相成，是教师向学生传递教学信息的重要手段，能形象精练地把教学内容呈现在黑板上，对学生理解教学内容、整合知识系统、形成知识框架等起到重要作用。

第一节 板书技能概述

一、板书技能的定义

（一）板书

板书是教师上课时为了帮助学生理解、掌握知识，在黑板上书写的凝练的文字、图形、符号等，它是用来传递教学信息的一种言语形式。广义上包含板书和板画。

（二）板书技能

板书技能指教师为辅助课堂口语的表达，增强教学效果，运用黑板（或白板等）和粉笔（或白板笔等）等工具，以凝练的文字、图画、表格和符号等方式，传递教学信息的教学行为方式和心智活动方式。

二、板书技能在生物学教学中的作用

板书是一种古老的、传统的教学技能，在信息化、数字化和智能化蓬勃发展的时代，板书仍有它存在的重要意义，仍具有其他教学技能不可替代的作用。

（一）展现教学思路

板书是随着教学过程的深入而逐渐呈现的，一般都是教师边讲解边书写而形成的。它能够体现教师对教材内容的理解和组织方法，展现教学思路和认识教学问题的过程，有层次、有条理地再现知识体系。因此，板书有助于学生理解知识逻辑和构建知识体系、促进学生认知结构发生改变。

（二）优化教学内容

板书是对教材内容的高度概括，能提纲挈领地再现教学内容，厘清教学内容的层次，体现教学内容的内在联系。板书可以重组教材内容，浓缩教材的精华，提炼出教学内容的提纲。它能够把知识由抽象变具象、由复杂变简洁、由模糊变清晰、由呆板变生动。因此，板书能够优化教学内容，帮助学生更好地理解知识体系，并利于学生记笔记，在课后进行复习巩固。

（三）突出教学重点、难点

教师的语言讲解是课堂上传递教学信息的主要途径，但是它无法保留（我们不可能也没有必要带着录音录像工具上课），教师讲解的重点往往会随着语言而流走，易被学生忽视。板书则可以记录和保留讲解的要点，具有强调、补充的作用，能够突出教学的重点、难点，帮助学生抓住学习的要点。

（四）增强信息刺激的强度

心理学研究表明，对同一事物，看一遍比听一遍所接收的内容要多 1.66 倍。运用视听结合的方法，能记住 15%以上的内容。板书是借助凝练的文字、形象的图画、表格、箭头等形成的，还可以用不同颜色、不同字体去书写，从而达到生动形象、图文并茂的效果。所以，板书能够增强信息对学生大脑刺激的强度，从而吸引学生的注意力，强化记忆，提高学习效率。

（五）培养兴趣，陶冶情操

教师规范工整、流畅巧妙的板书，娴熟和美观的板画，对学生来说，无疑是一种美的享受，能潜移默化地影响学生的学习态度和审美情趣，也能提升教师的人格魅力。俗话说，“亲其师，信其道”。优美规范的板书，对学生的书写亦有示范作用。

虽然信息技术手段已深入课堂，但在基础教育中，板书仍然有它存在的空间，在教学中的作用仍不能小觑。

三、板书的构成要素

板书主要由文字、符号、线条、图形、表格、色彩等要素构成。

（1）文字。包括汉字、数字及其他国家的文字，是构成板书的主要成分。

（2）符号。包括标点符号、批改符号、气象符号、数学运算符号、速写符号、箭头符号、商标、代码、记号、学科专业领域的特殊符号，例如，生物学领域表示雌雄的符号“♀”“♂”等。

（3）线条。有直线、曲线，有实线、虚线，有横线、竖线、斜线，有单线、复线等。线条可以表示出知识之间的关系、事物的发生发展过程等。

（4）表格。可以用来对比、比较与归纳。

（5）图形。有实物图、示意图、模型图、几何图形、自然景观造型、日常生活用品造型等。在生物学教学中，形态结构图一般绘制的都是简图，它能够生动形象地再现生物学的抽象知识。

（6）色彩。板书一般使用白色，在适当的时候、适当的地方配以红、黄、蓝、紫等不同颜色，可以起到突出重点、增加美感等作用。

第二节　板书的类型

依据不同的划分标准，板书可分成不同的类型。从语言的运用来分有提纲式和语词式；从表现形式来分有文字式、表格式、图示式，文字式板书又可分为陈述式和问题式；从内容来分有综合式、单项式、发展式；从结构来分有总分式、对比式、分列式、提示要点式等。

在生物学教学中，常见的板书形式有提纲式、表格式、图示式、综合式、总分式、发展式和问题式等类型。

一、提纲式板书

把教学内容按照讲解顺序以提纲形式呈现出来的板书形式称为提纲式板书。这种板书提纲挈领、条理分明、层次清楚、重点突出，有利于培养学生的思维能力和概括能力，是生物学教学中最常用的一种板书形式。例如，高中生物“植物的矿质营养”的板书如图 8–1。

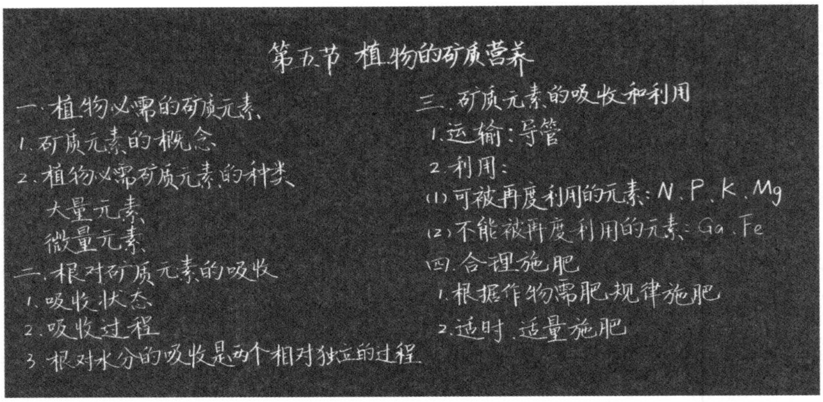

图 8–1 “植物的矿质营养”板书图

二、表格式板书

把一节课的主要内容用表格呈现出来的板书形式称为表格式板书。表格式板书适用于对有关概念、生物的特点及实验进行归类和对比，可以加深对事物特点、属性以及事物之间关系的认识。它有化繁为简、形式简明、内容扼要、对比性强等优点。表格式板书往往是教师先列出表格的栏目，然后引导学生看书、读图、讨论，并且用简洁的语言文字归纳出栏目中应该填写的内容。所以，运用表格式板书，学生可以在教师的指导下主动学习。例如，“有氧呼吸与无氧呼吸的异同” 可以用表格式板书，如图 8–2。

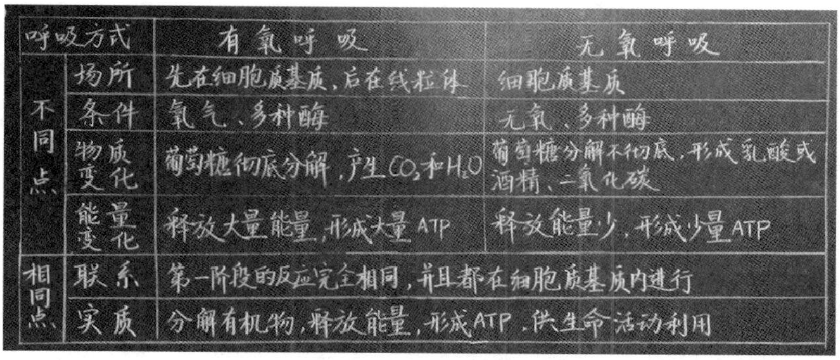

呼吸方式		有氧呼吸	无氧呼吸
不同点	场所	先在细胞质基质，后在线粒体	细胞质基质
	条件	氧气、多种酶	无氧、多种酶
	物质变化	葡萄糖彻底分解，产生CO_2和H_2O	葡萄糖分解不彻底，形成乳酸或酒精、二氧化碳
	能量变化	释放大量能量，形成大量ATP	释放能量少，形成少量ATP
相同点	联系	第一阶段的反应完全相同，并且都在细胞质基质内进行	
	实质	分解有机物，释放能量，形成ATP，供生命活动利用	

图 8–2 “有氧呼吸与无氧呼吸的异同”板书图

三、图示式板书

把一节课的主要内容用图形加文字呈现出来的板书形式称为图示式板书。它既可增加趣味性，又能让学生借助形象的图画掌握教材内容。这种板书适用于教学内容比较复杂的章节，图画能将抽象的知识具体化，将分散的知识系统化，将某一专题内容进行分析、归纳和推理，或提示某一专门知识中的若干要素及其联系。例如，“体内细胞生活在细胞外液中”的板书如图 8–3。

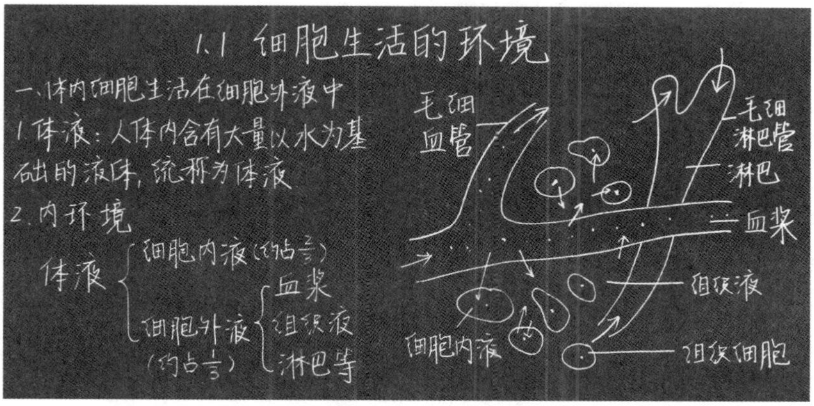

图 8–3 “体内细胞生活在细胞外液中”板书图

四、综合式板书

将教学中所涉及的几方面知识内容综合地反映在板书里，或将零散孤立的知识“串联”和“并联”起来，形成系统化、简约化的知识网络的板书形式称为综合式板书。例如，“细胞生活的环境”的板书如图 8–4。

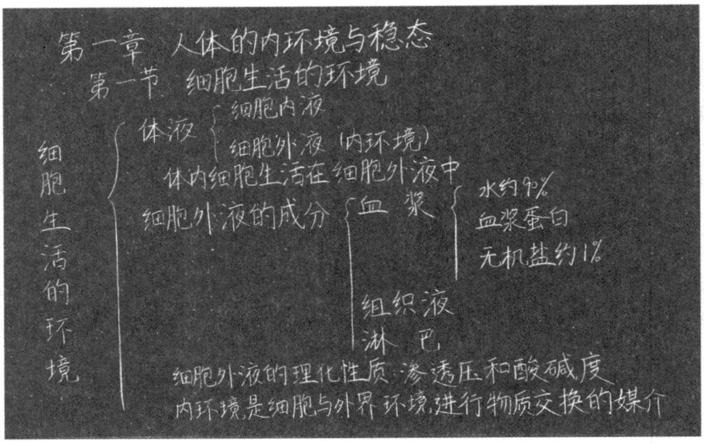

图 8–4 “细胞生活的环境”板书图

五、总分式板书

用一定的方式把知识体系的整体与部分之间的关系呈现出来的板书形式称为总分式板书。这种形式的板书条理清楚、层次分明，适用于先总体叙述后分述或先讲整体结构后讲细微结构的教学内容，便于学生总揽教材结构、理解教学内容之间的相互关系。例如，“消化系统的组成”的板书如图 8–5。

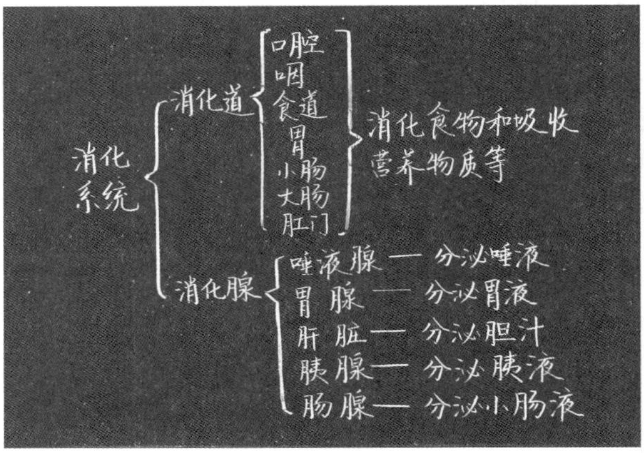

图 8–5 “消化系统的组成”板书图

六、发展式板书

用一定的方式把事物的变化发展过程呈现出来的板书形式称为发展式板书。在生物学教学中，生物的生殖、发育过程等知识适合用发展式板书。例如，“种子和果实的形成”的板书如图 8–6。

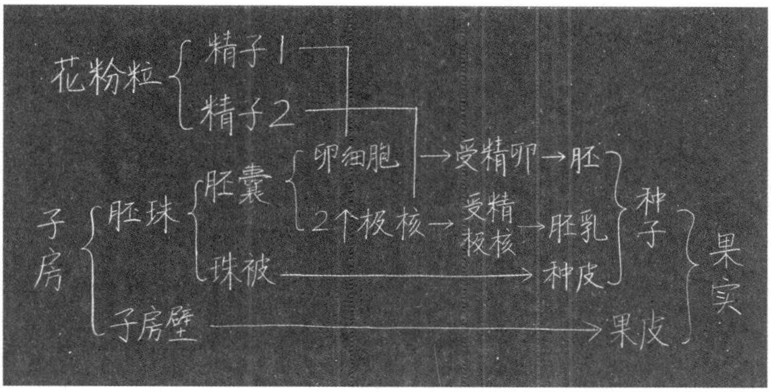

图 8-6　“种子和果实的形成”板书图

七、问题式板书

将教学内容以问题形式呈现出来的板书形式称为问题式板书。这种板书形式有利于引导学生思考。例如，“细胞生活的环境”的板书如图 8-7。

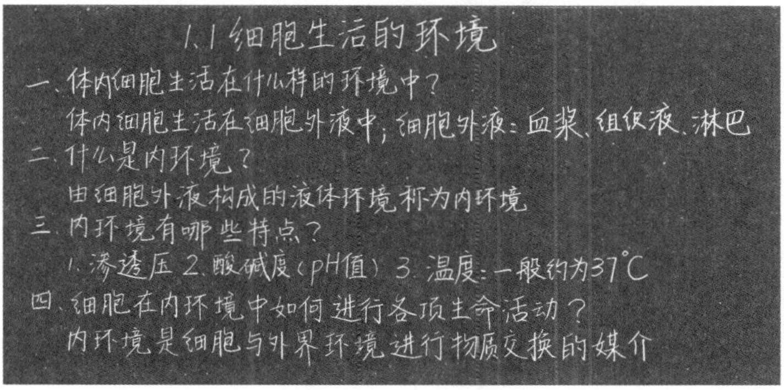

图 8-7　“细胞生活的环境”板书图

教学板书历史悠久，形式多样，但是在每节课的教学中只能用一种形式来表现教学内容，教师要根据教学内容及学生特点等具体情况来设计板书，才能使板书成为学生学习的“知识地图”。

第三节　板书技能的训练和评价

一、板书设计的基本要求

在教学中书写板书的主要目的是帮助学生更好地理解、领会、掌握知识，因此，在设计板书时就要符合教学的要求。根据板书在教学中的作用及教学需要，设计板书应达到下列最基本的要求。

（一）重点突出，详略得当

一节课的教学时间是有限的，写板书的时间也是有限的。因此，板书要做到重点突出、详略得当。重点包括概念以及生物体的形态、结构、生理活动过程、特征等知识。板书的大多数内容是在教学设计时就计划好的（也有些是在教学过程中生成的），在设计板书时，要吃透教材，才能抓住要点、突出重点。在突出重点的同时，还要注意详略得当，不能只有重点而没有逻辑。不能把整段文字往黑板上抄，也不能把内容缩减到词不达意，或不能准确地表达出具体内容。例如，有位师范生在讲“细胞膜的流动镶嵌模型”时设计的板书见图 8-8。

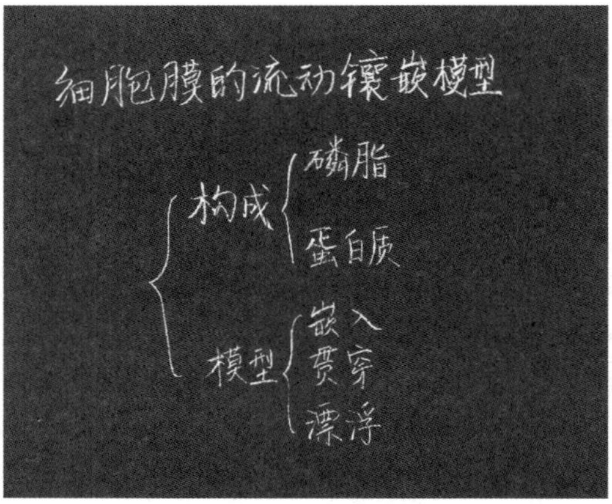

图 8-8　“细胞膜的流动镶嵌模型”板书图

这个板书的不足是：内容太简略，只表示出细胞膜的成分，没有把流动镶嵌模型的内容表达出来；“模型”后面的三个词只是蛋白质在磷脂双分子层上的分布，并不是“模型”的内容，所以板书缺乏逻辑性；板书中还出现了科学性错误，因为蛋白质没有“漂浮”的。

（二）科学准确，简洁明了

板书是书面语言，而且要对教学内容进行简要概括。因此，要做到科学准确、简洁明了。科学准确指内容要用规范的专业术语进行表达，能正确地反映自然、现实和规律，没有知识性和原则性错误。科学准确还指板书上的所有内容包括图、表等都要科学、准确。有位实习生在讲内环境时，为了让学生对内环境有感性认识，画了黑板画，但是没有把淋巴管的盲端画出来，就出现了科学性错误。简洁明了指语言要精练、有概括性，不拖泥带水，不啰唆重复。

（三）层次分明，条理清楚

每节课的内容都是一个知识体系，在设计板书时，要按照知识之间的内在逻辑关系，有条理地把知识的层次关系表达清楚。标题的序号也能反映出内容的层次关系，设计板书时，为了使条理清楚、层次分明，标题最好有序号。一般来说，标题的序号依次用“一”“(一)”“1”“(1)”“①”等表示。书写时，带括号的序号后面没有标点符号，不带括号的序号后面要写标点符号。

（四）布局合理，美观整洁

板书不仅要保证教学内容正确，还应注意形式和布局美观，因为板书的形式、布局也会潜移默化地对学生的审美观产生影响。因此，板书要做到布局合理、美观整洁，给学生以美的享受。具体指内容的组织严谨、有序、巧妙；文字、图示的组合及位置安排恰当；色彩搭配合理；书写认真，没有涂、改痕迹。

（五）形式多样，有创造性

板书的形式多样，可以因人而异，因内容而异。教师要根据教学内容的特点及自己的特点，设计出具有创造性的板书，要从板书上体现出自己的教学风格。不能经常用一种类型的板书，如果每次上课都用同样形式的板书，学生的注意力就会下降，可以通过变化板书形式来吸引学生的注意力。但是也不能为了形式美而使内容缺乏科学性或逻辑性，因为，形式是为内容服务的。

设计板书时，要有务实的态度。要为教材而设计，为教而设计，为学而设计，真正做到“书之有用”。

二、板书的书写方法及布局

（一）板书的书写方法

板书大多数是用粉笔书写的。由于粉笔的构造与钢笔不同，而且是书写在黑板上，因此书写方法与钢笔也不同。

1. 粉笔的执笔方法

执笔时，拇指、食指与中指前端三面相对捏住笔头约 1 厘米处；无名指和小拇指靠住中指，起辅助作用，使手腕的力量均衡。粉笔字写得好不好，关键在于手腕。书写时也应注意指实掌虚，所有关节应向外突出，不要用指腹执笔，而要靠近指尖执笔，以便指端用力，劲注粉笔端。粉笔与黑板的倾斜角度可依笔画粗细而定，一般为 70°~80°。由于粉笔的构造特殊，如果执笔不当，就容易折断。因此执笔部位不可过高，也不可过松或过紧。

2. 粉笔字书写姿势

粉笔字的书写姿势多用立式。因为是当众书写，因此要求书写姿势既要正确，又要端庄大方。具体要求是：

（1）头平：头部保持平正，眼睛距板面 40 厘米左右，头部不要左歪右斜，这样才能保证视线平正，书写横平竖直，行款整齐，否则写出的字可能变形，行间也可能上斜。书写时如高于头部，面可略仰，如低于头部，面可略俯，但基本上应保持平正。

（2）身正：身体要保持正直，不要左右偏斜。当然，在书写过程中，身体要随着文字的书写不断平移，不要挡住学生的视线。

（3）臂曲：右手手臂应弯曲向上，使臂、肘、腕、指的力量均衡地到达笔端，但不能弯曲无度，以致手臂乏力。左手或持书拿本，或轻按黑板，或微曲下垂。

（4）足稳：两脚要分开站稳。若两脚平行，可与肩同宽；若两脚前后分开，步幅大小要视能否站稳而定。也可踮脚，也可屈膝，但都要保持身体平直，不可弯腰、驼背、撅臀。板书横行一般不宜太长，否则，脚步移动太多，影响书写速度，又显得手忙脚乱。

3. 生物图的画法

生物学教学中涉及大量模式图或结构图，板画时应注意以下几点：

（1）图中各组成部分比例适当，位置适宜，图像偏黑板左侧，右侧可引出水平标线注明结构名称；

（2）可先根据原图轻轻勾画出轮廓，经过修改，正式成图；

（3）符合生物学特性，可以不完整，但绝不可以出现科学性错误，力求做到点点衬阴；

（4）板画要科学严谨，形象直观，色彩鲜明。

（二）板书的布局

布局指各部分板书在黑板上的空间排列，以及与教学挂图、投影屏幕的合理配置。

由于教学内容不同，板书在黑板上的书写方式和安排的位置也不同。大多数板书都是横着写的，也有些是竖着写的。标题要用较大的字号写在较醒目的位置，一般写在黑板靠上方，且居中。根据板书在教学中的作用，板书有主板书和副板书之分。主板书和副板书的位置一般也不同。主板书是板书的重点内容，主要写标题和提纲，提纲挈领地呈现教学内容的知识体系，因此也称为系统板书，一般不能擦掉，往往写在黑板正中，占黑板面积的二分之一至四分之三（见图 8-9）。副板书是用来补充、说明主板书的，主要帮助学生理解，也称为辅助板书，可以随写随擦。往往写在黑板的两侧。板书的整体布局如图 8-10 和图 8-11。

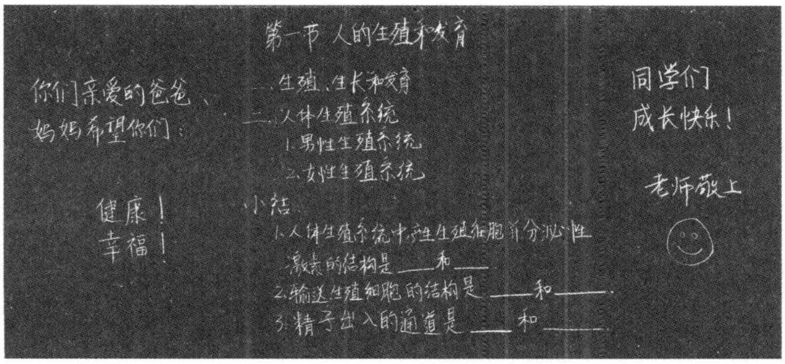

图 8-9　板书布局案例

图 8-10　板书的整体布局

图 8-11　板书的整体布局

如果主板书内容较少，可以写一栏；如果较多，可以分两栏写。例如，宁夏吴忠市第二中学马耀军老师在讲授“生态系统”时将板书设计为两栏（见图 8–12）。

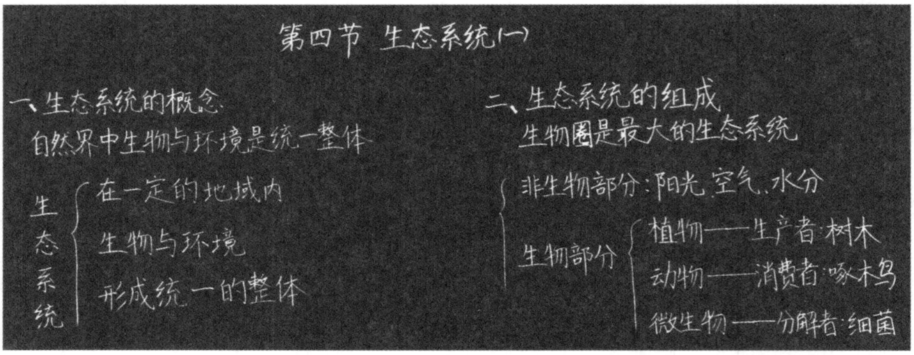

图 8–12 “生态系统”两栏板书布局图

三、板书书写的基本要求

板书在书写时要求写得及时、写得好、写得快且写得美观，具体要求如下：

（1）课前精心设计演练。板书、板画的内容一定要在课前精心设计，甚至需要预演练习，以保证课堂教学的顺利进行和随机应变。

（2）书写及时。伴随课堂活动的进行，板书应及时、适时书写，不提前写板书，也不滞后补写板书。

（3）书写内容正确。板书、板画的内容应科学严谨，正确地使用字词、符号、图表，准确无误地描述所讲授的内容，板画应与所讲述的生物过程相符合；不能有科学性错误、错别字、简写字、倒插笔，不能信手拈来，乱画似涂鸦。

（4）色彩合宜。板书、板画中的色彩对视觉反应有增强作用，但使用不宜过多，花花绿绿的板书显得杂乱无章，使人感到眼花缭乱，难以让人得到美的享受。

（5）书写速度要快且让学生看到书写过程。要求 8 分钟不低于 48 个字，既便于学生模仿学习，又能保障课堂的紧凑性。

（6）书写时应保持黑板干净、美观、整洁。不随意擦改涂抹，不用手直接擦黑板，以免黑板脏乱。此外，应考察教室的采光条件，避免在反光区域书写。

四、板书技能的应用原则

板书技能在应用过程中应遵循以下原则。

（一）计划性原则

依据生物学课程标准的要求，并与教学内容和教学目标紧密联系，备课时做好周密计划，对板书内容事先进行构思。

（二）科学性原则

板书用词要恰当，语言要准确，图标要规范，线条要美观，不能有常识性错误，更不能有科学性错误，避免造成意思混乱与错误。

（三）简洁性原则

板书语言要精心提炼，力求简洁明了、高度凝练，符号与图像也应精当，既可节约时间，又可提高教学效率。

（四）教育示范性原则

板书的步骤、方法、技巧和习惯均具示范性，切记不随手涂抹，不自造简化字，不倒插笔，连标点符号也要经得起推敲。

（五）条理性原则

板书的内容应结构严谨，条理清晰，主次分明，编号清晰，让学生能一目了然，明确知识的逻辑与框架，有效促进理解与记忆。

（六）同步性原则

板书、板画应与教师讲解同步进行，边讲边写边画，尽可能形成多感官冲击，保持思维的积极性与持续性。

五、板书技能的评价标准

板书技能的熟练程度直接影响教学效果，在教学中，应根据板书技能的评价标准（见表 8–1）来评价板书技能掌握情况。

表 8–1　板书技能的评价标准

序号	评价指标	分值
1	与教学内容紧密联系，有效服务教学	10 分
2	内容繁简适宜，能提纲挈领	15 分
3	逻辑严密，科学准确	15 分
4	教学重点与难点突出	15 分

续表

序号	评价指标	分值
5	条理清晰，标题有序	15 分
6	字体大小适当，书写规范	10 分
7	书写及时，布局合理，美观大方	10 分
8	能与其他教学技能有机结合	10 分

六、板书技能的训练方法

（一）观摩体验法

观看一段中学生物学课堂教学录像，根据板书技能的评价标准和要求，对教师的板书技能进行分析、评价，学习教师设计和书写板书的方法。

（二）案例分析法

下面是宁夏吴忠市第二中学马耀军老师在讲授“血液循环途径”时的板书（见图 8–13），请你根据板书技能的要求和评价标准对该板书进行分析评价。

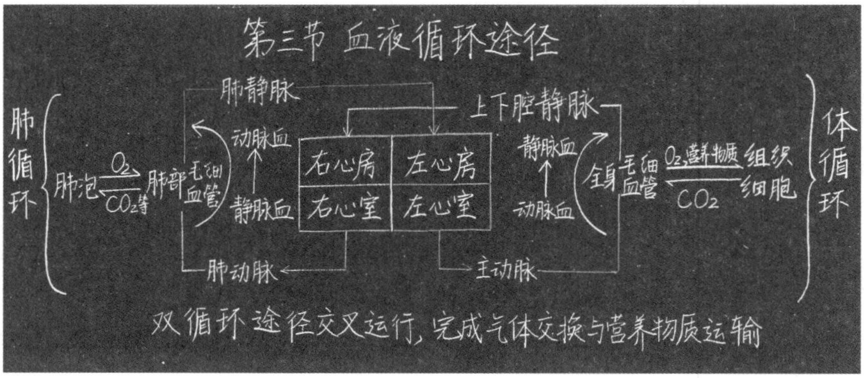

图 8–13　“血液循环途径”板书图

（三）微格教学训练

按照微格教学要求，学生分组在微格教室进行板书技能训练，然后在全班示范，使学生博采众长，互相学习，共同提高。具体要求如下：

（1）每位同学从现行中学生物学教材中选一个片段，根据板书技能的要求设计讲解内容和板书提纲，并写出微格教学教案，在规定时间到微格教室进行板书技能训练。

（2）每位同学的讲课时间不超过 7 分钟，训练前必须试讲以熟悉内容，做到讲课时脱稿。

（3）根据学校微格教室的数量，事先把全班同学分成若干个小组，每组确定一名组长。组长提前安排好讲课顺序，训练时组织小组成员讲课，保证训练顺利进行。

（4）训练时，每位同学依次扮演教师角色讲课，并书写板书，小组成员根据板书技能的评价标准，对每位同学的板书技能进行分析诊断并评分（不给自己评分），组长计算出每位同学的平均分，作为该同学本次训练的成绩。

（5）训练结束后，每组推荐一位同学的教学录像，下次上课时在全班播放，并推荐一位同学评课。

（6）训练结束后，组长把小组成绩和推荐同学的姓名、教学录像、课件及评课同学的姓名上报给指导教师。

（7）下次上课时，按照小组顺序，先播放第一组推荐同学的录像，然后评课同学进行评课，最后指导教师进行综合评价。以此类推，对各组推荐的录像进行展示、评价。

思考题：

1. 板书在教学中有何意义？

2. 一节课的板书设计成哪种类型是根据什么来确定的？

3. 怎样判断一节课的板书设计是否合理？

4. 信息时代教师还有必要手写板书吗？

第九章　变化技能

课堂上应该创造出一种使大家愉快、有强烈求知欲，积极地探求知识的心理气氛。课堂教学环境是否愉悦、和谐影响着师生交流的广度和深度，并制约着教学效率的提高。

——［苏联］列·符·赞可夫（1901—1977）

“文似看山不喜平”，教学和写文章一样不能平淡无奇。变化技能是调节课堂气氛的重要技能，需要教师变换语言、表情、动作等，不断给予学生新的刺激，并随着课堂的进展变化教学的方式方法，从而维持学生的注意力、减轻学生疲劳、激发学生的学习兴趣。

第一节　变化技能概述

一、变化技能的定义

“初渐谓之变，变时新旧两体俱有；变尽旧体而有新体，谓之化。”这是《礼记·中庸》对变化的解释。凡事变则通，通则久，课堂教学也是如此。变化技能指在课堂教学过程中，教师为了引起学生注意、减轻学生疲劳、激发学生兴趣、启发学生思维，而对教学信息传递方式或教学活动形式进行变换的教学行为方式和心智活动方式。

教学的目的是促进学生的发展，教学效果与学生的心理特点有着密切的关系。心理学家经观察、研究得到了儿童注意力的稳定性持续时间：5~6 岁时，注意力集中时间为 10~15 分钟；7~10 岁时，注意力集中时间为 15~20 分钟；11~12 岁时，注意力集中时间为 25~30 分钟；12 岁以上，注意力集中时间能超过 30 分钟。因此，在课堂上，如果长时间用一种方式传递教学信息，学生的注意力就会分散，学习效率就会降低。因此，教师要运用变化技能来集中学生的注意力。变化技能是课堂教学的必备技能，是适应学生心理特点的一种教学技能。

二、变化技能在生物学教学中的作用

（一）引起并维持学生的注意力

注意力是学生学习的一个决定性因素。中学生对事物的注意力能持续 25 分钟左右，超过这个时间，注意力就会转移到其他事物上。因此，教师在课堂上引起和维持学生的注意力，是教学成功的重要条件之一。运用变化技能能够引起学生的无意注意、唤起他们的有意注意，使学生的注意有明确的指向，并且能够引导学生的两种注意交替转换。教师讲课时采用停顿、手势、目光接触等方式，以及声调抑扬顿挫的变换等，都可引起学生的无意注意，使他们的注意力集中且稳定。

（二）激发学生的好奇心和兴趣

新奇的事物容易成为注意的对象，而刻板、千篇一律、多次重复的事物，就不易引起学生的注意。教师通过变化教学方式、媒介等，使课堂上不断出现新奇刺激，从而激发学生的好奇心和学习兴趣。在好奇心的驱使下，学生能将注意力专注于教师讲解的内容上。因此，变化技能能够激发学生的学习兴趣，维持学生学习的专注度。

（三）提高课堂教学效率

通常，人对客观事物的全面了解是在几种感官协同作用下完成的，任何单一感官很难完成一节课内容全面、准确的接收。根据信息传输理论，每一种信息传输通道（与人的感官相对应）传递信息的效率是不同的，容易疲劳的程度也不同。几种感官的感知效率分别是味觉 1%，触觉 1.5%，嗅觉 3.5%，听觉 11%，视觉 83%。由此可以看出，听觉和视觉感知信息的效率最高，这也是通常教师主要用讲、演进行教学的主要原因。但是，如果一直用这两种方式，学生的注意力就会不集中。因此，在教学中，教师运用变化技能适当地变换信息传输通道，可以有效、全面地向学生传递清晰而有意义的教学信息，使学生更好地领会和理解知识，从而提高课堂教学效率。

（四）创造参与教学活动的条件

新课程标准倡导自主、合作、探究的学习方式，这些学习方式都需要学生主动参与到教学活动中。教师可以通过变化技能，为学生创造参与教学活动的条件，例如，教师讲、演时，大多数学生都参与听、看、思的活动。如果教师变化教学方式，让学生说（讨论，汇报）、写、做（做实验等），学生就能参与到自主学习的过程中了。如果一直让学生说、写或者做，学生的注意力也会不集中，教师还要在说、写、做进行到一定程度后进行总结、归纳。所以，变化教学方式，可以为学生参与课堂教学活动创造条件，调动学生学习的积极性和主动性。

（五）活跃课堂气氛

教师运用变化技能可以改变学生的情绪、情感、兴趣和学习的积极性，从而改变课堂氛围。教师不同的语气、语速、语调、表情会使课堂气氛不同。例如，教师用热情、饱满、铿锵有力的语气，学生也会精神振奋。教师放慢语速、降低语调，学生也会放松情绪。所以，教师可以通过变化技能使课堂张弛有度，使教学有节奏地进行，而不是平铺直叙。

（六）丰富学习环境

教师通过变化教学媒体、师生互动方式等，可以创设各种不同的学习环境。例如，用计算机、多媒体课件可以创设虚拟的学习环境；学生的探究实验是一种真实而具有吸引力的环境；学生讨论是一种比较开放的环境；教师讲解是常规的严肃的环境。不同环境中的学习氛围、学习方式也不同，从而可以调动学生的学习积极性。

第二节　变化技能的类型

课堂变化技能包括教师教态的变化、教学媒体的变化和师生互动方式的变化。

一、教态的变化

教态，即教学姿态，指教师的仪表、仪态和姿态，一般理解为教师站在讲台上的姿势、形态，是一种无声的语言。优美的教态，是一种高超的教学技巧，是教师组织课堂教学、实施教学设计、提高教学效率的保证。同时，它也是激发学生学习兴趣的有效手段。苏联教育家加里宁说：“教师每天仿佛都蹲在一面镜子里，外面有几百双精细的、富于敏感的、善于窥伺出教师优点和缺点的孩子的眼睛，在不断地盯视着他，世界上没有任何人受这样严格的监督，也没有任何人能给年轻的心灵以如此深远的影响。”教态是教师给学生的第一印象，能对学生产生深远的影响。因此，在教学中要用好教态。

教态的变化指教师教学姿态的变化，包括声音的变化、目光的变化、表情的变化、适当的停顿、头部动作和手势变化、站姿和身体位置的变化、仪表的变化。教态的变化不需其他工具便可以实现，是最基本、最常用的变化技能。

（一）声音的变化

教师的声音是课堂教学中传递教学信息、调控课堂气氛的主要因素。声音的变化包括音调、音量、语速的变化。

1. 音调的变化

音调的变化指讲话时声音高低起伏、抑扬顿挫的变化。当教学内容发生变化时，教师需要使用停顿、重音等引起学生的注意，使之加深印象。音调的变化一般包括三个方面：一是高低相间、错落有致，以全班学生都能清晰入耳为准；二是要在高亢、低沉、平缓这三种语调类型中根据情境和教学需要进行恰当的选择；三是声调要亲切、柔和、富有音韵感。

2. 音量的变化

在教学过程中，教师适当加大音量、改变语速可以突出教学重点。音量的变化还可以用来暗示不认真听讲的学生，比一味加大音量，让学生安静下来效果要好得多，因为这样不会耽误教学进度，也更容易保护学生的自尊心。一般来说，教师讲课时的音量应以后排学生能够听到为宜。在对全班同学的活动进行评价时，教师即使是对前排学生进行评价，也应该加大音量，让后排学生都能听清楚。当学生成对或分组活动时，教师进行个别指导，则应压低声音，以免影响其他学生的活动。

3. 语速的变化

教师语速的变化能引起学生注意，加深对特定教学内容的印象。正常情况下，教师讲课的速度应保持在每分钟 200 字左右。在讲解难点时，应放慢语速给予学生思考的时间；向学生提出问题时，也应放慢语速，并且在关键词处加大音量，使学生能够识别问题，积极思考。

（二）目光的变化

眼睛是心灵的窗户，可用于人与人之间的情感交流，人的喜、怒、哀、乐均能从眼神的变化中表现出来。因此，教师在课堂上应充分利用目光的变化增加与学生情感上的交流。通过目光的变化，教师可对那些课堂上注意力集中、思维活跃、回答问题积极踊跃的学生表示赞许、表扬和鼓励，也可对听课不认真、交头接耳或做小动作的学生暗示批评。教师期待的目光对学生来讲是一种莫大的鼓舞。在教学中，常有学生由于紧张、胆小或不相信自己的能力而不敢开口，此时，若教师用亲切期待的目光对他进行鼓励、询问和提示，学生很有可能会因为受到鼓励变得放松、大胆，并对自己充满信心。同时，教师还可以利用学生眼神的变化获得信息反馈。

教师的目光要自然、亲切，使学生感受到教师对自己的爱护和尊重。在讲课时，教师切忌目光游离，也不能盯着天花板、窗户、照明灯等物件，要始终让全体学生处于自己的视野中，使每个学生都感到老师在注意自己，以提高他们的听课效果。面对学生的时候，教师应始终保持目光明亮、神采奕奕，切忌目光暗淡、昏昏欲睡。视角变化速度不宜过快，以免学生觉得老师心不在焉。教师目光变化运用得好，会给学生留下深刻的，甚至终生难忘的印象。

目光接触在课堂教学的不同阶段可以起到不同的作用。

（1）上课伊始，很多学生还心不在焉。此时，教师的首要任务是把学生的注意力和兴奋点迅速转移到教学上。教师走进课堂，学生起立致意时，教师要环视整个教室，目的是维持课堂秩序，把分散的注意力集中起来。

（2）教师在讲授过程中，要根据教学内容的需要使用环视法、注视法或瞥视法和学生进行目光接触。环视法可用来督促学生听讲，调动全体学生积极参与；注视法为局部关注，可以对学生进行迅速的心理分析，得到有关教学效果的反馈，也可鼓励学生大胆发言；对于偶尔走神的学生可使用瞥视法，既能提醒他注意听讲，也不至于影响正常教学。

（三）表情的变化

教师的表情对激发学生的情感有重要作用，教师应善于运用自己的面部表情与学生进行情感交流，形成和谐的课堂气氛。

1. 宜友善微笑

在课堂上，教师应面带微笑，使自己保持热情、亲切、和蔼、友善的表情。有人把教师的微笑比作温暖的阳光、和煦的春风和沟通的桥梁，微笑是促进师生情感交流最好的方式。教师的微笑会给学生一种和蔼可亲、热情开朗的印象，也往往是对学生的一种鼓舞，能使学生保持良好的心态，形成和谐的课堂气氛。许多教师都懂得微笑的意义，即使在十分疲倦或身体不适的情况下走进教室时，也总是面带微笑。

教师的微笑在不同的场合能起到不同的作用。例如，在学生回答问题后，同样是说“请坐”，如果带着微笑说，是对学生的赞许和鼓励；而板着脸语气僵硬地说，则是对学生回答的否定和不满意。当学生取得成功时，用微笑给予他们鼓励和鞭策；当学生在学习中遇到困难时，用微笑鼓起他们战胜困难的勇气和决心；甚至在学生出现错误时，教师也可以用微笑表示理解、宽容和期望。

2. 宜生动认真

课堂教学内容丰富多彩，教师的表情要随着教学内容和教学情境的变化而变化。例如：要求学生回答问题时是期待的表情；总结强调重点时是严肃认真的表情；与学生进行课堂交流、指导学生活动时的表情应是变化的。带着感情色彩的讲解会使课堂生动、充满吸引力。夸张的表情能渲染气氛，感召学生，从而拉近师生关系；亲切自然的表情能增加教师的亲和力；当然严厉、严肃的表情有时也是必要的，但要掌握好分寸。

3. 忌冷漠呆滞

教师不宜在教学中情绪低落、呆板木讷，这势必会影响学生的学习情绪，导致课堂气氛沉闷、枯燥，降低学生的学习兴趣。师生间的互动是建立在和谐、默契的教学氛围之上的，过于严肃和冷漠不仅令学生望而生畏、敬而远之，也会降低学生学习的积极性和主动性，不利于课堂教学活动的开展。

4. 忌活泼失度

教师若过于活泼、随意，也会干扰学生的专注度，使学生将注意力转移到与教学内容无关的地方，影响教学秩序，造成滑稽、失控的场面，使课堂失去应有的庄重与严肃。因此，表情的运用应恰当掌握分寸，不可喧宾夺主，以保障教学活动的顺利实施。

（四）适当的停顿

停顿在特定的条件和环境下传递着特定的信息，是引起学生注意的一种有效方式。教师可在适当的语句中间、结束后停顿，也可在教学难点处停顿。短暂的停顿能给学生思考的时间，启发学生思维；停顿也有警示的作用，能使学生迅速将注意力转移到教学内容上。恰当的停顿结合声音的变化，能使学生感到讲解富有节奏而不枯燥。停顿时间一般以 3 秒钟左右为宜，过长则可能延误教学进度，打乱教学节奏。

停顿的作用有三点：一是稳定情绪。例如，讲课前如果学生不能马上静下来，教师突然停止讲话，用严肃的目光注视全体或部分学生，学生往往会很快安静下来。二是终止无关行为。例如，在课堂上，如果有个别学生出现注意力不集中、小声说话等现象，教师做短暂的停顿，并以目光示意，学生马上就能意识到。一个短暂的停顿可以达到制止课堂无关行为的效果。三是引发思考。教师在讲课的关键处停顿，能提示学生注意，引发思考。例如，在讲述一个事实或概念之前做短暂的停顿，能引起学生注意。在讲解中间插入停顿，也可起到同样的作用。这种关键处的停顿往往能收到“此时无声胜有声”的效果。

（五）头部动作和手势变化

教师的头部动作和手势的变化，可以传递丰富的信息，是传递教学指令、与学生交流情感的重要方式。

1. 头部动作

头部动作使用较多的是点头、摇头和侧头。一般点头表示肯定或赞许，摇头表示否定或不同意，侧头表示听不清楚或较为关注。学生可以根据教师的头部动作调整自己的学习行为。例如，在学生回答问题时教师点一下头，表示学生回答正确，同时也包含着鼓励的因素。如果教师不断点头，就说明学生理解得很好，可以继续往下说。如果教师摇头，则说明学生理解有误，需要快速调整。教师有时也会侧头，表示自己在注意听，或者表示声音太小听不清。教师头部动作的运用能在不打断学生思维和口头表达的情况下，起到暗示、鼓励作用。同时，也营造了和谐民主的课堂气氛。

2. 手势变化

手势可以描绘复杂的状貌，传递丰富的心声，表达特定的含义。常用的手势有指势，例如翘拇指表示肯定和赞扬，还有掌势、臂势，如抬手、鼓掌等。在教学中要恰当地运用手势。教师常用的手势一般分为四种。

（1）指示性手势：教师在展示图片和指导学生活动时常用此类手势。例如，叫学生起来回答问题时，教师抬起胳膊手心向上，表示尊重；而学生回答完问题后，教师手心向下，手向下压，表示让学生坐下。

（2）暗示性手势：在学生回答问题困难时，教师启发学生思考时常用此类手势。如“气温升高，气流上升，气压下降”，教师只用手势暗示，学生便可回答。

（3）情感类手势：指教师在讲解内容时配合情感而做出的手势。如讲到愤怒时挥动拳头，动情时用手抚胸口。

（4）象形性手势：用来描绘人、物、形态等。例如，讲心房和心室的收缩和舒张时，可用两只手做手势进行说明。

手势的变化要随着教学内容的变化而变化。教师做出某种手势的目的要明确，不要带有随意性；手势的位置和次数一定要适当；手势不宜过多，过多便成了多余动作；手势一般不要高于头部，也不要低于胸部；手势的变化不能过碎，要适度、适当、自然大方，给人以美感。反之，生硬造作的手势，不仅不能说明问题，还会分散学生的注意力，影响教学效果。

（六）站姿和身体位置的变化

教师在课堂上站的姿势和位置不同，对师生间的情感交流和信息传递的作用也不同。

1. 站姿

一名教师的一生约有 9500 小时是在课堂中站着度过的。站姿是教师重要的基本功，师表自站姿起。教师站立时，重心一定要稳，而且要头正、肩平、躯挺、腿直。面对学生，身体可略微前倾。教师在课堂上的站姿切忌：

（1）手插裤兜。不能以手势辅助语言表达，有碍信息的有效传送。

（2）双足交叉。会给学生心理上造成不稳定的感觉，影响信息传送的效果。

（3）身体过分前倾。会影响肺对发声的共鸣，还会给前排的学生造成心理压力，影响学生听课的情绪。

（4）肘依讲台。双肘依讲台是精神疲乏的体态，会抑制学生大脑皮层的活动。

（5）足尖着地。足尖着地并抖动是不严肃的表现，会分散学生的注意力。

（6）频繁走动。频繁走动是信心不足的表现，会触发学生的不信任感，影响有效信息的接收。

（7）身体摇晃。身体不停地摇晃，既不严肃，又不庄重，会引起学生的反感。

2. 身体位置的变化

教师讲课时一般应站在讲台上，但不能一直站在一个地方不动，教师应根据课堂内容和要求不断调整自己的位置，这样可以避免课堂气氛单调、沉闷、乏味。例如，为了使学生都能看到黑板上的内容，教师应随着板书的变化移动自己的位置。当让学生到讲台前指图、做题时，教师应当把讲台让给学生，自己走到学生中间。当学生分组讨论时，教师可以走到某一组中间，参与他们的讨论，了解他们的情况。当个别学生精力不集中时，教师可以走到身边给予暗示。教师在课堂上走动时，需要注意下面几个问题：

（1）走动要有控制，不能分散学生注意力。要控制走动的次数，走动不要过于频繁；还要控制走动的速度，身体不能突然运动或停止；走动时姿势要大方，不做夸张的动作。

（2）走动或停留的位置要方便教学。当组织学生进行问答练习时，以在讲台周围走动为宜；在学生中间走动时，不要停留在教室后端，因为这种情况下，教师的声音是从后面传过来的（相对于学生而言），对信息传递有一定的影响。

（3）教师走动的时间要符合学生的心理。一般来说，学生在做练习的时候，不喜欢教师在他们中间走来走去，更不喜欢教师在自己的身后或身边停下来。因为这时，学生的注意力需要高度集中进行思维活动，而教师过度走动会分散他们的注意力，一旦在他们身边停下来，又往往造成他们情绪的紧张，破坏他们正常的思维过程。如果需要走动，脚步一定要轻。

（4）走动时要处理好局部与全局的关系。例如，在学生分组讨论时，如果发现某小组有问题，教师应轻轻向他们走去，轻轻地回答他们的问题，以免影响其他学生。如果某一组提出的问题具有普遍意义，需要全班明白或注意，教师应快速走到讲台前，请全班注意，面对全班进行解答。

（七）仪表的变化

教师的仪表主要指发式、容貌、服饰等，是教师心灵的自然表露。教师的仪表能够向学生传递一定的理念，对学生具有一定的导向和熏陶作用。从审美角度分析，教师的仪表整洁、大方、庄重能使学生赏心悦目，为学生创造良好的学习氛围。教师的仪表应符合职业要求，既不能追求时髦，也不能落入俗套，要为学生树立典范。但是，教师的仪表也不能一成不变，而要根据不同的教学内容、教学活动或者教学的不同阶段等进行相应的变化，以引起学生注意，为教学创设良好的情境，提高教学信息的传递效率。例如：

一位经验丰富的生物学女教师，在上开学第一节课时，她会选择浅绿色的正装，与学生开启第一次见面。因为浅绿色与生物相关，象征着生命力；头发上面束起来，下面散开，既露出了眉眼和耳朵，也不会很死板，既能够让学生认识自己，也不会过于严肃，让学生产生距离感。而在上实验课的时候，她的服饰常以舒适为主，头发全部束起，这样便于进行演示和指导活动。例如，在指导学生使用显微镜的实验课上，她通常会选择带领的衬衣，保证与学生近距离低头交谈时，不会走光；头发全部盘起来，避免给学生指导时，头发散落在显微镜上。

俄国教育家乌申斯基说过，教态“对儿童的心灵是一股非常有益的阳光，而这种阳光是没有任何东西可以替代的”，强调了教态对儿童的重要意义。教师在课堂上的一举一动、一言一行都会对学生产生深远的影响。恰当的教态能够以美感人，以情动人，对学生整个身心发展起着催化作用。

二、教学媒体的变化

生物学教学是学生不断获得关于生物界信息的过程。学生是借助各种教学媒体来认识生物界的，不同的教学媒体承载的教学信息不同，对教学产生的效果也不同。因此，在教学中需要适当地变化教学媒体。

（一）生物学教学媒体和信息通道

1. 视觉通道和媒体

常用的视觉教学媒体有实物、标本、挂图、模型、板书、黑板画、投影、多媒体课件等。视觉媒体是最能引起学生兴趣的教学媒体，它具有直观、形象、易懂、生动的特点，能吸引学生的注意、激发学生的学习动机。视觉通道是各种媒体通道中获取信息效率最高的，但也容易疲劳，教师应注意变换呈现方式。

2. 听觉通道和媒体

听觉通道传递教学信息的效率不如视觉通道高，但学生不易疲劳，能为学生展开丰富的想象留有余地，在教学中使用频率最高。在生物学课堂教学中常用的听觉教学媒体有视频、录音等。

3. 触觉、嗅觉通道和媒体

触觉、嗅觉感官能获得其他感官所不能获得的信息。例如，教师可自带酿造的果酒和果醋，引导学生嗅闻味道；引导学生通过触摸新鲜的动物心脏来判断左、右心室。通过触摸和嗅闻，加强学生对抽象内容的理解。但是，在教学中，教师应避免让学生触摸、嗅闻有毒、有害的物品，以免危害其身体健康。

如果长时间使用一种或几种教学媒体而不改变信息传送通道，学生容易疲劳，注意力不集中，从而增加教学信息的耗散。因此，在课堂教学中，教师应根据教学内容和学生认知水平的需要，变换教学媒体的形式，多采用组合式教学方式，交叉刺激学生的视觉、听觉、触觉和嗅觉通道，激发学生兴趣，集中学生的注意力。

（二）变换教学媒体的方法

1. 交替使用不同信息通道的媒体

即根据教学实际，交替使用视觉、听觉、触觉等通道。例如，学习生物体的形态结构时，先导入介绍，然后让学生观察，再让学生汇报观察结果，最后教师进行补充总结。这一过程依次利用了学生的听觉通道、视觉通道、听觉通道。学生在每种教学媒体上停留的时间都较少，注意力容易集中。

2. 交替使用同种信息通道的不同媒体

在生物学教学中用得比较多的还是听觉通道和视觉通道，其他通道用得很少，不能为了变化技能而生搬硬套地去用触觉通道或嗅觉通道，但是可以变化听觉通道和视觉通道中的媒体。例如，在平时，学生较多听到的是教师的声音，为了提高听的效果，可以换成让学生听录音，可以是相关的电视节目中的录音，或者其他教师课堂教学的录音。生物学教学中的视觉通道媒体比较多，如实物、标本、挂图、模型、板书、黑板画、多媒体课件等，教师选择的余地比较大。在一节课中可以交替使用板书、录音、多媒体课件等。即便使用同一种教学媒体，也可通过转换其功能、对学生提出不同要求等稍作变化。

生物学教学中可以利用的教学媒体种类较多，教师要根据教学内容和学生特点合理地进行变化，以提高教学信息的传递效率。

三、师生互动方式的变化

教学过程是教师与学生以课堂为主渠道的交流过程。在教学过程中，教师和学生的活动方式有很多种，因此，师生互动方式也有多种。不同的互动方式会产生不同的教学效果，教师在教学中可以通过变化师生互动方式集中学生的注意力，调动学生的学习积极性。师生互动方式的变化包括教师与学生交流方式的变化、学生活动的变化、课堂应急变化。

（一）教师与学生交流方式的变化

在生物学课堂教学中，师生交流方式有多种，包括教师与全体学生、教师与个别学生、学生与教师、学生与学生、学生与教材之间的交流。一节课中，教师应采用多种交流方式来完成教学任务。有时以教师教为主，有时以学生学为主，有时师生共同参与活动。几种形式应经常变换，使学生时而听教师讲解，时而参加小组讨论或学生实验，时而自己阅读、思考、做练习，时而回答问题。变换不同的交流方式，可以防止学生注意力不集中，调节学生情绪，激发学生的学习主动性，使之保持旺盛的精力。

（二）学生活动的变化

在课堂上，学生的活动方式也有多种，教师应根据具体的教学内容选择学生的活动方式。课堂上学生的活动方式主要有三种，即个别活动、小组活动和全班活动。个别活动是一种常用的教学形式。个别活动有许多优点，如可以检查所学知识掌握情况、引入新课及巩固新课。通过个别提问，教师能够获得信息反馈，了解不同学生的学习能力，对学生进行分层指导。但是个别活动也有一些不足，如较费时间，因此要和小组活动及集体活动交替进行。小组活动可以培养学生的合作能力、团队精神。全班活动是教学中最常用的方式，可以在短时间内完成大量学习任务，教学的秩序和进度比较容易控制，但是不利于学生个人发挥。交替使用不同的学生活动方式，能够充分调动学生的学习积极性。

（三）课堂应急变化

课堂上常有意外发生，教师要对课堂上随时发生的意外情况做出迅速反应，并随机应变地调控课堂。这时，教师从调控正常课堂转换到调控应急事件。当有意外发生时，教师不能感情用事，要保持稳定的情绪，缓和课堂气氛，防止粗暴地加以斥责、制止。课堂上还可能碰到一些调皮学生的恶作剧，老师应表现出良好的适应性心理品质。应急处理的方法很多，有所谓的冷处理、温处理、热处理，但不论采取哪种方法都不要耗时过长，更不要发生和学生顶牛的现象。至于如何具体应变，得靠教师对学生的了解和自己的机智。下面的具体实例，可以帮助大家了解如何处理课堂应急事件。例如：

> 一位老师正在上课，突然一个学生搞恶作剧，放出一对蝴蝶，蝴蝶翩翩起舞，学生都看蝴蝶去了。这时教师不慌不忙地问学生："同学们，蝴蝶为什么向你们翩翩起舞？"学生不由得一愣。老师说："因为同学们是祖国的花朵，蝶恋花嘛！"学生个个脸上露出会心的微笑。老师接着问："同学们，祖国的花朵应该怎么样呀？"全体同学包括那个搞恶作剧的同学都一起响亮地回答："好好学习！"于是课堂很快恢复了正常的秩序。

教学是一门科学，更是一门艺术。教师要把握好变化技能的要领，因情而变、因势而化，要放得开、收得拢，将变化技能巧妙地融入教学过程，使课堂跌宕起伏、充满活力。

第三节　变化技能的训练和评价

为了提高课堂教学效果，教师可以适当地运用变化技能，但是如果变化技能用得不恰当，反而适得其反。理解变化技能运用中的基本要求，有助于师范生和教师更好地掌握变化技能。

一、变化技能的基本要求

（一）变化应结合教学的目标和内容

变化技能涉及的内容较多，有些变化方式需要备课时进行设计，如手势、动作、媒体的变化和师生互动方式的变化等，但是大多数教态需要根据课堂的进展灵活变化。师生互动方式的变化以维持学生的注意力和调动学生深入学习为目的。媒体的变化主要根据教学内容、教学目标等确定（参照第七章演示技能中"选择直观教学手段的方法"），尽量避免与教学目标和教学内容无关的，为逗趣、为丰富教学手段而进行的变化。例如，有位师范生讲解桃花的结构时，给每两位学生发一朵桃花，并用多媒体课件呈现桃花的结构。他讲解了多媒体课件中桃花的结构，并呈现练习题让学生做，再叫两位学生回答。在教学中，他准备了桃花和多媒体课件，先给学生发桃花，后播放多媒体课件，有媒体的变化。但是桃花自始至终没有用，这是与教学无关的媒体。

（二）变化要自然、流畅

教师在运用变化技能时，应认真构思、计划，注意教学过程的连续性和一致性；变化技能与其他技能之间的连接要流畅，有连续性，不要过于突兀，避免出现“悬崖式”转变。例如，有位师范生在教学中留 3 分钟时间让学生分组讨论。3 分钟后，师范生讲“时间到了，请大家停止讨论，抬头看屏幕”，然后自己开始对屏幕内容进行讲解。在上述教学中，从学生讨论，到抬头看屏幕，再到听老师讲的变化过程没有连续性，比较突兀。出现“悬崖式”转变有两方面的原因：①虽说给学生 3 分钟时间讨论，但教师首先要了解 3 分钟时学生讨论是否结束，如果学生讨论没有结束，应延长讨论时间让学生继续讨论，或者终止讨论，而不可不了解情况直接终止讨论。②如果 3 分钟结束时，学生讨论完相关内容，应安排各小组交流汇报。否则，讨论没有意义。合理的流程是等学生讨论结束、汇报完，老师再讲解，如此变化才是连续的、自然流畅的。

教师对各项技能的运用要熟练，变化时要自然过渡。在一堂课中，教态、媒体、师生互动方式的变化都应该自然流畅地融入教学过程中。

（三）变化要适度

运用变化技能时，一定要适度。如果教学媒体过度频繁地变化，教师不停地在教室里来回移动，结果只会是教师在教室里忙得不亦乐乎，学生则感到眼花缭乱。因此，教师要根据教学内容和学生情况适度运用变化技能，而且变化要有分寸，不宜夸张。教师在课堂上的表现不同于戏剧表演，如果变化技能使用得过多、幅度太大，就会喧宾夺主，影响教学效果。

二、变化技能的评价标准

变化技能的运用效果会直接影响课堂教学效果，师范生或教师可参考以下标准（见表 9-1）评价变化技能的效果。

表 9-1　变化技能的评价标准

序号	评价指标	分值
1	表情、声音的变化能营造良好的课堂氛围	20 分
2	根据教学需要进行适当变化	15 分
3	变化形式恰当，符合学生实际	15 分
4	变化方式自然，不夸张	15 分
5	变化流畅，有连续性	15 分
6	变化有利于集中学生的注意力	20 分

三、变化技能的训练方法

（一）书面作业法

结合中学生物学教学内容，进行一节课的教学设计，突出教态、媒体手段和师生互动方式的变化。根据教学设计，自己独立练习，通过练习不断修改和完善教学设计，使变化更合理。同时与同学交流，体会变化技能在教学中运用的注意事项、适用情境。

（二）对镜练习法

观看一段中学生物学课堂教学录像，根据变化技能的评价标准和要求对教师的变化技能进行分析。在此过程中，注意观察教师的教态，选择一些你认为自然、大方、得体的教态，结合自己的特点，对着镜子反复练习。

（三）微格教学训练

按照微格教学要求，学生分组在微格教室进行变化技能训练，然后在全班示范，使学生博采众长，互相学习，共同提高。具体要求如下：

（1）每位同学从现行中学生物学教材中选一个片段，根据变化技能的相关知识和要求进行教学设计（突出变化的方式方法），并写出微格教学教案，在规定时间到微格教室进行变化技能训练。

（2）每位同学的讲课时间不超过 7 分钟，训练前必须试讲以熟悉内容，做到讲课时脱稿。

（3）根据学校微格教室的数量，事先把全班同学分成若干个小组，每组确定一名组长。组长提前安排好讲课顺序，训练时组织小组成员讲课，保证训练顺利进行。

（4）训练时，每位同学依次扮演教师角色讲课，小组成员根据变化技能的评价标准，对每位同学的变化技能进行分析诊断并评分（不给自己评分），组长计算出每位同学的平均分，作为该同学本次训练的成绩。

（5）训练结束后，每组推荐一位同学的教学录像，下次上课时在全班播放，并推荐一位同学评课。

（6）训练结束后，组长把小组成绩和推荐同学的姓名、教学录像、课件及评课同学的姓名上报给指导教师。

（7）下次上课时，按照小组顺序，先播放第一组推荐同学的录像，然后评课同学进行评课，最后指导教师进行综合评价。以此类推，对各组推荐的录像进行展示、评价。

思考题：

1. 变化技能有哪几种类型？
2. 变化技能在生物学课堂教学中有何意义？
3. 根据什么来确定一节课的教学中哪些环节应该进行变化？
4. 运用变化技能时的注意事项有哪些？

第十章　强化技能

教学就是安排可能发生强化的事件以促进学习。

——［美］斯金纳（1904—1990）

教学的目的是培养和发展人，因此，在课堂教学中，教师需要采用各种各样的方法来实现教学目标，使学生在知识、行为和情感态度等方面向着更好的方向发展。在诸多方法中，强化是一种最有利于促进学生积极参与教学活动、形成良好行为习惯的方式。强化技能是调控课堂教学效果的有效技能，是教师必须掌握的一种教学技能。

第一节　强化技能概述

一、强化技能的定义

（一）强化

强化是一个重要的心理学概念，“使有机体在学习过程中增强某种反应重复可能性的力量称为强化”。强化实际上就是用刺激物提高反应发生（行为出现）的概率。强化有三种类型：正强化、负强化和消退。正强化指呈现对有机体有益的刺激以提高合乎要求的反应发生概率的过程。例如，妈妈为了激励小明提高成绩，提出如果他期末考试进了全班前十名，就给他买一部他一直想要的手机。负强化指消除伤害性或讨厌的刺激从而提高反应发生概率的过程。例如，妈妈为了激励小明提高成绩，提出如果他期末考试进了全班前十名，就免去他每周末洗碗的任务。消退指不经过反复强化，反应发生概率就会降低。消退是学习现象中最基本、最重要的现象。

（二）强化技能

强化技能是教师在教学中所采用的一系列促进和增强学生反应及保持学习力量的教学行为方式和心智活动方式，是塑造行为和保持行为强度不可缺少的关键。

二、强化技能的心理学基础

强化技能的心理学基础是操作性条件反射说。美国心理学家斯金纳于 1953 年提出了“操作性条件反射”的概念。斯金纳设计了一种实验装置（斯金纳箱），即在迷箱内装一个小杠杆，小杠杆与传递食物的机械装置（食盒）相连。每当白鼠用前足压杠杆之后，一粒食物就会自动落进食盒。于是，白鼠的压杠杆动作因得到食物而增强。最终白鼠形成了一种条件反射：每当想获取食物时便用前足去压杠杆。在这一情境中，食物就是强化剂，它的出现依随于反应，成为反应的结果。这种结果形成了一种反馈作用，引起反应发生概率的改变。这种能提高反应发生概率、增加行为重复次数的力量就是强化。斯金纳指出，行为之所以发生变化，是由于强化作用，一个操作发生后，接着呈现一个强化刺激，那么这个强化的强度（概率）就增强。后来斯金纳将强化行为效果的研究和训练转移到人，并在 20 世纪 70 年代运用到课堂教学实践中。斯金纳指出，学习者倾向于重复那些受到奖赏的反应，而中止那些没有受到奖赏的反应。

在实际应用中，经常有人把惩罚和负强化混为一谈。我们必须清楚二者的区别：负强化是通过消除伤害性或讨厌的刺激提高反应发生的概率，而惩罚是通过呈现讨厌的刺激降低反应发生的概率。例如，教师通过批评降低学生的作业出错率，批评是一种学生不喜欢的刺激方式，所以，虽然通过批评降低了学生的出错率，但是这种方式是惩罚，而不是负强化。强化（包括负强化）是提高反应发生的概率，而惩罚是抑制反应发生的概率。

斯金纳反对用惩罚手段监督学生，他认为惩罚在改变行为方面有时是一种有效方法，但不是一种理想方法。虽然惩罚会导致不良行为减少，但也只是间接地起作用。惩罚只是抑制而不是消除这种不良行为，还可能引起负效应，如攻击性行为等。一系列的实验结果表明，惩罚并不能持久地减少不良行为发生的倾向。通过奖赏，行为可能被铭记；但相反，不能说通过惩罚，行为能够被根绝。

从长远的观点看，惩罚对被惩罚者和惩罚的执行者都很不利。如果不加区分地把惩罚与负强化等同起来，把惩罚当作强化的一种类型，那么，教学中惩罚手段的运用，将会在合理的招牌下，不可避免地频繁起来。区分负强化与惩罚两个不同的概念，对教师运用强化技能有着重要的指导作用。一是能从主观上意识到惩罚的负效应，从而在教学中减少对惩罚手段的使用；二是即使必要时使用了惩罚手段，也能通过负强化使消极因素转化为积极因素。例如，学生因犯错误受到处分，当他在行为上有一定改观时，应撤销处分，以强化他的积极行为。

三、强化技能在生物学教学中的作用

强化技能在生物学课堂教学中具有十分重要的作用。

（一）塑造行为和保持行为强度

强化的主要作用是按照人的心理过程和行为规律，对人的行为予以导向，并加以规范、修正、限制和改造。它对人的行为的影响，是通过将行为的后果反馈给行为主体这种间接方式来实现的。人们可根据反馈的信息，主动适应环境刺激，不断调整自己的行为。在课堂上，通过强化来鼓励课堂上需要的行为。如果要使某些行为固定下来并且出现频率增高，就要进行反复强化。强化是塑造行为和保持行为强度的关键。学生在学习过程中，正确行为的形成既依赖正强化，又依赖负强化，两种强化要有机结合。因此，强化技能是教师应该掌握的一项基本教学技能。教师可运用强化的方式创设激励学生学习的课堂环境，以帮助学生形成正确行为和促进学生思维发展。

（二）引起注意，增强记忆

强化可以引起学生的注意，使之增强记忆。例如，教师对教学重点难点知识通过讲解、写板书、做练习等形式强化，能够增强学生记忆。在讲解时，教师可以用语言进行强化，写板书时，可以用不同颜色的笔或画记号进行强化，这些方式都会引起学生的注意。

（三）促进学生积极参与活动

强化是用刺激物提高反应发生的概率或行为出现的概率。当学生出现教师预期的行为或反应时，教师就会用一定的方式进行强化，得到强化后学生参与活动的积极性会更高。因此，强化能够促进学生积极参与活动。

四、强化技能的构成要素

（一）提供机会

在课堂教学过程中，教师要给学生做出反应的机会，比如，通过提问、演示、操作等方式，给学生传递清晰的信息、构建交流讨论的平台，让学生充分表达自己的思想，从而做出相应的反应，以使教学材料的刺激与教师期望的学生反应之间建立稳固的联系。

（二）准确判断

学生对教师提出的问题或布置的任务做出反应后，教师应通过认真观察，迅速而谨慎地做出准确的判断，以帮助学生做出有效的反应。教师还要善于抓住学生反应中的每一个闪光点予以强化，以调动不同水平学生的积极性。当对学生的回答或行为一时不能做出准确判断时，不做武断评价，应安排时间课后个别讨论。

（三）表明意图

教师在对学生的反应或活动进行强化时，要明确表明自己的态度，一定要让学生知道强化的是哪些行为，以保证教师的强化意图被学生正确理解。

（四）提供线索

学生对教师提出的问题或布置的任务做出反应后，当教师认为有必要也有可能让学生对自身做出的反应进行自我强化时，要给学生提供线索，引导学生自我审视、自我分析、自我反省，对自己的反应进行检验或判断，对正确的反应进行巩固，对错误的反应进行剔除。

第二节　强化技能的类型

强化技能的形式很多，在教学过程中，教师激动赞扬的语言、期望称赞的目光与眼神、赞美的手势、会心的微笑等，都能起到强化学习行为的作用。根据采用的手段，强化可分为语言强化、活动强化、符号强化三类。

一、语言强化

语言强化是教师用语言评论的方式，对学生的反应或行为做出判断和表明态度，或引导学生相互鼓励，从而强化学习效果的行为。语言强化一般有三种形式：

口头语言强化、书面语言强化和体态语言强化。

（一）口头语言强化

口头语言强化指教师对学生在课堂上的反应和表现以口头语言的形式做出有针对性的确认、表扬以达到强化的目的。例如，当学生在课堂上正确回答教师的提问时，教师赞许地说："很好，学习就应该这样，勤于思考，把知识活用。"教师的评价不仅使回答问题的学生享受到成功的喜悦，得到心理上的满足，而且为其他学生指出了发展的方向，具有较大的激励作用。

教师还可以利用一些感叹词或简短评价语来强化。例如，在学生回答问题过程中，教师用"嗯"或"哎"等表示自己在聆听，可以促进学生进一步回答或论述问题；在学生回答问题之后，教师用"好""非常好""不错""太棒了""非常好的想法""进步真快"等进行评价。学生的回答是由多方面的因素构成的，如口齿清楚、声音洪亮、迅速简练、熟练、流畅、有创新等。教师可以从不同角度予以肯定，使学生增强学习信心，提高学习兴趣。

（二）书面语言强化

书面语言强化是通过书面语言对学生的学习行为进行强化的方式。教师在学生作业或试卷上的批语属于书面语言强化。教师每次批改完作业，在学生的作业本上写一两句评语，效果要比简单地写"优""良"等好。例如，一个做作业从不认真的学生，有一次，他的作业不但字迹工整，错误也少了。教师批改后在作业本上写："文字较工整，错误较少，大有进步，继续努力！"这样，学生对待作业的态度就会有所改变，因为学生的行为得到了认可和鼓励，是一种正面强化，有利于促进这种行为继续发生。这样的评语比笼统地写"好""有进步"有更大的强化作用，如果只写一个"阅"字，则对学生没有强化作用。

板书也属于书面语言强化。因为板书一般都是一节课的重点内容，写在黑板上的内容基本上都是要求学生理解、掌握的，它是对重点内容的一种强化。

（三）体态语言强化

体态语言强化指教师运用身体动作、表情和姿势等非语言因素对学生在课堂上的表现进行强化。体态语言运用恰当不仅能够展现教师的教学魅力，还能够让师生进行默契的信息交流，也是对学生学习行为的一种强化。课堂上常用来进行强化的体态语言有手势、目视、点头、接触、沉默等。

（1）手势。如拍手、鼓掌等，是对学生表现给予的强烈鼓励和支持。

（2）目视。表示对学生表现的关注或提醒。当发现某一学生不专心或搞小动作时，教师可通过目视提醒他注意。当学生阅读或讨论时，教师的目视则表示对他们的关注或鼓励。

（3）点头。表示对学生表现的肯定。学生回答问题时，教师赞成学生的行为或见解，可以通过点头给予肯定。

（4）接触。教师有意识地走到学生身边，或观察其活动，或与之谈话等。当学生有好的见解或某项工作比较成功时，教师轻轻地拍拍他的肩或摸摸他的头，表示赞赏，也可以起到关心、鼓舞的作用。

（5）沉默。当学生就某一问题进行热烈辩论时，或者当学生准备回答问题时，教师以沉默的方式等待，表示认可学生的这些行为发生，这时的沉默是一种强有力的课堂强化手段，可起到“此时无声胜有声”的作用。

二、活动强化

活动强化指通过让学生参加一些有意义的、学生感兴趣的活动来对学生的学习行为或表现进行强化的方式。活动强化一般有竞赛、操作、当“小老师”、“角色扮演”等形式。学生的学习活动本身也是一种强化剂。

（一）竞赛

适当的竞赛活动能激发学生的学习积极性，是教师经常采用的活动强化形式。

例 1，在讲解“食物链”内容时，可以列举几个生态系统，让学生找食物链，看谁找得多，看谁找的食物链最长。这个活动可以强化学生对“食物链”这个概念的理解及运用。

例 2，在讲解“观察细胞的结构”内容时，让学生用显微镜观察细胞，看谁操作方法正确并最先找到细胞。这个活动可以激发学生兴趣，调动学生学习积极性，因为学生都想亲眼看到细胞，要想看到细胞就得会用显微镜。因此，这个活动可以强化学生对显微镜使用方法的掌握。

（二）操作

操作活动既能使学生获得丰富的感性知识，加深对知识的理解，又能满足学生好奇、好动的心理，提高他们的学习兴趣。课堂上的演示实验，除了老师操作外，也可以请一些同学上台来试一试。例如：

青岛第十四中学的关茜老师在讲解“肺与外界气体交换”内容时，安排了三次学生操作：

第一次，为了说明在呼吸过程中胸廓有变化，邀请三个学生走上讲台，其中两个学生合作为第三个学生测量胸围差。

第二次，为了说明肺扩大或缩小时肺内气体的变化情况，让每个学生用针管做实验感受容积变化时气压的变化（教师事先为每个学生都准备了针管）。

第三次，提供圆气球、软尺、计算器，让四人一组合作测量一次深呼吸后能呼出的气体量。

这些小实验完全可以由教师来操作进行演示，但是为了让学生获得感性认识，通过亲身体验来调动学生的学习积极性，教师都让学生来操作。操作能够强化学生对知识的记忆。

（三）当“小老师”

请学生当“小老师”讲课。在这样的活动中，学生年龄越小，踊跃程度越高。“小老师”非常愿意向教师和同学们展示自己的才能，因此，这种方式可以有效地调动学生的积极性、挖掘学生的潜能，从而强化学生的学习行为。

例1：在学习“眼和视觉”时，让学生到讲台上给大家讲视力不好的感受及如何保护视力。

例2：在学习“大型真菌”时，让学生自己从家里带一些大型真菌（如香菇、花菇、竹荪等），给全班同学介绍。

（四）练习和测验

练习指在学习完相关内容后，教师出一些练习题让学生做。测验是一个章节或者一个单元学完后，对学生学习结果的检测。练习和测验可以强化学生对课堂所学重点知识的理解，这是教师常用的强化方式。

（五）“角色扮演”

指让学生扮演学习内容中的某个角色，强化学生对所扮演角色的理解和记忆。例如：

学习“呼吸系统”后，让几个学生依次扮演呼吸道的各个器官，介绍自己的特点和功能，以及对人的要求。这样的活动非常有趣，能够调动学生的积极性。通过活动，学生对自己扮演的角色有深刻的印象，从而达到对学习内容强化的目的。

三、符号强化

符号强化又称标志强化。教师常用一些醒目的符号、色彩等来强化教学内容或教学活动。例如，学生在黑板上演算、书写后，教师用彩色粉笔在黑板上打钩，或者写上评语“好”；在讲解重点、关键的地方时加彩色圆点、彩色曲线等进行板书，引起学生注意。

（一）颜色强化

指教师写板书时适当地应用彩色粉笔对重点内容进行强调。因为色彩不但能调动学生的情感因素，而且能够突出教学重点，起到强化作用。例如：

在“细胞器——系统内的分工合作”一节课的板书中，教师用红色、绿色、粉色、黄色、蓝色的粉笔书写线粒体、叶绿体、内质网、高尔基体、核糖体，因为这几个细胞器是需要学生重点掌握的内容。用彩色粉笔书写可达到突出、强化的目的。

（二）符号强化

教师可以用一些特殊的符号对教学重点或学生好的行为和表现进行强化。

例 1：在 “细胞器——系统内的分工合作”一节课的板书中，教师在“线粒体——动力车间”“叶绿体——养料制造车间，能量转换站”前画了两个三角符号“△△”，表示强调，在“内质网——合成、加工车间”“高尔基体——加工、分类、包装车间，发送站”“核糖体——蛋白质生产机器”前画了一个三角符号“△”，表示强调（如图 10–1）。从教师所画的符号中可以看出知识点的不同地位。

例 2：有些教师在给学生批改作业、实验报告时，根据学生作业的认真程度，在作业本上画笑脸、小红花、小红旗等对学生的表现进行强化。

除了上面提到的常用的强化方式外，还有其他一些方式也可以达到强化的目的。例如，在教学中，教师有意创设一定的情境来进行强化。而且，强化物不一定始终由教师来提供，有时可以让小组、同伴或其他人给予，学生自己也可以给自己

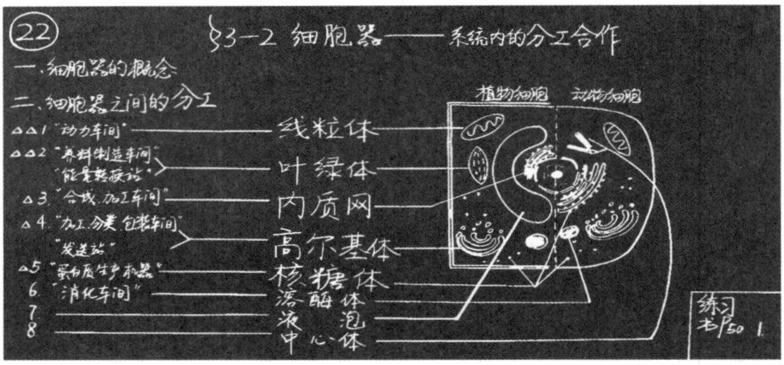

图 10–1　符号强化

强化。此外，强化的效果因人而异，有些学生把强化作为唯一的学习动力，有些学生则把强化看作外来之物；有些学生强化越多学习劲头越大，有些学生强化多了反而不再努力，等等。因此，不同的学生在教学过程中的不同阶段，需要不同类型的强化，甚至不同数量的强化。强化在教与学过程中的作用是公认的，但是还要看教师用得是否恰当。

第三节　强化技能的训练和评价

一、强化技能运用的基本原则

教师在课堂教学中运用强化技能时，应遵循以下原则。

（一）多样性原则

在教学中要采用不同的方式对学生的行为或表现进行强化，如果经常使用一种方式，会使学生感到乏味。故强化的方式要经常变化，要根据所授课程内容特点和学生特点进行变化。强化所用语言也要变化，不能每次学生回答问题后都说"很好"。

（二）个性化原则

强化时要顾及强化对象的个性，强化的方法要符合学生的年龄特征和学生的表现，注意以内部强化为主，促进学生主动学习。

（三）针对性原则

强化应明确、具体。不同性格特点的学生用不同的强化方法，不同的行为也要用不同的强化方法。要特别注意鼓励学生的微小进步。

（四）时效性原则

对学生的反应要及时给予强化。强化的时间对强化效果有很大的影响，过早易使学生慌乱，阻碍期望行为的出现；过晚易使学生失去帮助的良机，甚至可能接收不到正确信息。当所期望的行为一经出现，教师就应抓住时机给予表扬或鼓励，力求得到及时强化。

（五）目的性原则

强化要有明确的目的，而不是随心所欲地进行。运用强化技能的目的是将学生的注意力集中到学习上来，提高学生参与教学活动的积极性，帮助学生采取正确的学习行为，促进学生学习。

（六）恰当性原则

运用强化技能时应做到合适、自然、恰到好处。例如采用动作强化时，尺度要把握好，过分频繁地走动和接触学生会引起学生的反感。强化只有做到恰当，才能起到应有的作用。

（七）情感性原则

教师要热情真诚，对学生充满期待、关怀和信任，这样才能对学生的情感产生积极的影响，“亲其师”，才能“信其道”“乐其学”。

（八）间歇性原则

当期望的某种行为已经相当巩固了，要逐渐减少强化的次数，直至最终在每间隔一段时间后，偶尔给予强化。这种间歇性的强化对保持已养成的行为比经常强化更有效。

（九）正强化为主、负强化为辅原则

心理学家哈洛克曾做过这样一个实验：把数学成绩相当的学生分成 4 组。第一组上课前，先表扬成绩优秀者，对本组学生以表扬为主；第二组上课前，先批评成绩不好的学生，对本组学生以批评后进者为主；第三组上课时，对学生既不批评也不表扬，但把第一组、第二组每天的情况告诉他们；第四组上课时，不但不批评、不表扬，而且不让他们知道其他三个组的情况。经过 5 天，各组的进步情况如图10–2。

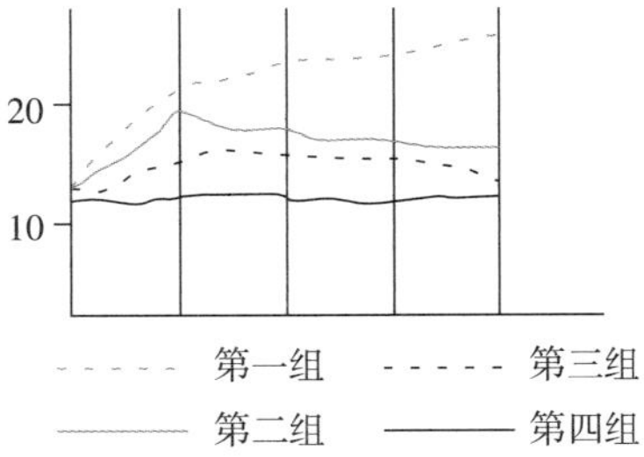

图 10–2　表扬对学生学习的影响

经常得到表扬（正强化）的学生不断进步；总是受到批评（惩罚）的学生最初有进步，但以后成绩逐渐下降；既不受批评也不被表扬，但听到表扬别人和批评别人情况的（有强化，但不明显）学生开始有进步，以后成绩变化不大；什么情况也听不到（无强化）的学生成绩始终没有明显的变化。

从哈洛克的实验我们可以看出，教学中应以正强化为主。负强化虽然也是必要的，但运用时一定要慎重，一定要适度，如果用不好反而会适得其反。现代教学论一般强调正强化，即承认学生的努力，促进学生将正确的行为巩固下来，使学生心理上得到适当的满足，因为每一个同学都有“成功的期望”。表扬作为正强化的手段，含有肯定、鼓励、化解矛盾等多种功能，相对批评而言，更容易为学生所接受，能够收到事半功倍的教育效果。

二、强化技能的评价标准

强化的方式方法设计得是否合理，强化技能运用得是否恰当，除了根据强化技能运用的基本原则来判断外，还应根据强化技能的评价标准（表 10–1）来判断。

表 10–1　强化技能的评价标准

序号	评价指标	分值
1	强化方式得当	20 分
2	强化运用及时	20 分
3	能针对教学重点难点进行适当强化	20 分
4	强化有助于调动学生的学习积极性	20 分
5	正面强化为主	10 分
6	强化方法多样	10 分

三、强化技能的训练方法

（一）观摩体验法

观看一段中学生物学课堂教学录像，根据强化技能的评价标准和要求，对教师的强化技能进行分析、评价，学习教师运用强化技能的方法。

（二）案例分析法

通过分析案例，掌握课堂教学中运用强化技能的方法。下面是一位中学生物学教师描写的一段上课过程，请你分析教师用了哪些强化方式？效果如何？

沈小刚是班上一个相当顽皮的学生。睡觉是他上课的主要事情，看课外书、捣蛋是他的爱好。总而言之，除了学习，其他什么都可以引起他的兴趣。但小刚很聪明，水汪汪的眼睛总是透着一股灵气，几乎让每位老师都会在主观上喜欢他，是学校中“聪明的不良分子”的典型。由于聪明的脑袋瓜，小刚虽然学习不努力，但成绩一直处于中等水平。在熟悉这个班后，我发现小刚很爱说话，而且口头表达能力比较强，只是平时谈论的都是“野史”，不切“正题”。就这样，小刚成了我的课堂上一个不一样的学生。开始，他说得并不好，不过，“与众不同”——真实的与众不同。

“我们知道外界气体在经过呼吸道的处理后，最后进入人的肺。那么，人体是怎样将气体吸入的呢？”“用力吸入！”毫无疑问，全班同学哄堂大笑。我沉默了一瞬间，微笑着肯定道：“很好！回答得很好！见解很独到！”我明显感觉到他疑惑地愣了一下，才缓缓地坐下去。我不确定，这是不是他上学以来第一次得到“正面表扬与肯定”。“那我们大家一起讨论一下：人进入睡眠后还呼吸吗？在游泳时，如果水超过胸部，人就会感到呼吸有些吃力，为什么？”很小的一件事，却产生了超乎预想的效果，小刚在讨论后主动站起来发言……从此以后，在我的课上小刚都会随着我转——当然，偶尔也会道出两句不在预期内的话。至于他后来的生物学成绩，不用多说，大家肯定推测得到。

（引自刘满希、展红主编的《给生物教师的101条建议》，有删改）

（三）微格教学训练

按照微格教学要求，学生分组在微格教室进行强化技能训练，然后在全班示范，使学生博采众长，互相学习，共同提高。具体要求如下：

（1）每位同学从现行中学生物学教材中选一个片段，根据强化技能的相关知识和要求设计强化的方式方法，并写出微格教学教案，在规定时间到微格教室进行强化技能训练。

（2）每位同学的讲课时间不超过 7 分钟，训练前必须试讲以熟悉内容，做到讲课时脱稿。

（3）根据学校微格教室的数量，事先把全班同学分成若干个小组，每组确定一名组长。组长提前安排好讲课顺序，训练时组织小组成员讲课，保证训练顺利进行。

（4）训练时，每位同学依次扮演教师角色讲课，小组成员根据强化技能的评价标准，对每位同学的强化技能进行分析诊断并评分（不给自己评分），组长计算出每位同学的平均分，作为该同学本次训练的成绩。

（5）训练结束后，每组推荐一位同学的教学录像，下次上课时在全班播放，并推荐一位同学评课。

（6）训练结束后，组长把小组成绩和推荐同学的姓名、教学录像、课件及评课同学的姓名上报给指导教师。

（7）下次上课时，按照小组顺序，先播放第一组推荐同学的录像，然后评课同学进行评课，最后指导教师进行综合评价。以此类推，对各组推荐的录像进行展示、评价。

思考题：

1. 什么是强化？什么是强化技能？

2. 强化在生物学课堂教学中有何意义？

3. 对于初中生来说，在生物学课堂上可以用哪些方法来进行强化？

4. 对于高中生来说，在生物学课堂上可以用哪些方法来进行强化？

5. 负强化与惩罚有何区别？

第十一章　组织教学技能

教师应当善于组织，善于行动，善于运用诙谐，既要快乐适时，又要生气得当。

——［苏联］安东·马卡连柯（1988—1939）

课堂是教师教书育人的主阵地，课堂教学效果的优劣除与教师自身的素质有关外，还与教师课堂教学组织有密切关系。课堂教学组织严密能有效地把学生调动起来，激发学生的学习兴趣和积极性，使学生有条不紊地进行听课、思考、回答提问、讨论、发问、实践等学习活动，教学效果自然良好。相反，若课堂教学组织松散，学生学习无从下手，即使教学内容准备得再精彩，教学效果也难以保障。因此，课堂教学的组织和管理是完成教学任务的基本条件，是教学工作的重要组成部分。

第一节　组织教学技能概述

一、组织教学技能的定义

在教学过程中，教师采取一定方式使学生集中注意力、认真听讲和思考、积极参与教学活动，创造和谐的教学环境，帮助学生顺利实现预定学习目标的教学行为方式和心智活动方式，称为组织教学技能。教师对课堂的组织是通过协调课堂内的各种教学因素来实现的，组织就是一种管理活动。课堂教学是一个动态的、变化的、发展的过程，教师要具备一定的组织管理技巧，根据教学目标和课堂教学的进展，采取相应的策略来组织教学，保证顺利完成教学任务，实现教学目标。因此，组织教学技能是生物学教师必须具备的基本素质。

二、组织教学技能在生物学教学中的作用

组织教学技能是实现课堂教学有序性的重要保证，它可以创造良好的课堂学习氛围，吸引并鼓励学生参与学习活动，激发学生的学习动力，保持学生的学习自信；及时控制课堂纪律，将学生的不良学习行为和习惯引导到正确的轨道上来。组织教学技能决定着课堂教学的方向、和谐教学环境的创设与学生良好学习行为习惯的养成。

（一）吸引并维持学生的注意

中学生注意的特点是有意注意逐渐发展，无意注意仍起主要作用，因此，中学生容易兴奋，但注意力不稳定。在课堂教学过程中，教师要预测并随时关注学生的思想和行为变化，通过及时有效的组织和管理，把学生的注意力吸引到学习内容上，并维持学生的注意力。

（二）激发学习兴趣和动机

生物学课堂教学中，组织教学的方式很多，有趣的提问、引人入胜的学习任务、探索生物世界的小实验等都是组织教学的方式，这些方式能够激发学生学习生物学的兴趣和动机，调动学生对生物学的学习积极性。

（三）帮助学生养成良好的学习习惯

良好的课堂秩序，要靠师生的共同努力才能建立。通过教师的有效组织、严格管理创造出的和谐的课堂气氛和融洽的师生关系，是一种无形而充满感染力的催人向上的教育力量，可使学生的大脑皮层处于兴奋状态，产生情感上的共鸣，受到感化和熏陶，从而全身心地投入以更好地接收知识。而规章制度和教师的引导能够帮助学生养成良好的学习习惯，实现自我管理，从而增强学生的自信心和进取心。

第二节　组织教学技能的类型

根据在课堂教学中的作用，组织教学技能可划分为管理性组织、指导性组织和诱导性组织三种形式。

一、管理性组织

管理性组织指对课堂秩序的管理，即通过对课堂纪律进行组织和管理，形成良

好的教学秩序。管理性组织是保证课堂有序进行的主要手段。课堂教学是由教师、学生、教学内容、教学方法等组成的统一体。其中，学生是课堂教学中一个积极活跃的因素，他们都具有鲜明的个性特征，各有不同的兴趣、需要、爱好和能力。不同时代的人对课堂的认识不同，衡量课堂纪律的标准也不同。过去认为课堂保持安静就是纪律好，而现在要求提高学生的课堂参与度，课堂上做到动、静结合。教师进行组织管理的目的就是根据教学进展和要求，让学生积极发挥自己的作用。例如，在讨论时，要让学生积极发言；在总结交流时，要让学生安静倾听其他人的发言。

进行管理性组织时，可通过建立课堂规则来规范学生在课堂上的行为。运用课堂规则进行教学组织管理时，应注意以下几个问题：

第一，规则的制定应符合法律法规和学校的规章制度。课堂教学组织应建立在法律法规和学校规章制度的基础上，与学校的要求一致。学生首先应该享有其作为公民的基本权利，教师对学生的管理应以爱护和尊重学生为前提。

第二，课堂规则应公平民主、必要而积极。课堂规则应在第一次上课之初制定下来，最好由全体学生共同制定，描述应清楚，应能使学生明确且认可其具体要求。规则应该是维持课堂秩序所必需的，且能对学生正确学习习惯的养成和心理成长起积极作用。规则内容的表述应以正面引导为主，尽量用积极的语言，为学生提供积极的行为目标，能产生积极的强化作用。

第三，强化积极行为，弱化消极行为。规则一旦确立，就应严格执行。对不符合规则的不当行为应当巧妙地指出并提供改正的要求。对于课堂上的不当行为，要分情况处理：（1）消极的影响班级秩序的行为，如故意起哄、吵闹等行为，应快速明确地进行制止，以防对其他同学的学习产生进一步干扰，并在课后进行教育；（2）消极但未影响班级秩序的违反课堂规则的行为，如课上睡觉、做与课堂无关的事情等行为，应通过暗示的方式进行提醒，或先冷处理，课后再询问原因；（3）积极的影响班级秩序的行为，如离开座位到讲台观察实验现象而遮挡其他同学、对课堂教学内容当场提出疑问等行为，应在肯定其学习积极性的同时提供合理的替换行为。当然，针对这些行为，教师还可以在对学生深入了解后，在备课阶段就设计好改良方案，如扩大实验现象的可见范围、允许学生课后观察，或者直接邀请学生有序上台观察。（4）积极但未影响班级秩序的违反课堂规则的行为，如私下与同学讨论课堂问题等行为，可寻找机会提醒，尽量减少对其他学生的影响。

二、指导性组织

指导性组织指教师对某些具体教学活动进行的组织，包括组织阅读、观察、实验、讨论等。指导性组织需要教师进行积极的引导、组织和指导，促进学生积极参与到各种教学活动中，提高学生的学习效率，从而达到提高课堂教学效果的目的。

1. 组织阅读

第一，阅读前，必须布置阅读任务或提出问题，使学生有明确的目标，从而抓住重点迅速投入阅读。第二，阅读中，指导学生对重点难点进行标记，并组织好语言以回答阅读前提出的问题。第三，阅读后，及时检查学生是否按要求完成阅读，阅读效果如何。通过指导，学生可从阅读中感受到生物学的乐趣，主动阅读以拓展生物学知识。

2. 组织观察

应指导学生带着问题或任务进行有目的的观察，而且要对观察方法、顺序等要领进行指导。对于需要配合操作的观察，应介绍清楚操作步骤和方法。观察后应通过绘图等方式评价观察效果。

3. 组织实验

教师必须预先布置实验预习，使学生明确实验内容。学生操作前应先引导学生明确实验目的、实验材料、用品用具、实验仪器、实验步骤、注意事项等，尤其是安全相关的问题，应通过能引起学生重视的方式进行详细说明。对于学生未曾做过的实验，应当进行规范且有效的示范；对于小组实验，还应帮助学生进行角色分配，如学生制作临时装片实验中，一人负责取洋葱表皮、一人负责制作装片等。教师应在充分备课和预实验的基础上，预测学生可能出现的异常情况，以便及时给出应对方案。实验后应通过作业、实验报告等方式评价实验效果。

4. 组织讨论

教师要对讨论方法进行指导，使学生明确讨论的目的、任务、方法和要求。一方面，设计的讨论内容应让所有学生都能参与到讨论中，对于比较重要的内容可以安排分组讨论，为每个小组或小组成员细化具体的角色或任务，以防有学生无事可做、无从参与；另一方面，要通过旁听、参与等方式关注讨论的过程，让学生们的讨论理性而客观，防止由于过于热烈，讨论变为争吵或冲突。

三、诱导性组织

诱导性组织指在教学过程中，教师用亲切、热情的语言引导、鼓励学生参与教学过程，用生动有趣、富有启发性的语言引导学生积极思考的一种课堂组织形式。其目的是充分调动学生的主观能动性，顺利完成教学任务。这种教学方法强调情感诱导，通过教师热情和积极的行为来感染学生，为学生树立榜样，创造有利于学生集中注意力的情境。此外，诱导性组织还可利用实验或生活中的实际问题创设问题情境，让学生探究理论与实际生活的联系，调动学生参与教学活动的积极性，促使他们从心底对这门课程产生喜爱之情。这种方法不仅关注教学内容的传递，更重视学生学习过程中的情感体验和参与度，旨在激发学习兴趣、提高学习效果。在这样的教学组织中，教师不是生硬地灌输知识，也没有代替学生思考，把结论灌注给学生，而是积极启发诱导，使学生沿着一定的思考路线，科学正确地得出结论。

只要我们了解学生、尊重学生，不急不躁，因势利导，组织好课堂教学，就一定能创造和谐的课堂氛围，培养学生良好的行为规范，真正做到既教书，又育人。

第三节　组织教学技能的训练和评价

一、组织教学的内容

就一节课而言，组织教学主要指课堂秩序的组织、课堂时间的组织、教学内容的组织和师生互动方式的组织。

（一）课堂秩序的组织

课堂秩序的组织主要指通过维持课堂秩序，创设有助于学习的环境条件，让学生能够参与到教学活动中，从而提高课堂教学效率。课堂教学由不同的阶段组成，每个阶段的教学任务与对学生的要求不同，课堂秩序的组织方法也有所不同。

1. 预备阶段的组织

这是上课前的组织。上课预备铃响后，教师便开始了一堂课预备阶段的教学组织工作。教师应按时或提前站在教室门口，等待学生全部进入教室，示意教室内学生做好上课前的准备。例如，拿出教科书和笔记本、将文具等桌面物品摆放整齐、收起无关的书本资料等。上课铃响后，教师走进教室，学生起立，师生问好后，教师环视全班，待全体学生安定后，示意学生坐下。这是课堂教学的前奏，也是组织教学的基础，它影响着一堂课的成败。

2. 开讲阶段的组织

即导入阶段的组织。这个阶段的主要任务是吸引注意，激发学习兴趣，阐明本节课的教学目的，为新课的学习提供动力，为教与学做好铺垫。“良好的开端，是成功的一半。”这个阶段的组织是引导学生由非学习状态进入本堂课学习的必要环节，教师在充分运用导入技能把学生带入教学情境的同时，还要运用组织技能让学生处于专注学习的状态之中。

3. 授课阶段的组织

授课是一节课最主要的教学环节。授课阶段是课堂中最长且最核心的阶段，因此，这个阶段的组织是保证课堂教学效果的重要环节。教师要依据学生的年龄特征、教材内容，周密设计以学生为主体的各种教学活动，交替运用多种教学方法或教学手段来组织教学，激励学生积极参与新知识的学习过程。为了使授课能持续有效地进行，教师应结合学生的年龄及心理特点，在充分分析教学内容的基础上，将课时内容划分成知识点分批、分步骤地讲授，同时随时关注学生的思维和行为变化，对可能影响教学的小动作、思想抛锚及其他意外情况，要及时制止。教师既要能预测课堂中学生的反应，又要能灵活机动地处理突发情况，保证课堂教学顺利进行。

4. 总结巩固阶段的组织

这是课堂小结阶段的组织。这一阶段的任务是引导学生对本节课的教学内容进行归纳总结，把知识条理化、系统化，便于学生记忆。这个阶段，学生的注意力可能属于强弩之末，教师应多设置学生可参与的教学活动，通过多样化的教学活动引导学生思考。小结后应布置适量的作业，帮助学生及时回顾，使学习不会因为课堂的结束而终结。下课铃响，应立即下课，千万不要拖堂，拖堂不但教学效果不好，还会影响学生下节课的情绪。

此外，课堂上还应有紧扣本课内容的练习，设置在授课阶段每个知识点中或集中在总结巩固阶段，指导学生进行知识正迁移，把知识变成能力。

（二）课堂时间的组织

一堂课只有 40 分钟或 45 分钟，如何分配才能取得更好的教学效果？马卡连柯曾说：“教育需要的不是很多时间，而是如何合理利用很少的时间。”特级教师魏书生认为课堂教学管理应该体现“科学和民主”的精神，即教学方式应该是“科学”的，师生关系应该是“民主”的，由此发挥课堂管理的积极作用。他在“科学和民主”精神的指导下进行课堂时间的组织和管理，学生的能力提高很快，教学效果很好。课堂教学的潜力很大，时间的节省就是教学的优化。

1. 课堂教学时间的分配

一堂课的时间应当根据教学活动、教学内容的容量和难度进行科学的分配。根据学生注意力的集中程度，课堂教学时间一般呈现出“倒三角形”的分配规律，即30分钟左右为学习新内容的时间，15分钟左右为组织学生练习或复习巩固的时间，预备阶段组织教学的时间不计在内。一堂课45分钟的时间分配建议如下。

开讲阶段激发兴趣的时间：约5分钟。

学生感知尝试学习阶段的时间：约10分钟。

师生合作探究新知阶段的时间：约20分钟（突出重点、突破难点，设置教学高潮）。

总结巩固阶段的时间：约5分钟。

学习迁移练习阶段的时间：约5分钟。

以上教学时间分配仅仅是大体的建议，绝不是金科玉律，也没必要严格遵守，教师应从教学实际出发，根据教学内容的不同，学生学段、区域、偏好的不同，合理安排课堂教学时间。但应注意，课堂教学时间的分配必须有较强的价值观念：加强课堂教学的计划性，注意教学的针对性，应在解决教学的重点、难点部分多分配时间，尽可能提高教学时间的有效性，进而提高教学效率。

2. 教学高潮的时间安排

教学高潮指在教学过程中，在教师的启发引导下学生的认知和情感反应达到顶点，师生双方教与学达到最佳配合状态的时刻。教师应当在一节课中恰到好处地形成一个或若干个教学高潮，提高教学效果。要有效地形成教学高潮，教师不但要具有较高的讲课水平、扎实的业务基础以及驾驭整堂课教学活动的能力，而且应酝酿感情，语气和语调也要随着讲述的内容而起伏变化、抑扬顿挫，还应该把握好教学高潮的出现时间。教学高潮的出现时间应符合一定的规律，可用下列公式进行计算：

可能存在的高潮时间=(最大点−最小点)×0.618+最小点。

如果一堂课 45 分钟，教师准备组织一个教学高潮，那么：

可能存在的高潮时间=(45−1)×0.618+1=28.192，即在一堂课的第 28 分钟形成教学高潮为佳。

如果教师一堂课准备分两个阶段，每个阶段分别组织一个教学高潮，第一阶段为 30 分钟，第二阶段为 15 分钟，那么：

第一阶段教学高潮的时间为：（30−1）×0.618+1=18.922，即第 19 分钟形成第一个教学高潮为佳。

第二阶段教学高潮的时间为：（45−30）×0.618+30=39.27，即第 40 分钟形成第二个教学高潮为佳。

一般来说，一堂课有一两个教学高潮就足够了，不宜组织太多教学高潮。如一堂课内容特别精彩，需多个教学高潮才能达到最佳效果，那也不妨一试。

（三）教学内容的组织

教学内容的组织是实现课堂教学科学管理的根本。教学内容如果组织得不好，课堂教学管理就是一句空话。教学内容的组织安排要符合学生的心理活动规律，做到张弛结合。具体来说，应做到五定：定向、定量、定度、定序、定势。

（1）定向。指每节课都要达到一定的教学目标。教师在教学中要有意识地控制课堂教学，使教学活动朝着教学目标的方向进行。每堂课都应该有明确而具体的目标，生物学课堂教学要围绕生命观念、科学思维、科学探究（探究实践）和社会责任（态度责任）进行，以培养学生的核心素养为目标。

（2）定量。指课堂教学应保证传递适当的信息量。如果一节课的信息量不足，就会浪费时间；如果信息量太大，学生大脑难以接收和处理，学生要么顾此失彼，要么囫囵吞枣，当然也就无法实现教学目标。因此，教师应当科学确定每节课教学内容的体量，并根据学生的接收情况及时做出合理的调整。

（3）定度。指学生通过课堂教学所要达到的对知识技能的掌握程度。教师应该根据课程标准确定恰当的深度和难度，教学深度如果超出了学生的接受能力，学生就可能失去学习的信心；如果教学深度不够，学生就容易由于缺乏挑战而失去学习兴趣。每节课的教学深度和难度，也是衡量教学质量的尺度。

（4）定序。指课堂教学应有一定的顺序。教师必须对教学内容的呈现顺序进行具体、合理的设计和安排，做到逻辑清晰、由易到难、环环相扣、循序渐进。教学顺序的安排必须以学生的认知规律为前提，如听讲环节适合安排在学生注意力较集中的前半节课，而互动强化环节应当安排在学生注意力相对涣散的后半节课，以吸引学生并发挥学生的积极性，同时获得教学反馈。如果不符合学生的认识规律，会给学生学习带来困难，影响学生的学习情绪。

（5）定势。指思维定势，也就是要确定课堂教学的发展趋势。课堂教学要发展学生的思维能力，使学生按照一定的规律思考问题。根据认知同化理论，新知识的学习必须以已有的认知结构为基础，学习新知识的过程是学习者积极主动地从自己已有的认知结构中提取与新知识最有联系的旧知识，在认知结构中“固定”或“归属”新知识的过程。因此，课堂教学一般先复习旧知识，以做好接收新知识的准备。

（四）师生互动方式的组织

一般来说，课堂教学中师生互动的组织形式主要有全班教学、小组教学和个别教学三种。

全班教学，是最常用、最普遍的教学组织形式。教师把全班学生组织到教学中来，进度一致，便于管理。在全班教学中，师生互动方式是教师与全班所有学生进行交流。教师可以给学生讲述、朗读、演示、解释，直接用自己的思想感情、知识素养去影响学生集体，使学生在思想、知识、情感体验和行动等方面产生相应的认可的反应，此时，教师与学生之间进行的是单向的知识传授。当然，也可以与学生进行双向交流，要求学生集体回答、描述、实验等。全班教学充分体现了班级授课制的优点。但要尽量缩短单向传授知识的时间，以防出现“满堂灌”和“注入式”课堂而难以保证教学效果。

小组教学，指从教学需要出发，把一个班暂时分成几个小组进行教学。教师既可按学生的知识掌握程度分组，也可按学生的兴趣分组，还可混合编组。小组数和小组人数可根据教学任务做出调整，一般的做法是，将邻近座位的 2~4 人分为一组。小组教学便于对教学中的重点难点问题进行讨论、研究，可发挥学生的特长、照顾学生的需求，让学生在小组中互相合作并得到启发和帮助，它使每个学生都有机会发表自己的见解、看法，可培养和锻炼学生的表达能力，发挥学生学习的主动性、积极性。但教师必须巡视检查，否则课堂就会失去控制；教师还必须再次以全班教学的形式对小组的活动结果进行评价和小结，以交流、检验学习成果。

个别教学，指教师布置任务，让每个学生自主进行学习，并给予指导的教学组织方式。例如，教师采用读书指导法让学生学习时，就是个别教学。在进行个别教学时，教师应在教室中轻声来回巡视，对学生进行个别指点、辅导。个别教学能使每个学生都有机会接受教师的及时指导，也便于教师掌握每个学生的学习情况，增进师生的相互了解。个别教学是培养学生独立学习能力和独立解决问题能力的有效途径。个别教学运用得好，可帮助学有余力的学生拓展学习空间，帮助学习较吃力的学生解决学习方法等问题，从而整体提高教学效果。教师在进行个别教学时，要控制好时间和时段，更要兼顾每个学生的学习进度。

课堂教学中所采用的师生互动方式，要根据教学内容、学生特点、班级特征等因素来确定，也可以几种方式混合使用。无论采用哪种方式，都要在进行教学设计时做好规划，使课堂“管而不死，活而不乱”“动中有静，静中有动，动静结合”，使课堂教学充满生机。

二、课堂教学组织管理中的常见问题

组织教学技能是实现课堂教学有序性的重要保证，它既可以创造良好的课堂氛围，又能及时控制课堂纪律混乱的局面。然而在教学实际中，常常会出现教学组织管理不当的各种表现。

（一）不注意课堂观察，组织管理不及时

课堂观察是教师收集学生反馈信息的重要手段，是组织教学的前提条件。因此，教师在课堂教学中要注意教学观察。通过教学观察，教师可敏锐地捕捉学生行为的反馈信息，迅速做出准确的判断，及时肯定学生的积极行为、纠正学生的不当行为，把学生的注意力集中到教学上来。同时，教师可以根据教学观察，及时调整自己的教学方式和教学进度，调整学生的情绪和参与状态，从而保证教学效果。有些教师只顾自己讲课，不进行课堂观察，未能及时组织和管理教学，助长了学生开小差、玩手机等不良行为，学生的学习习惯得不到培养，更谈不上教学效果。

（二）提问方式不当，不能全员参与

提问是一种能使所有学生积极参与教学过程、积极思考的教学方式，也是一种有效组织教学的方法。它可以启发学生思考，把学生的注意力集中到正在学习的知识点上；也可以检查学生对知识的掌握情况，以便根据学情调整教学。然而，有的

教师在通过提问组织教学方面存在一些问题。

（1）学生没有心理准备。有些教师提问前不进行必要的组织引导，学生心理准备不足，慌乱中随意作答，使提问达不到应有的效果。

（2）突然提问不专心听课的学生。有些教师看到个别学生不注意听讲时，故意让其回答问题，把提问变成一种惩罚学生的手段，这样不但有不尊重学生的嫌疑，还容易让学生将提问视作一种不好的体验而不愿积极参与，甚至有些学生看到有同学被提问就产生幸灾乐祸的情绪。

（3）提问变成师生单向对话。有些教师提问后，学生回答问题的声音很小，教师不提示，而是到学生跟前倾听，提问变成了教师和回答问题学生之间的单向对话，而不是面向全体学生，从而影响教学效果。

（三）学习任务要求不明确，指导性组织不够

为了提高学生的学习能力，教师可以在课堂上给学生安排一些学习任务，如自主阅读、复习、练习、实验等，这时应该向学生提出明确而具体的任务要求，然后根据要求对学生的学习活动随时给予指导。但是，有些教师在课堂上只给学生布置练习题，而没有提出任何任务要求。由于没有明确的要求，学生就会出现各种情况：有很快做完的；有悠闲自得，四处张望的；有不会做，急躁不安，频繁翻书的；也有交头接耳，左顾右盼的。这样，不但达不到良好的教学效果，还有可能让学生形成不好的学习习惯。因此，在给学生布置学习任务时，一定要有明确的要求，而且要及时进行指导。

（四）起始和结束阶段的组织不当，浪费了大量时间

在课堂教学中，有两段时间是学生注意力最容易涣散的时间：一是刚上课的几分钟，二是下课前的几分钟。有些教师不能采取有效措施组织教学，把时间浪费在课堂纪律管理上。

上课开始几分钟，学生情绪不稳定，注意力不集中，思绪还没有回到课堂上，教师应该先组织全班同学安静下来，然后采用有效的导入方式，把学生的注意力集中到教学内容上。

而在教学内容讲完后，离下课还有几分钟的阶段，教师应该给学生安排具体的学习任务，或进行归纳总结，或通过练习检查巩固本节所学的内容，使这段时间成为及时强化记忆的黄金时段。但是，有些教师没有给学生布置具体任务，或者布置

任务后没有提具体的要求，只是让学生“看看书”。这时学生没有心思看书，取而代之的可能是学生会开始整理书包等待下课，或通过闲聊“干等”下课，这样不但浪费了时间，还错过了强化教学效果的黄金时段。

三、组织教学技能的基本要求

组织教学技能是对课堂进行全面调控的技能，它要求既能保证课堂教学有序进行，又能使学习氛围轻松愉快。因此，教师在组织教学时，不能压制学生，需要掌握一定的方法，符合一定的要求。组织教学的基本要求如下。

（一）了解学生，尊重学生

组织教学的目的是调动学生学习的积极性，让学生参与到教学活动中。教师对课堂纪律要有严格要求，但应以正向引导为主，切不可动辄训斥学生，更不应有情绪过激的行为，否则可能成为教学中难以消除的消极因素，还会影响其他学生的学习情绪。教师的教学组织应建立在尊重学生的基础上，从学生的年龄、兴趣入手，用专业的教学方法吸引学生，用饱满的教学热情感染学生。

（二）建立规则，规范行为

课堂规则是课堂成员应该遵守的保证课堂秩序和教学效果的基本行为要求或准则，也是帮助学生养成良好学习习惯的有效途径。实践证明，及时而适宜地将一般性要求固定下来，形成课堂行为规范，可以实现学生自制，避免课堂混乱，维持课堂良好的学习秩序；相反，如果未能及时建立课堂规则，只凭不定期、无限制地提出各种要求或指令维持课堂秩序，容易造成管理效率低下的情况和问题行为的产生。

（三）重视集体，形成班风

我国目前的基础教育主要以班级为单位进行，因此在组织教学时，要重视和发挥班集体的力量，要注重班集体建设，形成良好的班风。因为班集体不仅是组织上的统一体，还是由在需要、兴趣、智力、思想、道德、社交、创造力、审美等方面既有共性又有个性的人们所组成的精神上的统一体；集体能培养“良心约束”能力，使每个人都能用别人的眼光看自己，从而理解什么是可以做的，什么是不可以做的，以及什么是必须做的。靠集体来培养学生的自律能力和责任心是班集体这个教育主体产生的“巨大的教育力量”。

（四）沉着冷静，灵活应变

不论课堂上出现什么样的情况，教师都需沉着冷静、灵活应变，都要找到并采取适当的方法来控制课堂。首先，教师可以通过蹲班、听课等方式在上课前了解一个班级学生的风气和特别（积极或消极）的学生及其特点，以便有针对性地进行教学设计；其次，在授课时警惕问题学生，准备几个处理预案；最后，若真的出现突发情况，应第一时间冷静思考处理方法后再处理，超出处理能力范围的应向外界求助。事后应复盘整个事件以积累经验，再抓住这次机会与全体或个别学生进行交流，原则是表扬尽量公开、批评尽量私下。

（五）运用语言技能组织管理课堂

语言是组织教学的主要途径。例如，在课堂上教师经常会说“请大家集中注意力，继续看黑板”“现在分组讨论”“请抬起头来看老师”等。语言运用得恰当，能使课堂教学收到良好的效果。运用语言组织教学时，要做到：

（1）用语应亲切。无论是初中还是高中，生物学课程的教学对象都是正处于青春期的孩子，亲切的语言可以减少叛逆情绪的产生。商量的口吻，与学生讨论的语气，更容易让学生感受到被尊重而乐于服从。

（2）指令要明确、适当。使用的语言要具有指令性，还要有具体的内容，让学生听后明确该做什么。同时，要在需要语言组织的时候才发出学生愿意接受的指令，这样就不会使学生感到教师限制太多。

（3）恰当运用体态语。教师要恰当使用手势、表情等体态语来组织课堂教学。在课堂上，教师要做到把目光投向所有学生，重视情感交流、信息交流。授课时，所有教学安排应面向全体学生，真诚地邀请学生参与教学活动，即使来不及用语言评价，也应通过手势、符号等方式对学生的努力进行表扬和肯定。

四、组织教学技能的评价标准

组织教学技能是教师维持良好课堂秩序的重要手段。在教学中，可根据组织教学技能的评价标准（见表 11–1）对组织教学效果进行评价。

表 11-1　组织教学技能的评价标准

序号	评价指标	分值
1	教学组织方式得当，能够营造良好氛围	15 分
2	能在课堂中张弛有度地组织学生保持注意	15 分
3	能结合教学内容，组织合适的教学活动	15 分
4	能合理控制教学时间和进度	10 分
5	能进行教学观察，及时发现问题，进行组织调控	15 分
6	组织管理中能尊重学生	15 分
7	能引导学生养成良好的行为习惯	10 分
8	组织语言得体、真诚、恰当	5 分

五、组织教学技能的训练方法

（一）观摩体验法

通过观看课堂教学录像，或组织师范生到中学见习、研习等形式，让师范生观摩、体验中学教师组织课堂教学的方法，并结合组织教学技能的评价标准和要求，对教师的组织教学技能进行分析、评价，学习教师组织教学的方法。

（二）微格教学训练

按照微格教学要求，学生分组在微格教室进行组织教学技能训练，然后在全班示范，使学生博采众长，互相学习，共同提高。具体要求如下：

（1）每位同学从现行中学生物学教科书中选一个片段，根据组织教学技能的要求，先构思好组织教学的策略，写出微格教学教案并准备好课件，在规定时间到微格教室进行组织技能训练。

（2）每位同学的讲课时间不超过 7 分钟，训练前必须试讲以熟悉内容，做到讲课时脱稿。

（3）根据学校微格教室的数量，事先把全班同学分成若干个小组，每组确定一名组长。组长提前安排好讲课顺序，训练时组织小组成员讲课，保证训练顺利进行。

（4）训练时，每位同学依次扮演教师角色讲课，小组成员根据组织教学技能的评价标准，对每位同学的组织教学技能进行分析诊断并评分（不给自己评分），组长计算出每位同学的平均分，作为该同学本次训练的成绩。

（5）训练结束后，每组推荐一位同学的教学录像，下次上课时在全班播放，并推荐一位同学评课。

（6）训练结束后，组长把小组成绩和推荐同学的姓名、教学录像、课件及评课同学的姓名上报给指导教师。

（7）下次上课时，按照小组顺序，先播放第一组推荐同学的录像，然后评课同学进行评课，最后指导教师进行综合评价。以此类推，对各组推荐的录像进行展示、评价。

思考题：

1. 组织教学技能在生物学课堂教学中有何意义？

2. 生物学课堂教学中的指导性组织有什么优势？

3. 课堂教学中组织管理的目的就是让学生安静地听课吗？你计划如何实施课堂上的组织管理？

4. 生物学教材中的哪些内容适合诱导性组织？

5. 你认为在进行“食物链与食物网”一节的教学过程中，有多少种适用的教学组织方式？你觉得哪种教学组织方式或者哪些组合能取得更好的教学效果？

第十二章　结束技能

如果开头的艺术是为将学生更好地引到教学胜境之中，以求收到最佳效果的话，那么结尾的艺术，就是要将教学小课堂带入人生大课堂，将最佳效果从课堂之点辐射到课后。

——牛学文（浙江省教育厅教研室）

中学课堂教学基本由三个主要环节构成，即导入、新内容的学习、结束。导入是一节课的起始部分，结束是收尾工作。明代诗人谢榛在《四溟诗话》中说："起句当如爆竹，骤响易彻；结句当如撞钟，清音有余。"写作如此，教学也当如此。教师既要重视导入，也要讲究结束，一节课不仅要有良好的开端，还应该有良好的结尾。结束是一节课的重要环节，好的结束可以起到画龙点睛的作用，使课堂教学锦上添花。

第一节　结束技能概述

一、结束技能的定义

结束技能指在教学内容或活动完成时，教师通过对教学内容进行归纳总结、拓展延伸等，使学生将所学过的知识形成系统，并进行强化和升华的教学行为方式和心智活动方式。结束技能也就是结束课的技能，或叫结课技能。结课又可以分为小结和总结，总结用在一节课教学内容完成时，而小结用在课堂上任何一个相对独立的教学阶段完成时，例如，讲解完一个概念、原理时可以进行小结。结课是对一个教学过程或一项教学活动进行的终止性活动，而不是学生思维活动的结束。一般用

5 分钟左右的时间结课，结课虽然在课堂教学中用的时间不多，却是不容忽视的一个环节。

美国教育心理学家奥苏伯尔认为，新知识的获得主要依赖认知结构中原有的观念，新旧知识相互作用，才能产生有意义的学习，实现新旧意义的同化。他进一步指出，同化活动不仅存在于意义获得的知觉和认知过程中，而且在知识的保持和组织阶段仍在继续。当代认知心理学的研究也表明，当主体理解了客体所承载的信息后，还要对信息进行深入的加工和转化，如此才有可能使相关信息为主体所内化。

从以上的理论可以得知，仅仅把新知识传授给学生，并不意味着教学任务完成，为了使新知识得以保持和再利用，还必须将它纳入学生原有的认知结构中去。当然，这种纳入不是一个简单的知识重叠的过程，而是要对信息进行深入的加工和转化。正是这种加工和转化，使得新知识与原有认知结构建立起某种联系，同时使原有认知结构发生某种变化，从而形成新的认知结构。

因此，在教学活动即将完成时，要通过结束技能促进学生将初步获得的知识纳入原有的认知结构，形成新的认知结构，即促进知识的保持以及知识的不断分化和融会贯通。这就是课堂教学必须有结束环节的原因。

二、结束技能在生物学教学中的作用

叶圣陶先生说："结尾是文章完了的地方，但结尾最忌的却是真个完了。"结课不是"真个完了"，而应该起到如下作用。

（一）使课堂教学成为一个整体

一节课的教学不仅应该善始善终，而且应该首尾呼应，形成一个统一整体。一般在导入时，教师都会设置一些问题让学生思考或给学生提出一些要求。那么，在结束时，就要与开头相呼应，要去解决导入时提出的问题，要去完成导入时提出的任务。这样，课堂教学才完整。否则，课堂教学就会虎头蛇尾，或有头无尾。

（二）使知识系统化、条理化

一节课往往包含许多教学内容，而且学生学习时是一个知识点接一个知识点学的，因此，知识是比较零散的。通过结束，对知识进行梳理，可以使零散的知识系统化、条理化，便于学生理解、记忆，使学生形成整体的认识，也使新知识稳固地纳入学生的认知结构中。

（三）巩固强化知识

每一节课都要完成一定的教学任务，都要达到一定的教学目标，教师可以通过结束技能检查任务是否完成、目标是否实现。结束一般是围绕教学的重点、难点进行的，通过结束可以使知识得到进一步强化和巩固。

（四）使师生获得反馈

一般来说，在课堂教学中，教师通过作业、练习、操作、问答、小结、判断、评价等活动方式结束一节课，而这些方式又可以使教师和学生及时获得各种反馈信息，为进一步改进教学提供可靠支持。

三、结课的过程

一节课的结束，一般需要经过简单回顾、提示要点、巩固应用、拓展延伸四个阶段。

（一）简单回顾

简单回顾就是教师带领学生对本节课所学内容进行梳理，整理认识的思路。回顾不应该是按照一节课的教学程序把所学内容简单复述一遍，而是要围绕重点知识进行。主要回顾：（1）所学生物学概念、规律、原理及其形成过程；（2）归纳总结分析和解决生物学问题的思路和方法；（3）引导学生对分析和解决问题的全过程进行总体认识，帮助学生把握分析生物学问题的思路，培养学生思维的连贯性。

（二）提示要点

提示要点是教师指出教学内容的重点和关键，必要时可做进一步的具体说明，使学生加深理解。教师还要将新旧知识进行联系，使学生建立生物学知识的网络结构，使学生的认识得到升华。建立新旧知识之间的联系，搞清楚它们的区别，是需要教师在结束时向学生明确的，以促进学生认知结构的重组。

（三）巩固应用

巩固应用就是把本节课所学的知识应用到新的情境中去解决新的问题，在应用中巩固知识，并进一步激发思维。通常有两种方式：（1）对本课讲过的生物学概念、原理等，通过布置作业、小测验等进行巩固训练和应用。（2）教师给出不同类型、不同解法的一些题目，学生通过讨论分析题目的特点、分析解法，得出对策，以此提高学生分析问题的能力。

（四）拓展延伸

有时为了开拓学生的思路或把前后知识联系起来，形成系统，需要对教学内容进行拓展延伸。结束技能中的拓展延伸，是让学生对课上所学的生物学概念、定理、公式等进行进一步引申、拓展，这也是培养学生思维能力的一个重要方面。

第二节　结束技能的类型

一、根据结束的目的和作用划分的类型

根据结束的目的和作用，结束技能可分为认知型结束和开放型结束两种。

（一）认知型结束

认知型结束又称封闭型结束，目的是巩固所学知识，把学生的注意力集中到课程的要点上去。这种方法虽然是对问题或课程的归纳总结，对结论和要点的明确及强调，但也应该是有趣的，应尽可能引出新的问题，把学生刚学到的知识应用到解决新问题中去。认知型结束一般要求学生在课结束时知道学到了什么。

（二）开放型结束

开放型结束不仅要对教学内容的要点进行复习巩固，而且要把所学的知识向其他方向延伸，以拓宽学生的知识面，引起学生更浓厚的研究兴趣，或把前后知识联系起来，使学生的知识系统化。一般适用于与其他学科、生活现象或后续课程联系比较密切的教学内容。开放型结束一般要求学生在课结束时说出还想了解什么。

二、根据结束的方法划分的类型

由于每节课的教学内容不同、教学任务不同，结束课的方式也会有所不同。根据结束课的方法，可以把结束技能分成八种类型。

（一）总结归纳法

总结归纳法指通过对课堂所学知识进行概括总结，使学生形成系统完整的认识，并加深对所学知识的理解和记忆的结束课的方式，是一种封闭型的结课方式。总结归纳法是结课时最常用的一种方法，可以由教师总结，也可以先让学生总结，教师最后加以补充、修正，还可以是教师指导学生进行总结。运用这种方法结课，必须提纲挈领、简明扼要、系统准确，要避免教学内容的机械重复，力求多角度、

多形式、有深度、有创新地概括总结，要注意强化教学重点，解决教学难点，突出教学主题。归纳总结法是培养学生综合概括能力的有效途径。例如，有位教师在讲授“基因的表达”时，采用归纳总结的方式结课，具体过程如下：

生物的性状通过蛋白质的功能来体现，蛋白质的功能取决于蛋白质的结构，蛋白质的结构又由氨基酸的排列顺序决定，而氨基酸的排列顺序是由 mRNA 的碱基排列顺序决定的，mRNA 的碱基排列顺序又转录自 DNA。在这一过程中，DNA 上的遗传信息如此准确、如此有序地反映在蛋白质的结构之上，这不得不让我们敬畏生命。生命何其伟大！我们应该更好地关爱生命，珍惜生命！

这位教师结束课时，不仅对本节课所学的知识进行了概括总结，提炼出了遗传信息在生物体的性状上表达出来的过程，而且通过这个表达过程对学生进行了情感教育。

在总结归纳时，可以用文字，也可以用图表等形式。例如，一位教师在讲授“细胞增殖”时，通过引导学生构建思维导图（见图 12–1）结束课。

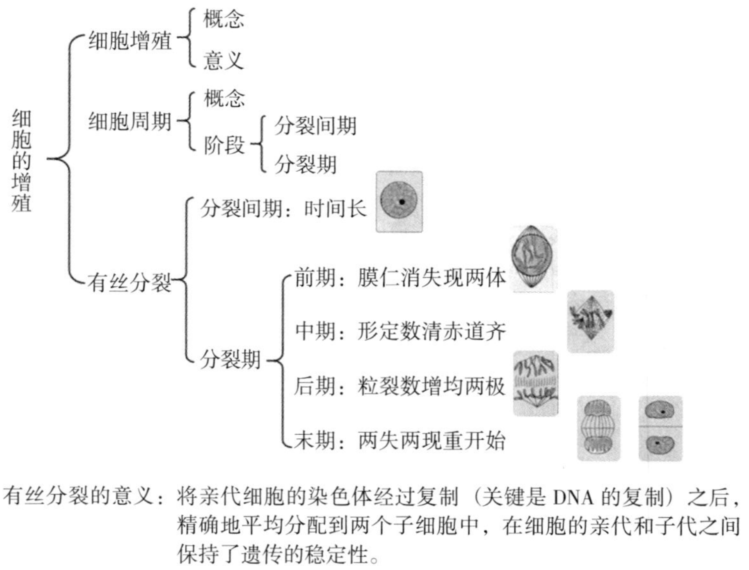

图 12–1 “细胞增殖”思维导图

再如，在学习“基因指导蛋白质的合成”第一课时“转录”时，有位教师通过用语言引导学生归纳出本节课内容的模式图（见图 12–2）结束课程。

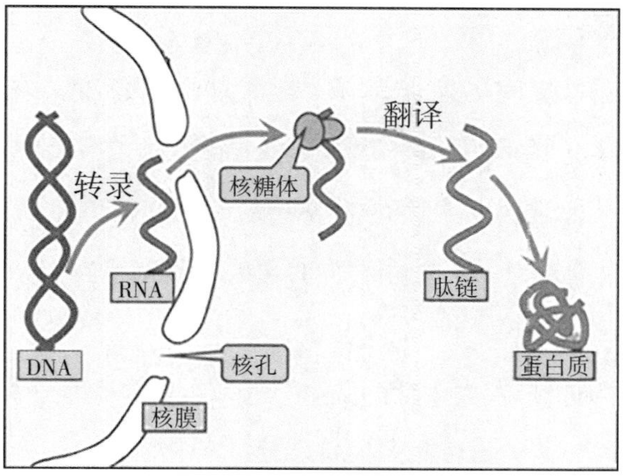

图 12-2 “转录和翻译”模式图

教师通过模式图把知识之间的关系直观地呈现出来，有助于学生理解运用、建立知识网络。

（二）新旧对比法

新旧对比法指通过把本节课所学内容与其他相关知识或容易混淆的知识进行比较来结束课的方式。通过比较可以找出知识之间的异同点及内在联系，从而完善学生的认知结构，通常采用列表或绘图的方式进行对比。例如，在“ATP 的主要来源——细胞呼吸”一节中，在讲完“细胞呼吸的方式”后，有位教师采用新旧对比法，即通过检测评价题，让学生比较本节课学习的无氧呼吸与上节课学习的有氧呼吸（先让学生填，然后纠正）（见表 12–1）来进行小结。

表 12–1 有氧呼吸与无氧呼吸的比较

项目		有氧呼吸	无氧呼吸
区别	条件	有氧气、酶	无氧气、酶
	产物	CO_2、H_2O	C_2H_5OH 和 CO_2 或乳酸
	场所	线粒体为主，细胞质基质为辅	细胞质基质
	物质与能量	（彻底）分解有机物；放能（多），产生（大量）ATP	（不彻底）分解有机物；放能（少），产生（少量）ATP
联系		1. 二者反应的（第一阶段）完全相同，均产生（丙酮酸） 2. 二者的实质均为：分解（有机物），释放（能量），供（生命活动）利用	

通过列表比较先后学到的两个相关概念，使学生从反应的条件、产物、场所、物质与能量的变化等方面明确了有氧呼吸与无氧呼吸的区别和联系。

（三）拓展延伸法

拓展延伸法指通过提问、检查等方式把课堂所学的知识进行扩展、引申、充实，或与其他知识建立联系的结课方式。这种结课方式不仅要对知识进行总结归纳，还要把知识与其他学科、生活现象等联系起来，把课堂所学知识延伸到课堂外，有利于拓宽学生的知识面，培养学生的想象力和创造力。拓展延伸法是联系课堂内外的桥梁。

例 1：在结束“动物与人类生活的关系”这节课时，有位教师采用的方法如下。

> 教师说：“人类从蝙蝠身上得到启示，发明了雷达。你还知道人们从动物身上得到了什么启示，发明了什么?”学生兴趣很浓，一下子举出了十多个例子。教师在此基础上进一步拓展延伸，又提出一个问题：“从前面这些事例你得到了哪些启示，觉得可以发明什么?”

教师用大家都非常熟悉的仿生学知识激发学生的兴趣，并把从课堂上产生的学习兴趣延续到课堂外，激励学生去探索课本以外世界的奥妙。

例 2：在结束“基因指导蛋白质的合成”第一课时“转录”时，有位教师采用的方法如下。

> 基因通过合成 mRNA，将遗传信息传递给 mRNA，mRNA 再带着遗传信息到细胞质中核糖体上参与蛋白质的合成，从而实现遗传信息的表达。那么，蛋白质的合成又是怎样进行的?我们下节课继续探究。

这个结束不仅对本节课内容进行了简要概括，而且把学生的思维引到后面要学习的内容上，为下节课的学习制造了悬念、埋下了伏笔。

运用拓展延伸法结课时，不仅要抓住知识之间的内在联系进行引申，而且要结合重点知识进行拓展，而不能凭空增加一些新内容，或针对非重点知识进行延伸。拓展要建立在本节课的基础上。

（四）练习评估法

练习评估法指通过提问、做练习题等形式检查学生对知识、技能的掌握情况来结束课的方法。例如，在“ATP 的主要来源——细胞呼吸”一节内容结束时，某教师采用练习评估法结课。练习题如下：

一、单项选择题（下列每个小题的四个选项中，只有一个选项最符合题目要求，请将正确答案的序号填在括号中）

1. 青蛙和兔子从 25 ℃的环境中转移到 15 ℃的环境中，它们的耗氧量变化分别是(　　)。

A. 都增加　　　　B. 都减少

C. 兔子增加，青蛙减少　　　　D. 青蛙增加，兔子减少

2. 玉米的胚进行无氧呼吸产生的能量减少，这是因为有部分能量（　　）。

A. 留在丙酮酸分子中　　　　B. 留在乳酸分子中

C. 留在酒精分子中　　　　D. 留在 ATP 分子中

3. 下列生物的呼吸作用只能在细胞质基质中进行的是（　　）。

A. 变形虫　　B. 乳酸菌　　C. 团藻　　D. 水螅

二、填空题

下图表示某种植物的非绿色器官在不同氧浓度下 O_2 吸收量和 CO_2 释放量的变化。

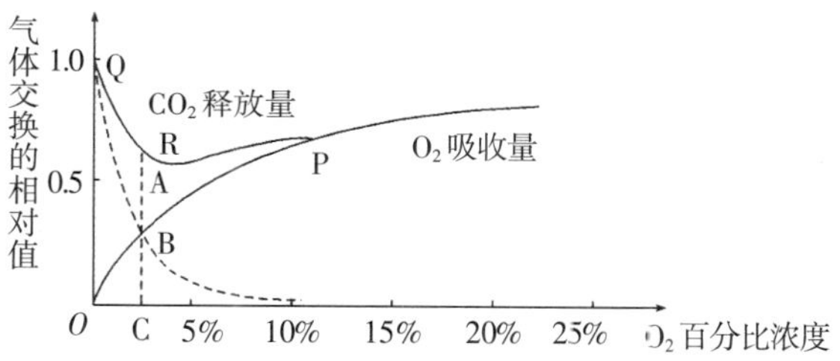

请据图回答下列问题：

1. 外界氧浓度在 10%以下时，该器官的呼吸作用方式是______。

2. 该器官的 CO_2 释放与 O_2 吸收两条曲线在 P 点相交后重合为一条线，此时该器官的呼吸作用方式是______，此种呼吸方式所用的底物是______。

3. 由此可见，保存水果、蔬菜，应（　　）

A. 控制空气流通，使氧浓度保持在 10%

B. 控制空气流通，使氧浓度保持在 5%

C. 不让空气流通，抑制有氧呼吸

D. 保持通气良好，抑制无氧呼吸

答案：一、1. C；2. B；3. B

二、1. 有氧呼吸和无氧呼吸；2. 有氧呼吸，葡萄糖；3. B

教师通过练习题让学生明确了本节课的重点知识，加深了对知识的理解，填空题还检测了学生的识图能力、运用知识的能力。

应该注意的是结课时的练习不宜太复杂，所涉及的内容不宜太多，同时题也不宜太长。练习题要针对教学重点知识进行设计，能够起到巩固强化重点知识的作用。

（五）承前启后法

承前指与教学起始阶段相呼应，使导入新课阶段的问题或悬念得到答复（或回应），启后指能够为下一节课的学习做铺垫。承前启后法就是既能够与导入前后呼应，又能够为后续内容的学习做铺垫的结课方式。例如，在讲授“减数分裂”时，一位教师结课时采用的是承前启后法，他设计的导入和结束如下：

我们知道人和高等动植物在繁殖后代时，都是由精子和卵细胞结合形成受精卵，受精卵经过分裂分化形成新个体。我们也知道每种生物体内的染色体数目是恒定的，比如人有23对，亲代和子代的染色体数目都是23对，那么精子和卵细胞中的染色体数目各是多少？如果是23对，显然后代就不是人了，但事实上后代肯定是人，据此推测，精子和卵细胞中的染色体应该都是23条（与体细胞的染色体数目相比，减少了一半）。这也是生物学家魏斯曼的预测，后来被其他科学家的显微镜观察所证实。那么，精子和卵细胞中的染色体数目是如何减半的？

人和高等动植物在繁殖过程中是通过减数分裂使精子和卵细胞中的染色体数目减半的。那么什么是减数分裂？在减数分裂中染色体数目是怎样减半的？这就是今天要学习的内容——减数分裂（板书：减数分裂）。

小结：减数第一次分裂可以用六个字概括——联会、分离、减半。减数第二次分裂可以用四个字概括：分裂、等数。

结束语：通过本节课的学习，我们知道了减数分裂是进行有性生殖的生物在产生成熟生殖细胞时进行的染色体数目减半的细胞分裂。在减数分裂前，染色体复制一次，而细胞在减数分裂过程中连续分裂两次。减数分裂的结果是，成熟生殖细胞中的染色体数目比原始生殖细胞减少一半，染色体数目的减半发生在减数第一次分裂时。生殖细胞除精子外还有卵细胞，卵细胞的形成也经过减数分裂，它的形成与精子的形成有何不同？我们下一节课继续学习，感兴趣的同学先去自学。

这节课的结束，既回应了导入时提出的问题，又引出了下节课的内容“卵细胞的形成与精子的形成有何不同”，起到了承前启后的作用。

（六）领悟主题法

领悟主题法指通过精辟的论述或揭示本质的提问，使学生深刻领会章节主题的结课方法。有些章节标题的概括性很强或寓意比较深刻，学生在学习时可能只学了其中一些具体知识，而对这些知识与标题之间的关系并不能很好地理解，因此，在结束时，教师就要通过论述或提问使学生理解主题的含义或寓意，让学生全面理解本节课的内容，从而将知识联系起来用到实际中。例如，一位教师在讲授“细胞的能量‘货币’——ATP”时的结课方式如下。

教师：肌肉收缩是从ATP中直接获得能量，还是从葡萄糖中直接获得能量？

学生回答后，在课堂上又生成一个问题：刘翔在奔跑中大量消耗ATP，ATP会耗尽吗？

教师：体内ATP消耗非常迅速，必须不断补充。

学生又产生两个问题：细胞内哪些物质能产生ATP？动、植物细胞是怎样产生ATP的？

学生讨论。

教师要求学生用反应式归纳总结ATP与ADP的关系。

教师：葡萄糖是细胞中的主要能源物质，但是它的能量不能被细胞直接利用，而ATP就像流通领域的“现金（纸币、硬币等）”，可以直接为细胞的生命活动提供能量。因此，将ATP称为细胞的能量“货币”。

这节课的结束，教师通过概括总结，使学生明确了ATP是细胞的能量“货币”的原因，使学生对本节课主题的含义有了更加深入的理解。

（七）汇报法

汇报法指让学生汇报课堂学习收获的结课方法。这种方法既能调动学生的积极性，又能使学生回顾、巩固课堂所学知识，锻炼语言表达能力。例如，青岛第十四中学的关茜老师在讲授“肺与外界气体交换”时，采用汇报法结课。

教师："通过本节课的学习，你们明白了什么？想到了什么？"

学生纷纷站起来汇报在课堂上学到的和想到的知识。

学生 A：知道了肺在人体中的位置（并描述出来）。

学生 B：明白了呼吸的原理（进行了具体说明）。

学生 C：明白了通过体育锻炼可以增强肺的功能，因此我们要多参加体育锻炼。

学生 D：明白了怎样测胸围差。

学生 E：明白了呼吸时胸廓和肺的变化（进行了具体说明）。

学生 F：想到了我们的健康与大气环境息息相关，因此我们应该保护环境。

学生的汇报过程是对认知结构中的信息进行加工和输出的过程，有助于促进认知结构重组。

（八）5 句话总结法

5 句话总结法指让学生用 5 句话总结本节课内容的结课方式，是封闭型结束的一种方式。运用这种方法时，对学生的要求应尽量具体、明确。即在结束课程时，先让学生用 5 句话总结本节课学过的概念、问题、观点、过程。学生总结时，既要有具体内容，又要高度概括，阐明要点。然后，让学生选 5 个词总结这 5 句话。这 5 个词既可以连成一个短句，也可以是 5 个独立的关键词。最后，让学生挑选一个词来高度概括本节课的观点或主题，并请学生说出为什么他们认为这些词能够概括本节课的教学内容。例如：

在"酶在消化系统中的作用"结课时，学生用来概括的 5 句话如下。

① 可能酶是把大分子分解成小分子的蛋白质；

② 不同的酶有不同的作用；

③ 淀粉酶把淀粉分解为糖，蛋白酶把蛋白质分解为氨基酸；

④ 碳水化合物在口腔、胃和小肠内被消化，先在唾液淀粉酶的作用下被分解；

⑤ 胃蛋白酶在胃和小肠内消化。

用来概括的 5 个词是：可能酶是、蛋白质、分解、帮助、消化。

用来概括的 1 个词是：可能是分解或者消化。

这样的方法可以让学生自己建立知识之间的联系，培养学生归纳概括的能力。

第三节　结束技能的训练和评价

一、结束技能的运用原则

（一）目的性原则

结课是为实现课堂教学目标服务的。因此，教师必须以既定的教学目标为依据来确定结束的方式方法。结课要紧扣教学目标、教学重点和知识结构，针对学生的知识掌握情况以及课堂教学情境等采取恰当方式，让学生把所学新知识及时纳入已有的认知结构中。

（二）启发性原则

结课的目的是通过归纳总结、提问、练习等使学生课堂所学知识得到巩固强化。因此，结课时要尽量启发学生思考，而不能全部由教师讲。教师要尽可能设计一些具有启发性的问题让学生思考，设计一些活动让学生参与。

（三）一致性原则

结课时要首尾呼应，使整个课堂教学前后一致、一脉相承。如果导课时精心设疑布阵，讲课和结课时却无下文，或结课时又是悬念顿生，另搞一套，则会使学生思路紊乱，难以集中精力进行探索。只有前后一致、主线清晰，才是一节完美的课。

（四）多样性原则

指结课的形式应多种多样。因为按照中学生注意力的特点分析，中学生注意力的最佳状态可保持 30 分钟左右，课堂尾声的四五分钟，是学生注意力相对分散的时刻，在这段时间里，如果再要求学生承担一定的学习任务，就要靠灵活多样的方法来集中学生的注意力。

不能每节课都用同样的方法结课，如果这样做，时间长了，学生没有了新鲜感，注意力就会不集中。教师应根据不同的教学内容、不同的课型或不同年龄段的学生选择不同的结课方式。例如，对揭示概念的课型，一般可采用画龙点睛、概括要点的结课形式；对法则、定律推广一类的课型，可采用讨论、总结、归纳的结课形式。对不同年级的学生，要根据他们的心理、生理特点选择不同的结束方式。低年级可以采用总结归纳法、练习评估法、汇报法等结课方式，高年级可以采用总结归纳法、拓展延伸法、领悟主题法等结课方式。甚至同一个教学内容，针对不同的学生或为了不同的目的也可以采用不同的方式结课。例如，前面举过的例子，同样是“转录”内容，三位教师用了三种不同的结课方式，第一位教师用语言文字进行总结归纳，第二位教师用语言文字加概念图的方式进行总结归纳，第三位教师用拓展延伸法进行结束。

（五）适时性原则

结课时，要及时小结和复习巩固。心理学研究表明，记忆是一个需要不断巩固的过程。由瞬时记忆到长期记忆，有一个转化过程，实现此过程最基本的手段是及时小结，周期性地进行复习。因此，在讲授新知识接近尾声时，要及时小结和复习巩固，使知识条理化，尤其是讲授那些逻辑性很强的知识时，更应该及时小结、复习巩固。

二、结束技能的基本要求

在实际的课堂教学中，要充分发挥结课的作用，圆满地完成课堂教学任务。结课应按以下基本要求进行。

（一）自然贴切，水到渠成

课堂教学结束是一堂课发展的必然结果，它既反映了课堂教学内容的客观要求，又是课堂教学自身科学性的必然体现。结课要根据教学内容的需要和教学过程的发展自然而然地进行，而不能矫揉造作、故弄玄虚。

（二）语言精练，紧扣中心

结课时，语言一定要简洁明了、高度概括，能够紧扣本节课教学的中心，梳理知识，总结要点，使学生形成清晰的知识网络；要做到首尾呼应，突出重点，深化主题，让学生的认识产生飞跃。“没有结束语的结尾贫乏无力，可是没完没了的结尾则令人生畏。”课堂教学的结束语切忌冗长、拖泥带水。教师应该在下课前几分钟内，以精练的语言使讲课的主题得到提炼升华，使学生对课堂所学知识有一个清晰完整的认识。

（三）内外沟通，拓展提升

在学校教学中，课堂教学只是教学的基本形式，而不是唯一的组织形式。为了充分发挥各种教学组织形式在培养学生中的协同作用，课堂教学结束时，不能只局限于课堂本身，还要注意课内与课外的互动、学科课程与活动课程的联系，以及本学科课程与其他学科课程的沟通，以此拓宽学生的知识面。

三、结束技能运用中存在的问题

在教学中，结束技能运用时还存在较多的问题，具体表现可以用五个字来概括，即“无”“残”“浅”“散”“拖”。

“无”：有的课堂教学没有结束这一环节。

“残”：有的课堂教学虽然有结束这一环节，但结束的内容抓不住重点、击不中要害。

“浅”：有的课堂教学虽然有结束环节，但是很肤浅，缺乏深度，平平淡淡，达不到深化、升华的目的。

“散”：有的课堂教学虽然有结束环节，但内容不集中，支离破碎，没有起到归纳总结的作用，没有形成系统的知识网络。

“拖”：有的教师很重视结束，但内容安排得过多，用时过长，造成拖堂。

结束是课堂教学中很重要的一个环节，每节课不仅应该有结束，还应该有精彩的结束，使课堂善始善终，让学生回味无穷。

四、结束技能的评价标准

根据结束技能的评价标准（见表 12–2）来衡量结束技能的运用效果。

表 12–2　结束技能的评价标准

序号	评价指标	分值
1	结课的方式恰当	20 分
2	语言简练，概括性强	15 分
3	能巩固强化知识	15 分
4	使知识系统化、条理化	15 分
5	注重培养学生的归纳、总结、概括能力	20 分
6	时间把握得当	15 分

五、结束技能的训练方法

（一）观摩体验法

观看一段中学生物学课堂教学录像，根据结束技能的评价标准和要求，对教师的结束技能进行分析、评价，学习教师结束课的方法。

（二）微格教学训练

按照微格教学要求，学生分组在微格教室进行结束技能训练，然后在全班示范，使学生博采众长，互相学习，共同提高。具体要求如下：

（1）每位同学从现行中学生物学教科书中选一个片段进行教学设计，重点突出结束技能的要求，并写出微格教学教案，在规定时间到微格教室进行结束技能训练。

（2）每位同学的讲课时间不超过 7 分钟，训练前必须试讲以熟悉内容，做到讲课时脱稿。

（3）根据学校微格教室的数量，事先把全班同学分成若干个小组，每组确定一名组长。组长提前安排好讲课顺序，训练时组织小组成员讲课，保证训练顺利进行。

（4）训练时，每位同学依次扮演教师角色讲课，小组成员根据结束技能的评价标准，对每位同学的结束技能进行分析诊断并评分（不给自己评分），组长计算出每位同学的平均分，作为该同学本次训练的成绩。

（5）训练结束后，每组推荐一位同学的教学录像，下次上课时在全班播放，并推荐一位同学评课。

（6）训练结束后，组长把小组成绩和推荐同学的姓名、教学录像、课件及评课同学的姓名上报给指导教师。

（7）下次上课时，按照小组顺序，先播放第一组推荐同学的录像，然后评课同学进行评课，最后指导教师进行综合评价。以此类推，对各组推荐的录像进行展示、评价。

思考题：

1. 结束技能在生物学课堂教学中有何意义？

2. 根据什么来确定一节课的结课方法？

3. 怎样才能为一节课设计出一个比较恰当的结束？

第十三章　说课技能

说课是具有中国特色的一种课堂教学行为，是课堂教学的延伸与扩展，是教师对自身教学进行的较为系统细致的梳理。

——郑金洲

说课是我国基础教育课程教学改革中涌现出来的一种新型教学教研形式，最早由河南省新乡市红旗区教学研究室于 1987 年提出来，后来逐渐发展成为教研领域的一项重要活动，与备课、上课、听课、评课一起成为学校教研活动的基本形式。说课的主要目的在于分析教学行为的背后支持系统，将隐于教学行为背后的思路、认识等反映出来。近年来，说课已被广泛应用于教师职前教育、教师选聘及评先评模、骨干选拔培训、职称评定等各种场合，成为规范教学行为、提高教师素质、提升教师质量的重要手段之一。因此，说课也是师范生需要掌握的一项重要技能，将说课技能列入生物科学专业师范生课堂教学技能训练内容是非常有必要的。

第一节　说课技能概述

一、说课技能的定义

（一）说课

说课从提出到现在，已有近四十年的发展历史，在这个过程中，人们对说课的认识逐步深入。对于说课这一概念，不同学者从不同的角度提出了各种不同的定义。郑金洲在梳理相关定义的基础上，提出如下定义：说课是教师主要用口头语言对自身教学设计、教学实施等情况进行分析和说明的教学行为。它作为教师职业活动中的基本构成，是课堂教学行为的延伸与扩展，是教师总结教学经验、发现教学问题、提升教学智慧的重要手段和桥梁。

这个定义具有几方面的含义：

第一，说课主要用口头语言进行，否则就不能称为“说课”；

第二，说课是一种教学行为，至于说课中有没有研究的意味，能不能称得上教研，会不会对教师培训起到相应作用，在此不做价值判断。换句话说，这个定义是事实判断，属于描述性定义。

第三，作为一种教学行为，作为课堂教学行为的延伸，说课可以在课前实施，也可以在课后实施。

第四，说课不仅限于教学设计分析或教案说明，而且涉及教学其他方面，如教学过程、教学效果等。

（二）说课技能

大家都在用说课技能，但是到目前为止，还没有见到有人给说课技能下过定义。

郑金洲认为说课是具有中国特色的一种课堂教学行为，是课堂教学行为的延伸，它通过分析教学行为的背后支持系统，将隐于教学行为背后的思路、认识等反映出来，使教师对课程、对教学有新的认识，从而更好地完成教学任务，提高教学质量。因此，说课是教师顺利完成教学任务的一种教学行为方式。余宏亮认为说课宜理解为一种复杂的心智技能及其加工过程，心智技能是一种调节和控制心智活动而形成的合乎法则的心智活动方式。由此可以看出，说课实质上是一种教师的教学行为方式，也是一种心智活动方式。李涛认为教学技能是对某一类教学行为的概括，教学技能中既包含动作技能，也包含心智技能。所以，说课是一种教学技能。

根据教学技能的定义和说课的定义，我们可以把说课技能定义为：说课技能是教师主要用口头语言对自身教学设计、教学实施等情况进行分析和说明的教学行为方式和心智活动方式。说课技能可以从更高层面上展现教师的专业水平、教育理论水平、驾驭教材的能力以及实施教学的能力。因此，说课技能是近年来师范专业重点训练的教学技能。

二、说课技能在生物学教学中的作用

说课技能是在提高教学质量、提升教师素质的迫切需求下产生的，无论是对在职教师还是对师范生都有非常重要的意义。

（一）对师范生的意义

1. 促进师范生熟悉课程标准和教材

说课是在备课的基础上进行的，备课过程需要师范生结合课程标准，熟悉、理解、分析、运用教材。说课首先要对教材进行分析说明，需要师范生在备教材的基础上，重新审视自己对课程标准和教材的理解是否到位，通过反思进一步熟悉课程标准和教材，明确教学的目的要求，理解教材的精神实质。因此，说课可以促进师范生熟悉中学生物学课程标准和教材。

2. 促使师范生熟练运用专业知识和教育教学理论

说课不但要说“教什么”“怎么教”，更要说“为什么这样教”。说“教什么”需要运用生物学专业知识，而说“怎么教”和“为什么这样教”需要运用教育教学理论，教育教学理论为“为什么这样教”提供理论依据。因此，说课可以促使师范生熟练运用专业知识和教育教学理论分析和解决教学实际问题。

3. 促使师范生提升综合概括能力和语言表达能力

说课并不是把自己的教学设计说一遍，而是对自己的教学设计和实施过程进行概括和分析说明，这就要求师范生具备一定的分析、归纳、概括能力。说课主要是用口头语言对“课”进行说明，这就要求说课者的语言要科学准确、流畅连贯，要言之有信、言之有物、言之有度，要饱含情感、具有感染力，要表述完整、条理清晰等。因此，说课对师范生的综合概括能力和语言表达能力都有较高的要求，通过说课，师范生可以不断提升自己的综合概括能力和语言表达能力。

（二）对在职教师的意义

1. 有利于教师提高自身素质

说课是教师之间沟通、交流的一种非常好的形式，通过说课，教师可以加强交流、沟通，不断提升自身素质。说课能提高教师对课程标准、教材的理解程度，对学生实际水平的把握情况，对现代教育理论、教学方法、现代化教学手段的运用能力。说课可以在一定程度上促进教师进行教学反思。在说课中，教师以自己的课堂教学作为分析对象，对自己的教学行为及其产生的结果进行理性的审视和分析，将显性课堂行为背后的假设和思路呈现出来，这本身就是一种教学反思形式。说课使教学反思有了具体的依托形式，并使教学反思切实落到实处。对自身行为进行持续不断的反思，是当今教师成长的重要途径。在说课中，教师通过对自身教学行为的深入分析，形成自己对某些问题的新感悟、新认识，从而形成教学的新视野和新本领。通过说课，教师还可以加快教育理论的内化过程和教育理论向教学技能的有效转化进程，从而提升教育理论水平。

2. 有利于教师提高教学质量

在说课中，通过对教材体系与结构、教材处理的述说，教师能够扎实、深入地掌握好教材，并能够根据教材和学生的具体状况处理好教学设计；通过对教学目标的述说，教师能够准确、全面地把握教学的任务与要求；通过对教学方法、教学设计的述说，教师能够根据教学规律、教学原则、教材特点、学生情况等选择正确的教学形式、方法；通过对学法指导的述说，教师能够克服不对学生进行学习指导的片面教学，使学习指导成为教学活动的有机组成部分，并尽力使学习指导与教学方法协调统一。在说课中，不仅要说“实”，即说教什么、怎么教，而且要说“虚”，即说教什么和怎么教的理论依据。这样就能够使教师的教学冲破狭隘的个人经验与习惯，使教学成为高度自觉的合理的活动。说课也能够使教育理论与教学实践高度融合，使教学更加合理。说课还可以克服备课的盲目性，减少上课的随意性。因为说课是以备课为前提和基础的，说课不但要说教什么、怎么教，更要说为什么这样教，说为什么这样教的过程就是检查备课是否合理的过程。说课还可以进一步修改完善备课内容，使教学设计和实施更加合理。

3. 有利于提高教研活动的实效

说课使教研活动有了实质性内容，能够调动教师参与教研活动的积极性。说课是教研活动的一种主要形式，可以为教师群体共同探究问题搭建平台，在说课中，教师可围绕一节课的内容展开讨论、交流，也可对一节课教学中的某个问题进行深入探讨。说课改变了过去教学只教不研或者教研脱节的弊端。

第二节　说课技能的类型

说课类型指根据说课的目的、任务及其具体要求划分的说课种类。将说课划分为不同的类型，便于教师把握各种说课的特点，更好地掌握说课的技巧和方法，从而提高说课能力。国内研究者从不同角度对说课进行划分，归纳起来主要有以下几种划分方法。

一、按照说课的作用分类

1. 检查性说课

指领导或上级主管部门为检查教师的备课、上课情况而让教师进行的说课。此类说课比较灵活，可随时进行。

2. 示范性说课

指为了让教师（如新入职教师）掌握说课的方法技巧，提高说课能力，选派教学效果好、说课能力强的教师经过充分准备后进行的说课，目的在于为教师树立样板，供学习借鉴。在师范生培养过程中，可以邀请优秀中学生物学教师为师范生进行示范性说课，让师范生了解说课的具体过程，对说课有真实的感受。

3. 研究性说课

指为突破某一教学难点、解决教学中某一关键问题而进行的说课。此类说课往往和上课相结合，在教师上完课后，通过说课对问题进行深入研究，并将研究结果形成书面材料。

4. 评价性说课

指通过说课对教师的教学水平和能力进行评价的说课，常用于各类竞赛活动、评优评先以及师范生就业应聘环节。

二、按照说课的时序分类

1. 课前说课

指教师在上课前进行的说课，是集体备课的一种比较有效的手段，也是教研活动的重要形式。在教师备好课上课之前，说课、集体研讨可使教师的教学设计更加完善。

2. 课后说课

指教师在上完课后进行的说课，除了说一般说课的内容之外，还要说教学反思。

三、按照说课的内容分类

（一）整体说课和专题（片段）说课

1. 整体说课

指针对一节课的整个备课、上课过程进行的说课，要对说课的所有内容进行阐述说明。通过说课，教师可以对自己的课有全面的认识，有利于今后的改进提高。

2. 专题说课

指围绕一个特定问题进行的说课，说课有明确的问题导向。例如，可以围绕在生物学课堂教学中如何培养学生的科学思维能力进行说课。

3. 片段说课

指说课内容选取的不是一节课，而是一节课中的一个问题或一个教学片段。首先，选取某个章节中的一个教学片段进行备课、设计教学方案，在此基础上进行说课，之后进行模拟课堂教学。这是近年来师范院校开展的教学技能比赛或教学技能展示活动的一种形式，有助于促进师范生熟悉中学生物学课程标准和教材，熟悉中学生物学教学的基本过程和环节，提升教学能力。

（二）理论教学说课和实验教学说课

生物学是一门以实验为基础的学科，教学不但包括理论内容的教学，还包括实验内容的教学。相应地，说课不但要对理论教学进行述说，也要对实验教学进行述说。

1. 理论教学说课

指对理论教学内容进行的说课，前面提到的说课都是理论教学说课。

2. 实验教学说课

实验教学是生物学教学内容的重要组成部分，是培养学生科学思维能力和动手实践能力的重要途径。但是，因为实验教学需要专门的场地、经费，有一定的安全隐患等，所以，有些学校以播放视频让学生看实验代替做实验，或者以教师的演示实验代替学生实验，削弱了实验教学的功能。为了贯彻落实《教育部关于全面深化课程改革　落实立德树人根本任务的意见》精神，加强教学设计创新，促进交流与共享，进一步发挥实验教学的育人功能，提升师生实践动手能力，教育部基础教育司从 2013 年开始举办全国中小学实验教学说课活动，有力地促进了实验教学说课活动的深入开展，也促进了实验教学的不断创新和改进。

根据教育部关于举办全国中小学实验教学说课活动的要求，实验教学说课的内容主要包括教学分析（实验内容分析和学情分析）、实验目标、实验原理、实验设计思路与创新点、教学过程和实验效果评价。该活动强调说课内容应着重对已经完成的实验教学活动进行展示和描述；应在说课中展现若干实验操作和学生实验活动片段；实验教学说课的重点是实验创新及其在教学中的融合应用，并体现实验教学设计思想与育人效果；还提倡新技术、新方法、新材料在实验教学中的运用。

实验教学说课可以在课前进行，也可以在课后进行。在课前进行的实验教学说课，有助于教师优化完善实验教学方案，保证实验教学更加有效地完成。在课后进行的实验教学说课，有助于教师反思改进，总结经验。

四、按照说课的主体分类

（一）个体说课和集体说课

1. 个体说课

个体说课是比较常见的说课形式，说课的主体是教师个体，指教师个体对一节课内容进行的说课，前面所说的说课都是个体说课。近年来，随着新课程改革的深入推进，很多问题不是教师个人能够解决的，新课程所面临的新情况、新问题、新矛盾更多地需要教师的集体智慧来破解，由此产生的集体说课越来越受到大家的关注。

2. 集体说课

集体说课的主体是教师集体，这个集体可以是由一个学校所有生物学教师组成的集体，也可以是由一个学校同一年级所有生物学教师组成的集体，还可以是其他由多位教师组成的集体。集体说课可以在课前进行，也可以在课后进行。课前集体说课是每位教师在集体备课的基础上，阐述自己对某节课的理解、设计；还可以是在集体备课的基础上，每位教师对一节课中的某个问题（或环节）进行阐述，所有教师一起完成一节课的说课，集体讨论形成最佳方案后，由两位或多位教师执教，其他教师观摩，执教结束后，再进行分析讨论，最后执教教师修改完善教学方案。课前集体说课的基本流程是：集体备课→集体说课→执教观摩→集体讨论分析。课后集体说课的基本流程是：两位或多位教师分别在不同班级执教同一内容的课，课后，执教教师在同一场合面对同样的听课者进行说课，听课者进行评课，最终形成最优教法。集体说课可以发挥教师集体的智慧和力量，解决某节课中的教学问题，最大限度地提升教学效果。课前集体说课与集体备课紧密相连，而课后集体说课则与集体评课密不可分。

新课程标准颁布以来，在倡导大单元教学的背景下，集体说课的模式也出现了新的形式。有些学校举行的说课比赛以单元说课组队方式进行，其中一人进行单元整体说课，两人选择单元中典型课例进行课时说课，这也是值得学习借鉴的一种说课方式。

（二）教师说课和学生说课

1. 教师说课

前面提到的说课都是教师说课，这里不再介绍。

2. 学生说课

随着基础教育课程改革的不断深入推进，教学的思想观念不断发生变化，以学生为主体的教学理念在实际教学中的体现也发生了一些变化，不光在课堂教学过程中要充分体现学生的主体地位，在以往以教师为主体的说课活动中也要体现学生的主体地位，让学生参与到说课活动中来，这便是近年来出现的学生说课。学生说课对大多数中小学教师来说，还是一个相对陌生的话题，但是一些学校早有尝试。早在 1994 年山东省博兴县教育局教研室就提出“坚持让学生‘说课’”。学生说课，就是在某些课例中，让学生在阅读学习、研究性学习等自主学习的基础上，阐述自己（或小组）对学习内容的理解与体会，学习本节课的方法与建议、联系与收获等。学生说课的主要内容包括以下几个方面：

（1）说教材。让学生说教材的结构体系、重点难点、自己对教材的理解和体会等。通过说教材，学生可以进一步理清教材的知识系统，加深对教材重点难点的理解，培养学生的自主学习能力，让教材走向学生，让学生主动去探究教材。

（2）说学法。让学生说学习本内容的方法，或者教师进行本内容教学的建议。通过说学法，可以缩短教与学的距离，增进师生间的互相了解，有利于教师改进教法，扬长避短。

（3）说联系。让学生说教材内容之间的联系、教材知识与现实生活的联系、教材知识与自身实际的联系。通过说联系，学生可以建立前后知识之间的联系、知识与现实生活的联系，逐步具备运用课堂所学知识解决现实生活中实际问题的能力，改变死记硬背的学习方法。

（4）说收获。让学生说本节课学习中知识上的收益、思想上的启迪、认识上的进步、能力上的提升等。通过说收获，学生可以逐步提高知识水平、思想觉悟、明辨是非的能力，不断提高综合、概括、分析、推理等能力。

五、按照说课的手段分类

1. 书面说课

指把说课内容以说课稿形式呈现出来的说课方式，而不用“说”。在一些考试中，常常会用到书面说课。例如，某省高等教育自学考试小学教育专业实践性环节考核中要求提交说课书面材料。

2. 现场说课

指主要用口头语言呈现说课内容的说课方式，是真正的“说”课。为了增强现场说课的效果，可以用多媒体演示有关内容。在一些比赛中常常会用到现场说课，例如，全国中小学实验教学说课活动就需要教师现场说课；中国教育技术协会微格教学专业委员会每年举办的各专业高校师范生教学技能测试与交流展示活动，需要参加活动的师范生到现场说课。一些教师招聘的面试也会要求现场说课，例如，2024年广西特岗教师招聘的面试环节，南宁武鸣区、贵港市港南区等面试环节都采取现场说课方式进行。

第三节　说课技能的训练和评价

一、说课的内容

河南省新乡市红旗区教育委员会编写的《说课论》中概括的说课的基本内容有四大方面，即说教材、说教法、说学法、说教学程序设计。随着基础教育课程改革的不断深入，大家对说课内容的认识也不断完善，有人提出说课还应包括说新课程的教学理念、说学生分析、说教学目标、说课程开发和对课程资源的利用等内容。说课的内容极其丰富，根据目前中学生物学说课的具体情况，本教程主要从说教学理念、说教材、说学情、说教学目标、说教学方法、说教学准备、说教学过程、说课程资源的开发和利用等方面介绍说课的内容。

（一）说教学理念

教学理念是人们对教学活动的看法及持有的基本态度和观念，是人们从事教学活动的信念。因此，说课不可忽视说教学理念。教学理念随着时代的变化在不断与时俱进，在当前中学生物学教学中，要充分体现面向全体学生、以学生为主体、提高学生科学素养、注重探究与发现、强调合作与互动、重视反馈与评价、融合信息技术、促进学生全面发展等基本理念。例如，某教师在“细胞中的糖类和脂质”说课中，说教学理念的内容如下：

基于新课程标准提出的教学要面向全体学生要求，我倡导“主动参与、乐于探究、交流与合作”的教学理念，借助多媒体的简洁性、直观性和交互性，充分调动每位学生的学习热情，建立以“学为主体、教为主导、疑为主轴、动为主线”的教学模式。

教学理念也可以不单独作为一个问题来说，而是贯穿在说教法、说学法、说教学过程等环节中，因为教学理念是确定教法、学法，设计教学过程的理论依据，也是确定教法、学法，设计教学过程的指导思想。

（二）说教材

说教材是说课最基础的内容，也就是说“教什么”，要说教师对教材的理解和分析处理，是教师在深入研读教材的基础上，基于自身知识结构与教材文本内容而形成的对课程的理解。说教材的内容主要包括：（1）说本节内容的知识体系，包括知识点及其关系，本节内容的教学重点、难点（可以单独说）；（2）说课程标准对本节内容的要求；（3）说教材的地位，即本章节内容的重要性及其与前后内容之间的关系；（4）说对教材的处理，即说明对本节课内容的学时安排、内容调整、创新改进等。例如，某教师在“细胞器之间的分工合作” 说课中，说教材的内容如下：

本节课是人教版高中生物学必修 1《分子与细胞》第 3 章第 2 节的内容，《普通高中生物学课程标准（2017 年版 2020 年修订）》对本节课的要求是：阐明细胞内具有多个相对独立的结构，担负着物质运输、合成与分解、能量转换和信息传递等生命活动；举例说明细胞各部分结构之间相互联系、协调一致，共同执行细胞的各项生命活动。本节课包括细胞器之间的分工、细胞器之间的协调配合、细胞的生物膜系统三部分内容，是学生认识细胞整体结构的重要组成部分，在本章中占有重要地位。其中，细胞中细胞器、细胞壁、细胞骨架的结构和功能是教学重点；让学生认识细胞器之间的协调配合、形成细胞结构与功能相统一的生命观念是教学难点。

因本节课内容较多，且知识细碎，所以需要2课时来完成，第1课时完成“细胞器之间的分工”，第2课时完成“细胞器之间的协调配合”和“细胞的生物膜系统”。

（三）说学情

学生是教学的对象，也是学习活动的主体，教师对学生具体情况的把握程度，是课堂教学的重要前提，所以，在说课中要说学情。说学情就是说教师对学生学习情况的了解程度。学情涉及的内容非常宽泛，学生各方面的情况都可以纳入进来。例如，学生现有的知识结构、能力基础、思维状况、认知状况、发展规律、学习动机、学习态度、学习兴趣、学习方式、学习中可能遇到的困难障碍、班级特点、生活环境等都是把握学情的切入点。其中，学生的知识结构、能力基础是学情的最基本内容，因为这是学生学习新内容的基础，也是教学活动的起点。学生的知识结构、能力基础有可能来自该课程前面的学习，例如，学习物质跨膜运输时，在本课程刚开始已经学习了细胞膜的结构和功能，这是学习物质跨膜运输的知识基础；学生的知识结构、能力基础也可能来自其他相关课程，例如，学习物质跨膜运输时，首先要对渗透现象、扩散现象有所了解，而这是初中化学和物理学已经学过的内容；学生的知识结构、能力基础还有可能来自学生的生活经验，例如，在学习人体内的血管时，学生在生活中对血管有较多了解，他们知道手上的青筋是血管、身体受伤后会从血管中流出血液、生病输液体是输在血管里面等，这些生活经验都为学生正确认识血管奠定了良好的基础。搞清楚这些问题，才有可能在此基础上设计出具体可行、具有针对性的教学活动方案。

学生在学习中可能遇到的困难和障碍，是说课时必须准确把握的问题，这是确定教学难点及解决策略的依据，也是上课过程中要重点解决的问题。说学情既要分析学生整体具有的特点，也要具体分析学生间的差异。例如，某教师在“细胞中的糖类和脂质”说课中，说学情的内容如下：

本节课的授课对象是高一学生，他们在初中就已经学过一些相关的化学知识，也具备一定的实验能力；而且本节内容与生活紧密联系，学生知道平时的饮食中会摄入一定的糖类和脂质，也知道人和动物体内含有一定的脂肪等。教师利用学生的生活经验展开教学，有助于增加教学内容的亲和力；而且此年龄段的学生对探究细胞的奥秘存有好奇心，具有一定的分析问题、获取信息的能力。因此，实施问题探究教学是可行的。

但是，学生在学习该内容时可能还存在一些困难：一是对多糖的种类不太容易理解，教师可以用比较形象直观的图片等来帮助学生理解；二是因初高中生物学课程衔接不够紧密，造成学生对高中生物学科特点不够熟悉，学习方法不够熟练，需要教师在学法上给予一定的指导。

（四）说教学目标

教学目标是教学的出发点和归宿，备课时要在教材分析、学情分析的基础上确定教学目标，说课时也要在说教材、说学情的基础上阐述教学目标。说教学目标要依据生物学课程标准中课程目标的要求，阐述自己设计的教学目标。教学目标要具体、翔实，切合实际，并且具有可操作性和可检测性。无论是初中生物学教学目标，还是高中生物学教学目标，都要能够充分体现核心素养的要求。例如，某教师在“尿液的形成”说课中，说教学目标的内容如下：

根据《义务教育生物课程标准（2022年版）》及对教材、学情的分析，我制定了如下教学目标：

（1）通过观看尿液形成图片和视频，能够概述尿液形成的过程，认同肾脏的形态结构与其形成尿液的功能是相适应的，初步形成“结构和功能相适应”的生命观念；（2）通过阅读课本、小组讨论，分析血液、尿液和肾小囊中液体成分的差别，阐明尿液形成与肾单位之间的关系，发展学生的科学思维能力；（3）能够根据教材中的资料、数据进行分析和初步的科学推测，发展学生的科学探究能力，提升学生分析问题、解决问题的能力，提高团队合作能力；（4）通过分析血尿、蛋白尿、尿毒症等案例，认识健康的重要性，形成健康的行为习惯和生活态度，能够帮助别人形成健康的生活方式。

（五）说教学方法

教学方法是完成教学任务、实现教学目标所采用的方法手段。说教学方法需要阐明本节课所用的主要教学方法及其依据，运用这些教学方法应该注意的问题，以及对所选教学方法的改进与创新等。教学方法实际包含教法和学法两个层面的内涵，所以，在说课中还需要说明如何对学生进行相关的学法指导与实施依据。例如，某教师在“细胞中的糖类和脂质”说课中，说教学方法的内容如下：

为了培养高中生的科学思维和科学方法等科学素养，体现“注重探究与发现”的教学基本理念，本节课采用过程式教学模式，在课堂教学的不同阶段采用不同的教学方法，如问题法、读书指导法、分组讨论法、多媒体展示法等。通过设疑质疑引导学生思考，通过指导学生有目的、有选择地阅读，引导学生讨论、分析并得出结论，使学生在积极参与的基础上强化科学思维，提高科学探究能力，同时培养学生的合作精神。

（六）说教学准备

说教学准备要说明上课时需要提前准备的媒体手段、实验材料、阅读素材、学生分组安排等，也要说明需要学生提前做的准备工作。例如，某教师在“尿液的形成”说课中，说教学准备的内容如下：

为了让学生通过自主探究搞清楚尿液形成的过程，课前教师搜集尿液形成的相关视频、图片，血尿、蛋白尿的图片，制作多媒体课件，并从网上购买模拟肾小球滤过作用的模拟装置。因为在学习肾小球的滤过作用时，需要学生知道入球小动脉的特点，动脉、静脉中血液的成分，所以需要学生提前复习血管的类型及其特点、血液的成分、血液循环途径等知识，预习课本上尿液的形成和排出过程等内容，并完成导学案。

（七）说教学过程

说教学过程是说课的核心内容，因为教学过程是教学设计的主体部分，是实现教学目标、完成教学任务的过程，也是教学实施的重要依据。因此，在整个说课中说教学过程大约占三分之二的时间。

说教学过程时，一般先说设计思路，让大家对整体过程有所了解，然后说具体过程。设计思路是对教学过程的简要概述，教学过程包括导入新课、探究新知、运用巩固、评价结课等环节。说教学过程需要说清楚教学各环节的安排、运用的教学方法以及组织学生活动的形式和方式等，具体包括：（1）导入新课的方式；（2）突出重点、突破难点的方法策略；（3）检查教学目标达成的方法和结束课程的方式；（4）拓展延伸的方法等。整个过程应该思路清晰、重点突出，不仅要说怎样教，而且要说为什么这样教，要把具体实例和理论依据结合起来说。例如，某教师在“细胞核的结构和功能”说课中，说教学过程的内容如下：

下面我将重点阐述本节课的教学过程。

导入新课：首先利用多媒体向同学们展示克隆羊多莉的诞生过程，抛出思考题“多莉的母亲是谁？为什么”，以此来引入本节课的学习。

新课学习——细胞核的功能：先以图片方式展示美西螈、蝾螈、变形虫三个实验的过程，让同学们结合教材文字，小组讨论得出每个实验的结论。后引导学生分辨各实验对应的生物生命活动是遗传还是代谢，通过分析和引导，学生可以初步感知概念内涵1——细胞核控制着细胞的代谢和遗传。本环节有利于学生科学思维的培养。

初步得出结论后，还需要确凿的证据来验证。对此，我会提供伞藻的相关资料，提出问题“伞藻顶帽的形状是由哪一部分决定的”，然后引导学生自主提出假设、设计实验，根据实验得出结论，从而提高学生的科学探究能力。加上对补充资料的分析，容易再次得出并证明“细胞核控制着细胞的代谢和遗传”。

新课学习——细胞核的结构：采用图文结合的方式，直观展示细胞核的清晰结构，帮助学生建立结构与功能观。让学生绘制细胞核平面图，暴露他们的认知问题，再及时纠正。对于DNA、染色质、染色体之间的关系，会借助视频，帮助学生理清重要事实—— DNA主要以染色体/染色质形式存在于细胞核中；染色体和染色质是同种物质在不同时期的两种存在状态。这里联系学生旧知“DNA主要存在于细胞核中，是遗传信息的携带者”来建立新知——细胞核是遗传信息库，也就是概念内涵2。

知识迁移：再次回到“多莉的母亲是谁”这个问题，通过本节课的学习，学生已经能够解释该问题。此外，提供与个体息息相关的细胞，让学生分析现象，如哺乳动物成熟红细胞的寿命为什么短。最后展示我国首例克隆猴中中、华华的图片，说明我国在非人灵长类研究领域已实现由国际“并跑”到“领跑”的华丽转身，让学生能利用生物学知识理性认识科学的发展，培养学生的社会责任感，增强民族自豪感。

评价环节：讲解模型制作的原理和方法，布置课后制作模型的任务，通过模型制作，提高学生对细胞微观结构的认识，同时加深学生对细胞整体性的理解。

（八）说课程资源的开发和利用

“教材不是供传授的经典，不是供掌握的目的，不是供记忆的知识仓库，而是供教学使用的材料。面对新课程标准，教师和学生不是‘材料员’而是‘建筑师’，他们是材料的主人，更是新材料和新教学智慧创生的主体。”所以，教学不能拘泥于教材，而应该在认真研究和掌握教材的前提下，积极开发和利用生物学课程资源，这也是生物学课程标准的要求。生物学教学中可以利用的资源种类比较多，如报纸、杂志、广播、电视、互联网等媒体资源；微课、多媒体课件等信息技术资源；学生生长发育历程和体验，常见疾病的预防和治疗，饲养动物或种植植物的经历等生活资源；博物馆、科技馆、医院、园林绿化部门等社会资源。在教学中，要特别注意运用学生自身拥有的令他们易于接受、认同和掌握的课程资源，使教学过程成为挖掘、利用一切课程资源的过程，使教学过程成为师生充分展现其创造性、生命力和价值的过程。所以，说课必须说明课程资源的开发和利用情况，主要说明开发或利用了哪些课程资源，是教师开发的还是学生开发的，开发利用这些资源的目的是什么。例如，宁夏银川市第二十四中学陈银平老师在“生态系统的调节能力是有限度的”说课中，说课程资源的开发和利用的内容如下：

因本节课内容较为抽象，教学中需要用具体实例将抽象的内容具体化，帮助学生形成“生态系统的调节能力是有限度的”认识，因此，在教学中利用了大量课程资源，其中，有些资源是教师搜集整理的，也有些是学生搜集整理的。

第一，教师搜集整理的课程资源。如：（1）在导入新课时，通过“草原变沙漠，森林变荒漠”网络视频，引发学生质疑并产生学习新知识的渴望；（2）通过“弹簧演示实验”，让学生亲眼看到当外力超过弹簧的承受力时，弹簧就会变形而不能恢复原状，通过这个模拟实验攻克了“生态系统的调节能力是有限度的”这一教学难点；（3）借中国教育家朱正威先生的一首诗《沙湖情思》，升华学生热爱家乡、建设家乡、促进人与环境和谐发展的情感。

第二，学生搜集整理的课程资源。如：（1）生态环境遭到破坏的相关图文资料（墨西哥湾漏油事件、俄罗斯森林大火、大兴安岭森林火灾、黄土高原荒漠化）和视频资料（温室效应、全球变暖、宁夏南部山区因过度放牧导致土地荒漠化、宁夏过度采摘发菜等），通过这些资源，学生了解了国际、国内及宁夏有关生态系统被破坏的具体情况，通过对这些事例的分析，学生认识到生态系统被破坏的两大原因——自然因素和人为因素，从而突出本节课的重点；（2）宁夏保护生态环境的新闻报道资料（宁夏治沙新成就、宁夏银川“塞上湖城”的新变化、沙湖美景、宁夏退耕还林的新成就、银川红嘴鸥的今昔变化等），用这些具有宁夏地域特色的课程资源引导学生感悟人与环境和谐相处的美好，激起学生热爱家乡的情感，培养学生爱护环境、保护环境的社会责任感。

以上八项内容是无论哪种类型的说课都需要阐述说明的内容，除此之外，如果是课后说课，还需要说教学反思，即对教学效果及有待改进的或需要进一步探讨的内容进行分析说明。有时候，为了展示一节课的要点和思路，还需要对板书设计进行介绍和说明，板书设计可以作为单独的内容进行阐述，也有人在教学过程的最后进行介绍。

说课包括的要素比较多，但是，说课时不一定按照上面的顺序把这些内容都阐述一遍，只要教师能够准确把握说课要点，能在规定时间内把一节课的教学设计及其理论依据阐述清楚，不论是综合论述还是分项论述都是可以的，个性化的说课更具研究价值。

二、中学生物学说课案例

虽然前面在介绍说课内容时，大部分内容都举了具体实例，但是对于一节课来说，到底该怎么说课，说课稿到底应该怎么写，大家还没有一个整体的认识，下面通过一个完整的说课案例，让大家来了解说课的内容。宁夏吴忠市滨河中学胡娟老师的《DNA 的分子结构和特点》课堂教学，获得 2017 年教育部“一师一优课、一课一名师”部级优课，2018 年中央电化教育馆从教育部“一师一优课、一课一名师”部级优课中选出部分优秀课例参加第三届全国基础教育信息化应用展示交流活动，该课例被推荐进行说课展示。下面是胡娟老师本节课的说课稿。

《DNA 的分子结构和特点》说课稿

一、教学理念

本节课以“发展学生的科学探究能力和科学思维能力，培养学生的信息素养”为基本理念，利用信息技术软件拓展学生思维，培养学生使用现代化信息技术的能力及合作探究的能力，通过多种多样的模型构建活动，让学生认识 DNA 的分子结构和特点，并体验信息技术助力生物学教学的优势。

二、教材分析

《DNA 的分子结构和特点》是浙科版高中生物学必修 2《遗传与进化》第 3 章第 2 节的教学内容，《普通高中生物学课程标准（2017 年版 2020 年修订)》对该内容的要求是：概述DNA 分子是由四种脱氧核苷酸构成的，通常由两条碱基互补配对的反向平行长链形成双螺旋结构，碱基的排列顺序编码了遗传信息。本节内容属于“遗传的分子基础”，包括 DNA 的分子结构和 DNA 的分子结构特点两部分内容，该内容在遗传规律和减数分裂基础之上，探索基因的本质、DNA 分子的结构，为后续内容“生物的变异和生物的进化”奠定基础。因此，该内容在整个教材中起承上启下的作用。

三、学情分析

高二学生已掌握核酸及脱氧核苷酸的基本知识，知道了 DNA 是主要的遗传物质，而且已经具备了一定的合作探究、逻辑推理和信息技术使用的能力，为本节课的学习和探究奠定了良好的基础。因此，可以在此基础上引导学生利用各种材料构建 DNA 的分子结构模型，根据制作的模型总结 DNA 的分子结构特点。但是学生在构建 DNA 的分子结构模型时也存在一定困难，对碱基配对关系不易理解，尤其是平面结构中两条链的方向容易混淆，这也是教学的难点，教师要注意在学生构建模型时加强引导。

四、教学目标

依据教材和学情分析，并结合《普通高中生物学课程标准（2017 年版 2020 年修订)》的高中生物学学科核心素养，制定了以下教学目标：

（1）通过制作、观察 DNA 的分子结构模型，概述 DNA 的分子结构和特点，认同结构与功能相适应的生命观念。

（2）通过尝试利用乐高机器人组件、DNA 分子模型组件、几何画板、3D Max 软件等构建 DNA 分子结构模型的探究活动，提高学生动手操作、合作探究、逻辑推理、信息技术使用等能力。

（3）通过观看模型、反馈讨论、完成导学案，归纳总结 DNA 分子结构的主要特点，提高学生的科学思维能力。

（4）在分享 DNA 双螺旋结构模型的构建过程中，培养学生实事求是、勇于创新的科学精神。

五、教学重点难点

教学重点：DNA 分子结构的主要特点。

解决策略：教师引导学生制作 DNA 分子的平面结构模型，学生依据模型分析总结 DNA 分子平面结构特点，讨论并填写到导学案和电子白板上，教师补充总结；引导学生依据教材插图和 DNA 双螺旋结构模型分析其特点。

教学难点：运用各种计算机软件制作 DNA 分子的双螺旋结构模型。

解决策略：组织、安排学生在课前学习使用各种计算机软件构建模型，并互相交流经验；在课堂上，教师引导、帮助学生解决细节问题，实现运用信息技术手段建构模型的目的。

六、教学方法

本节课采用问题导学、模型构建、视频展示等多种教学方法，体现教师“教”的主导作用和学生“学”的主体地位。

问题导学法：课前教师根据教学内容和学情制定导学案，课堂上利用导学案引导学生完成模型构建任务，并总结本节课的收获。课堂上，教师通过问题引导学生沿着科学家研究的路径展开对 DNA 分子结构的探索（如 DNA 的分子结构是怎样的，为什么它能够携带遗传信息），使整个教学过程成为学生不断思考、不断解决问题的过程。

模型构建法：采取课内、课外相结合的教学方式引导学生构建模型。课外，引导学生通过小组合作，利用乐高机器人组件、几何画板、3D Max 、PPT 等，自主探究制作 DNA 分子结构模型。课内，学生用纸笔工具、DNA 分子模型组件等材料在教师和生物兴趣探究小组同学的带领下完成 DNA 分子结构的模型构建。

视频展示法：学生构建模型后，通过手机拍照、视频播放等展示构建好的模型，并在交互电子白板中分享模型构建的过程，使学生学会运用信息技术手段分享成果的方法，学会与他人交流、合作的方法，培养学生与他人交流、合作的能力。

七、教学流程

本节课教学将学生活动延伸到课前，通过课前准备、课堂教学相结合完成教学任务。课前，生物兴趣探究小组同学利用乐高机器人组件和 3D Max 软件制作 DNA 分子结构模型；课堂上，教师引导全班同学通过分组合作利用纸笔工具、DNA 分子模型组件等材料构建脱氧核苷酸模型、DNA 单链模型、DNA 双螺旋模型，再通过总结提升学习效果。教学流程见图 1。

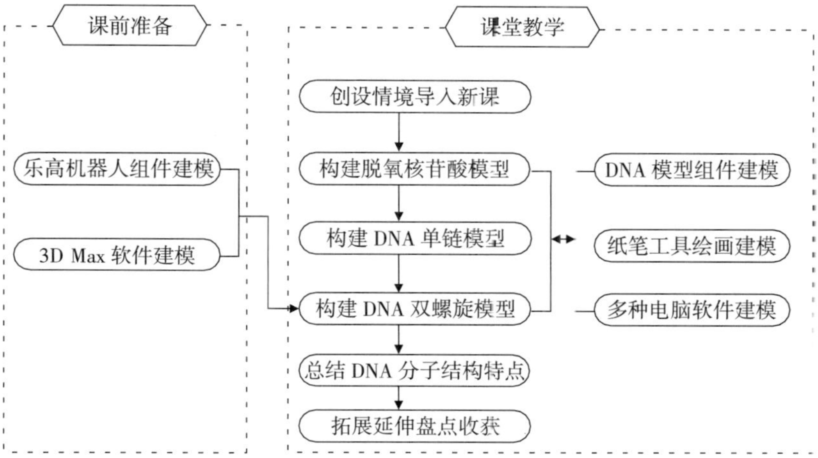

图 1　教学流程

八、教学过程

整个教学过程包括创设情境导入新课、构建脱氧核苷酸模型、构建 DNA 单链模型、构建 DNA 双螺旋模型、总结 DNA 分子结构特点、拓展延伸盘点收获六个环节。

环节一：创设情境导入新课

首先，运用生物多样性图片引出 DNA 分子多样性，激发学生探索 DNA 分子结构的欲望，由此导入新课。其次，展示学生自编自导的小品《沃森和克里克的故事》视频，视频内容是学生饰演的沃森和克里克等科学家探索 DNA 分子结构的历程。在观看视频时，引导学生思考导学案中的问题：① 在探究 DAN 分子结构之前，科学界对 DNA 的认识是什么？② 沃森和克里克根据 DNA 分子衍射图推算出 DNA 分子呈什么结构？③ 根据著名生物化学家查哥夫的信息，沃森和克里克得出碱基以什么方式互补配对？通过问题导学法，让学生在观看视频的同时思考问题，既高效利用了视频资源，也使学生对 DNA 分子结构具有初步认识。

环节二：构建脱氧核苷酸模型

本环节共分三个步骤：

（1）利用希沃白板拖拽功能实现配对小游戏的设置，帮助学生回忆 DNA 分子的四种碱基，为脱氧核苷酸模型构建做铺垫。

（2）引导学生利用几何画板、PPT、Word、3D Max 等多种计算机软件制作 4 种脱氧核苷酸模型，5 分钟后，用希沃授课助手上传作业，交流共享。

（3）教师巡视并引导学生交流、评价各组模型，强调评价时注意 4 种脱氧核苷酸名称是否正确。通过希沃授课助手展示、交流学生作品，锻炼学生熟练运用信息技术软件的能力。

环节三：构建 DNA 单链模型

要求学生在 5 分钟内，利用几何画板、PPT、Word、3D Max 等多种计算机软件构建 DNA 单链模型，任务完成后上传到视频展台。教师巡视学生完成情况并给予指导。学生完成任务后，教师通过视频展台展示学生制作的模型，并引导小组互评，培养学生的成就感、大胆质疑的精神和语言表达能力。

环节四：构建 DNA 双螺旋模型

展示并引导学生回顾、讨论课堂开始时提出的问题 2 和 3，结合教材图表引导学生得出结论：DNA 分子为双螺旋结构，碱基配对方式是 A 与 T、G 与 C 配对，碱基位于 DNA 分子内侧。学生以小组为单位通过讨论，尝试构建 DNA 平面结构模型（图 2）和 DNA 双螺旋结构模型。利用班级 QQ 群展示作品，小组互评。

展示生物兴趣探究小组同学利用 3D Max 软件构建的 DNA 双螺旋模型（图 3），

图 2　小组合作构建 DNA 平面结构模型

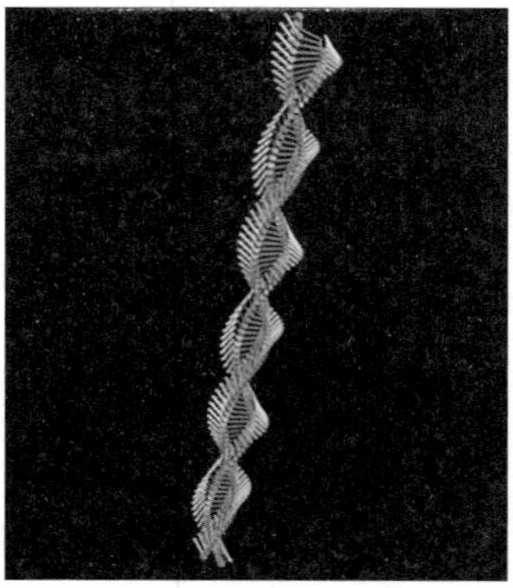

图 3　学生用 3D Max 软件构建的 DNA 双螺旋模型

并以此创设情境激发学生继续构建模型的兴趣，指导学生结合导学案完成DNA平面结构模型和DNA双螺旋模型构建。学生构建模型时，强调DNA分子中两条单链的方向是反向平行的。

环节五：总结DNA分子结构特点

引导学生根据DNA分子平面结构模型总结DNA分子平面结构特点，培养学生的分析总结能力。随机抽查一个小组，让他们利用希沃白板书写功能补充完成DNA分子平面结构的特点，再利用导学案中的问题“n个碱基对的DNA分子有多少种排列组合方式”引导学生通过分析、归纳，总结出DNA分子具有多样性和特异性的特点。

环节六：拓展延伸盘点收获

先引导学生讨论完成“堂清检测”，并纠正错误，让学生再次明确DNA的分子结构，并对本节课所学内容查漏补缺。然后，展示韩春雨科学研究采访视频，引导学生说出印象最深刻的话，再由“韩春雨事件”引导学生讨论科研人员应具备的优秀科学品质，写出讨论结果并大声朗读。

最后，展示同学们当堂制作的DNA双螺旋模型，连续播放同学们制作模型过程中的照片。通过观看本班同学课前构建模型的视频，感受科学精神，培养实事求是的核心价值观和优秀科学品质。

九、板书设计

第二节　DNA的分子结构和特点

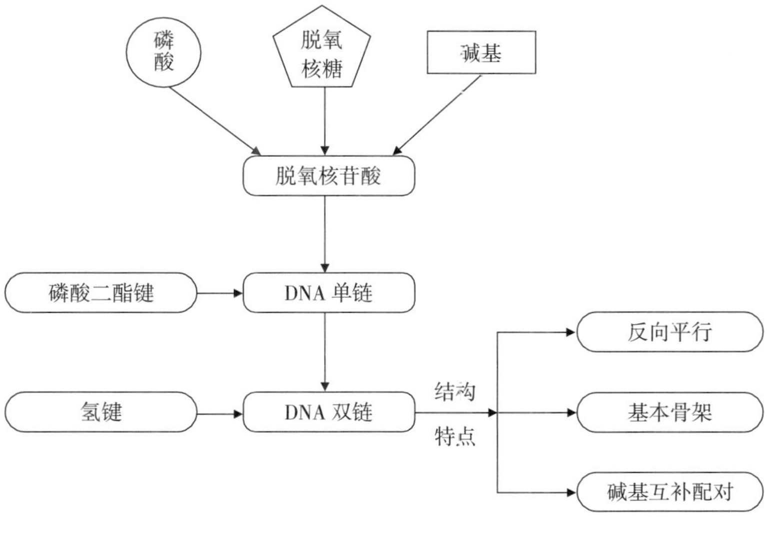

十、课程资源的开发和利用

本节课主要通过运用不同材料制作、构建DNA分子的结构模型，让学生认识DNA的分子结构和特点，因此，在教学过程中运用了大量课程资源。

（1）为了解DNA双螺旋结构的发现历程，学生自编自导并录制了《沃森和克里克的故事》视频，将教材中用文字描述的科学探究史转化为视频，成为显性课程资源，使学生接受速度更快、更容易理解。

（2）在构建DNA模型的过程中，让学生利用几何画板、3D Max 、PPT等软件制作模型，将做好的DNA分子基本结构模型应用到课堂的下一环节，为后续课堂教学提供了很好的素材，这些模型成为课堂中的条件性课程资源，极大地丰富了教材内容，也拓展了学生思维的宽度。

（3）在模型构建完成后，用思维导图、概念图、流程图引导学生进行归纳总结，构建知识网络，形成概念体系。

（4）展示学生作品时，运用了视频展台、希沃白板等课堂互动工具，以及QQ群等信息交流工具。课堂硬件资源和信息技术软件资源的有效利用，实现了师生、生生之间的高效互动。

整个教学过程利用课程资源实现了信息技术、数学学科工具与生物学知识的融合，实现了多学科的交叉渗透，也让学生深刻体会到信息技术在生物学科领域应用的优势，启迪学生大胆尝试用宏观的信息技术手段呈现微观的生命现象。

十一、教学反思

1. 新技术应用——乐高机器人组件构建模型

本节课的创新之一就是学生利用乐高机器人组件构建DNA模型。在建模之前我提出制作模型的要求：用不同颜色、不同形状的乐高组件代表磷酸、脱氧核糖、碱基。同学们经过讨论，尝试用齿轮、轮胎、乐高积木表示磷酸、脱氧核糖和碱基，分别利用4种颜色组件代表4种碱基。同学们经过不懈努力最终完成了3种模型，我们对3种模型的优缺点进行了评价，并进行了量化评比。同学们还兴致高昂地利用乐高EV3主控板编写小程序，让模型360度旋转起来。动态的视觉效果让同学们很兴奋，他们摩拳擦掌，跃跃欲试，都想在课后一展身手，我借此机会鼓励他们参加下一届青少年科技创新大赛。

2. 新技术应用——3D Max 软件构建模型

3D 打印已经家喻户晓，为了让同学们在有限条件下尝试运用新技术，与前沿信息技术对接，我们成立了 3D Max 生物兴趣探究小组，探究小组的同学通过对软件的学习，结合 DNA 分子结构的相关知识，制作出 DNA 分子的 3D 模型。

3. 新媒体技术的关键事件引起的反思

在模型展示过程中，有位学生提出疑问："这是不是我们班同学做的模型？"我顿时语塞，生物兴趣探究小组的同学立即应对，他描述了制作 DNA 分子立体结构模型的整个过程，我当时为他机敏睿智的应变能力折服。古人云"凡事预则立，不预则废"，正因为生物兴趣探究小组同学对 DNA 分子结构及其特点非常熟悉、对 3D Max 的使用非常熟练，才使课堂更精彩，更灵动鲜活。

4. 对新技术教学适用性的思考

本次教学中有一个问题始终萦绕在我脑中，即如何将白板、传统黑板与生物教学有效融合，使得生物学教学既能发挥现代技术手段的强大功能，还能体现传统黑板板书演示过程。

"一师一优课、一课一名师"活动不仅是对教师教学能力的考查，也是对教师信息技术使用能力的考验。教师要紧跟时代步伐，不仅要做研究型教师，还要学会熟练使用多种信息技术软件，这样才能将信息技术真正融入课堂教学之中。深入探索学科教学中信息技术的应用，我们还在路上……

三、说课的准备工作

说课是教师在备课的基础上，对自身教学设计、教学实施等情况进行的分析和说明，因此，说课的准备工作也要在备课、上课的基础上进行。说课的准备工作也叫备说，它是说课成败的关键，也是教师事业心和责任感的充分体现。所以，教师要用"说课几分钟，备说百日功"的精神去做好充分的准备工作。说课需要做好三方面的准备工作。

（一）撰写说课稿

撰写说课稿是准备工作的重要环节，是根据说课的内容和要求，对教学设计和教学实施情况进行归纳总结，理出说课思路，然后写成说课稿。把整理好的说课思路写出来，就把自己的说课想法固定下来了，在此基础上可以反复修改，逐步完善。说课稿主要包括说教学理念、说教材、说学情、说教学目标、说教学方法、说教学准备、说教学过程、说板书设计、说课程资源的开发和利用、说教学反思等内容，与教学设计的内容基本一致，但是说课稿的内容绝对不是教学设计的内容，说课稿是对教学设计和教学实施的综合概括和分析说明，不但要写清楚怎么做，更要写明白为什么这样做；既要有理论依据，又要有具体实例，切忌空谈理论、脱离实际。说课稿中“怎么做”是概括说明，而不是详细说明。撰写说课稿的过程，也是重新审视教学设计和教学实施是否合理、是否有依据的过程。说课稿要思路清晰，语言简练，内容全面，重点突出。

（二）制作说课课件

为了使说课效果更加直观有效，使听者能够听得更清楚，一般在说课时还需要制作说课课件。说课课件是根据说课稿的内容制作的，但是课件不能全部是文字，要用图片、视频等呈现一些具体实例。例如，说教材时，可以呈现教材中的难点内容；说教学准备时，可以把自己准备的材料呈现出来；说教学过程时，可以呈现一些教学过程的安排或者课堂教学片段。说课课件要标题层次清楚，内容逻辑严密，图文并茂，内容多少适量，背景、动画协调。

（三）试说

说课稿和说课课件准备好之后，还要进行多次试说。试说一方面可以熟悉说课内容，另一方面能发现问题并进行修改和完善。在试说过程中，还要把握好说课重点和时间，尤其是参加比赛的说课，经过试说，要把每一句话怎么说、每个内容用多少时间都确定好。

备说是说课成功的先决条件，教师应以高度的积极性和创造性做好准备工作，准备越充分，效果才有可能越好。

四、说课技能的运用要求

（一）夯实说课基础

师范生对中学教材、课程标准不是非常熟悉，对教学工作的基本流程也不是很熟悉，所以，说课要做好三个方面的基础工作。第一，吃透教材和课程标准；第二，熟悉教学设计流程，设计出合理的教学方案；第三，把握说课的要点，写好说课稿、做好说课课件。这些工作是说好课的前提和基础。

（二）体现说课内涵

说课是在备课基础上对教材、课程标准、教法、学法和教学程序等进行的更为系统的理性思考，是从理论高度认识备课，对备课成果进行延伸与升华。说课主要是对“教什么”和“怎么教”及其理论依据的概述，而不是叙述。

（三）突出可操作性

说课虽是独立于课堂教学之外的“说”，但它又不能脱离教学实际，它不是随心所欲的教学想象，而应与教学实践活动、教学过程和环节紧密联系，结合具体实例进行阐述，使所说内容具有可操作性，能在教学实际中行得通。

（四）体现个性特点

说课有一定的模式，也有一定的要求，但是，对同一节课的内容来说，每位教师都会有自己的理解和认识，都会有自己的设计和构思，因此，说课的方法、思路也可能不同，而且每位教师也都有自己独特的教学风格。说课应体现自己的个性特点，而不应照搬模式，千篇一律。

（五）强化语言基本功

说课是通过“说”来帮助听者想象课堂教学全貌，判定和推断教学效果，因此，给听者足够的思维时间和空间就显得十分重要。这就要求说课时言之有理、言之有物，语言生动形象，有感染力，条理清楚，语速快慢交替，切忌拿着事先写好的说课稿以“读”代“说”，更不能一字不漏地以“背”代“说”。

五、说课技能的评价标准

说课技能是一项综合技能，既涉及语言表达能力，又涉及说课内容，而说课内容又关系到多个因素。因此，评价说课技能要全面考虑各种因素，抓住主要因素进行综合评价。说课技能的评价标准见表 13–1。

表 13–1　说课技能的评价标准

序号	评价指标	分值
1	说课过程简明扼要，重点突出	15 分
2	能结合具体实例进行分析说明	15 分
3	能运用理论阐述设计和实施的依据	10 分

续表

序号	评价指标	分值
4	对教材的理解到位	10分
5	对学生的分析准确	10分
6	制定的教学目标合理，可操作性强	10分
7	教学过程设计合理	10分
8	方法手段选择恰当	10分
9	语言清晰流畅，教态自然大方	5分
10	时间分配合理，能在规定时间内完成说课	5分

六、说课技能的训练方法

（一）观摩体验法

观看一段中学生物学说课录像，通过观看，学习、模仿说课的方法及内容的组织安排，并根据说课技能的评价标准，对教师的说课过程进行分析、评价，学习教师的说课方法。

（二）名师示范法

聘请两位优秀中学生物学教师，一位教师为师范生进行现场说课，另一位教师对说课进行评价，然后组织师范生对说课和评价内容进行讨论、交流。通过现场说课和评价为师范生掌握说课技能做出示范。

（三）微格教学训练

按照微格教学要求，学生分组在微格教室进行说课技能训练，然后在全班示范，使学生博采众长，互相学习，共同提高。具体要求如下：

（1）每位同学从现行中学生物学教科书中选一节课的内容（或者一个教学片段），按照说课技能的要求，先备好课，然后准备好说课稿和课件，在规定时间到微格教室进行说课技能训练。

（2）每位同学的说课时间不超过7分钟，训练前必须试讲以熟悉内容，做到说课时脱稿。

（3）根据学校微格教室的数量，事先把全班同学分成若干个小组，每组确定一名组长。组长提前安排好说课顺序，训练时组织小组成员说课，保证训练顺利进行。

（4）训练时，每位同学依次扮演教师角色说课，小组成员根据说课技能的评价标准，对每位同学的说课技能进行分析诊断并评分（不给自己评分），组长计算出每位同学的平均分，作为该同学本次训练的成绩。

（5）训练结束后，每组推荐一位同学的说课录像，下次上课时在全班播放，并推荐一位同学评课。

（6）训练结束后，组长把小组成绩和推荐同学的姓名、说课录像、课件及评课同学的姓名上报给指导教师。

（7）下次上课时，按照小组顺序，先播放第一组推荐同学的录像，然后评课同学进行评课，最后指导教师进行综合评价。以此类推，对各组推荐的录像进行展示、评价。

思考题：

1. 说课与备课、上课有何区别及联系？

2. 师范生说课需要做哪些准备工作？

3. 说课技能与其他各项教学技能有何关系？

阅读材料

高等师范学校学生的教师职业技能训练基本要求（试行稿）

（国家教委师范司 1992 年 9 月颁布）

第一章　总　则

第一条　为了全面提高高等师范学校的教育质量，培养学生从师任教素质，树立献身基础教育的专业思想，掌握教育、教学必备的基本技能，特制定《高等师范学校学生的教师职业技能训练基本要求》。

第二条　高等师范学校学生的教师职业基本技能训练系指讲普通话和口语表达、书写“三笔字”和书面表达、教学工作、班主任工作等方面的技能训练。

第三条　高等师范学校学生的职业定向是教师，在校学习期间，必须积极、自觉、主动地进行教师职业技能的训练，掌握教师职业基本技能。

第四条　高等师范学校要从培养合格中学教师的高度出发，结合实际情况有计划、有组织、有步骤地开展教师职业技能训练，确保学生在校学习期间受到严格的训练和考核。

第五条　有师资培训任务的普通高等学校和民族高等师范学校可根据实际情况参照有关条款的规定对学生进行训练和考核。

第二章　讲普通话和口语表达技能训练的基本要求

第六条　讲普通话和口语表达技能训练系指在教育教学活动中运用普通话技能的训练。

第七条　讲普通话和口语表达技能训练的基本要求是：

（一）能说较标准的普通话，达到或接近国家语委制定的《普通话水平测试》二级标准。

（二）能用较标准的普通话进行交谈和朗读。

（三）能掌握各种教育教学口语形式的表达技能。

第八条　不同专业、不同方言区可根据各自的实际情况，本着从严精神进行适当调整。

第三章　书写“三笔字”和书面表达技能训练的基本要求

第九条　书写“三笔字”技能训练系指粉笔字、钢笔字、毛笔字规范书写技能的训练；书面表达技能训练系指教育教学常用文体写作技能的训练。

第十条　书写“三笔字”技能训练的基本要求是：

（一）正确掌握 3755 个第一级汉字的字形、结构、笔画、笔顺。

（二）熟练掌握粉笔字、钢笔字、毛笔字的楷书或行书的书写技能。

第十一条　书面表达技能训练的基本要求是：

（一）准确使用和书写标点符号。

（二）行文行款格式正确。

（三）行文内容符合相应文体的要求。

第四章　教学工作技能训练的基本要求

第十二条　教学工作技能训练系指备课、上课、批改作业和评定成绩等教学环节所必备的技能训练。

第十三条 教学工作技能训练的基本要求是：

（一）能结合学科特点制订教案。

（二）能根据教学任务和学生特点应用导入、讲解、提问、应变、巩固、结束和板书设计等教学技能。

（三）能结合学生实际正确批改作业和合理评定学生成绩。

（四）能根据学科特点制作教学所需的简易教具，有一定的使用幻灯、投影、电视、微机等现代化教学手段的能力。

（五）能组织和指导与本专业有关的课外科技活动。

（六）能初步运用本专业知识和教育学、心理学原理进行教学研究。

第五章 班主任工作技能训练的基本要求

第十四条 班主任工作技能训练系指中学班级管理、对学生进行思想品德教育和组织指导学生进行课外活动等方面的技能训练。

第十五条 班主任工作技能训练的基本要求是：

（一）能制订班级工作计划、组织与建设班集体、组织与指导班会和团队活动。

（二）能组织和指导学生参加有关课外活动、社会实践活动和校内外其他集体活动。

（三）能运用观察、谈话、分析书面材料和调查研究等方法了解中学生的思想和心理的变化。

（四）能对中学生进行日常行为规范的训练，正确对学生进行操行评定。

（五）在组织和指导学生开展课外音、体、美活动中具有某一方面技能。

高等师范学校学生的教师职业技能训练大纲（试行）

（国家教委师范司 1994 年颁布）

第一部分　讲普通话和口语表达技能训练

说　明

高等师范学校是国家推广普通话的重点之一，普通话是教师的职业语言，用普通话进行教育教学工作是合格教师的必备条件，因此高等师范学校学生必须讲普通话，并按国家主管部门制定的《普通话水平测试标准》的要求通过测试。教师的教育和教学工作都要求很强的口语表达能力，因此对高等师范学校学生进行专门的口语训练并且提出较高的要求，是十分必要的。应当逐步扭转对口语重视不够的偏向。

讲普通话的技能是口语表达技能的基础，讲普通话没有达到一定的水平，无法进行口语表达技能的训练。在口语表达技能训练中，能够进一步提高讲普通话的水平。讲普通话达到要求的，可重点进行口语表达技能的训练。这两项技能训练应当安排在一年级。

考核办法：按《普通话水平测试标准》普遍进行测试，合格者发给证书。口语表达的考核由任课教师或校内专门机构负责，主要考核朗读和讲演（或讲课）两项，但不得用教育实习替代。成绩分为优秀、良好、及格、不及格四等。

一、讲普通话技能的训练

（一）训练目的

对高等师范学生的普通话训练，一般应当达到国家主管部门制定的《普通话水平测试标准》的二级，即能用比较标准的普通话进行朗读、讲课和交谈。对中文专业学生的要求：北方方言区一般应达到一级，南方方言区达到二级中等。

（二）训练内容

1. 树立或加强推普意识：了解普通话的形成，了解推普的重要意义，了解国家推普的方针、政策和任务。

2. 了解发音器官、发音部位和发音方法；掌握好《汉语拼音方案》；掌握普通话的声母、韵母、声调，掌握变调、轻声、儿化等。

3. 熟练掌握现代汉语3500常用字所组词语的标准读音，学习《汉语拼音正词法基本规则》，能直呼音节，正确拼写汉语词语。

4. 用普通话朗读、对话。

5. 了解本地方言语音与普通话语音的主要差别和对应规律，能进行方音辨正。

6. 了解本地方言的词汇、语法与普通话的主要区别，能进行本地方言词汇、语法辨正。

（三）训练建议

1. 要给学生准备学习普通话的材料，准备学习普通话的音像资料，供学生上课或自学使用。建立普通话学习中心，学生在这里可以看到资料，得到指导。

2. 创造条件开设国家教委要求开设的“教师口语”课程。

3. 按国家主管部门制定的《普通话水平测试标准》对新生普遍进行测试，达到二级者发给证书，不达标者参加学习班学习和训练。学校主要是办“普通话二级达标班”，也可办提高班。

4. “普通话二级达标班”每个系根据需要开设若干班。每班学生人数以十几个为宜，以便教师指导练习。

5. “普通话二级达标班”的教师（专职或兼职）如人手不够，可由中文系高年级学生经过培训后承担。

二、口语表达技能训练

（一）训练目的

对高等师范学校学生口语表达技能训练的目的是：有较强的朗读、讲演和讲话能力，口语表达做到清晰、正确、得体，掌握教学、教育、交谈的口语特点，力求做到科学、简明、生动，具有启发性。

（二）训练内容

1. 朗读

（1）朗读是口语训练的重要途径。

（2）朗读的要求：正确、清楚、流畅；恰当而充分地表达思想感情。

（3）朗读的准备：熟悉内容，明确目的，了解对象。

（4）朗读的技能：吐字归音、重音、停连、语调、节奏等，朗读与朗诵的区别与联系。

（5）要求熟读诗 2~3 篇，基本达到朗读的各项要求。

2. 讲演

（1）讲演的特点和作用。

（2）讲演的要求。

（3）讲演的准备：选好讲演内容——自己熟悉，听者关注；了解听众，加强针对性。写好讲稿——观点明确，材料丰富，逻辑严密，语言准确、生动；进行充分的练习、准备，增强自信心。

（4）讲演的技能：开头与结尾，突出重点，显示条理，临场应变，适当的手势、表情、姿态。

（5）做讲演 2~3 次，基本达到讲演的各项要求。

3. 交谈

（1）交谈的特点与要求。

（2）交谈的种类（偶然性的或约会性的，拜访性的或采访性的，电话或其他）及其技能。

4. 教学口语

（1）教学口语的特点与要求。

（2）教学口语的种类（复述、描述、概述、评述、解说等）及其技能。

5. 教育口语

（1）教育口语的特点与要求。

（2）教育口语的种类（说服、评论，指导等）及其技能。

（三）训练建议

（1）创造条件，开设国家教委要求开设的“教师口语”课程。

（2）购置或制作朗读、讲演、交谈、教学口语、教育口语等的音像资料，供教学使用。

（3）由学生会、共青团或其他社团经常组织学生进行朗诵比赛、讲演比赛，各班级也要经常组织。对朗诵和讲演好的优秀学生要给予奖励。还可以组织讲演团、朗诵团、话剧团等，学校要给予支持。

（4）各专业的教学法课要讲授教学、教育语言的运用问题。

（5）教育实习期间，指导教师要注意培养和考查实习生的口语表达能力。

第二部分　书写规范汉字和书面表达技能的训练

说　明

汉字是记录汉语、传递信息的重要工具，也是教师教育工作的重要工具。国家对现行汉字已经确定了统一的规范和标准，教师应当掌握这个规范和标准。是否能写一笔规范的好字（或比较好的字），直接关系到教育教学效果和教师的威信，因此对高等师范学校学生应进行书写规范汉字的训练，提高书写规范汉字的水平。文科各系需要阅读繁体字书籍的，可引导学生通过查字表或字典自行掌握，不必也不宜为此进行教学和训练。

为了胜任教师工作，还应当教育高等师范学校学生注意书面语言的表达。进行有关训练，使他们养成良好的写作习惯，提高写作水平。

对高等师范学校学生进一步加强规范汉字、书写技能和书面表达这三项技能的训练是很有必要的，但是这些任务相当困难而且容易被忽略。这三项技能在原有基础上能不能提高，关键在于学习的态度是否认真，思想上重视了才谈得上技能的提高。因此训练中要坚持思想教育和技能训练并举。这三项技能的训练应当从一年级开始。

考核办法：与其他课程一样，按学籍管理办法的有关条文进行。评定成绩分为优良、良好、及格、不及格四等。也可组织全校语言文字基本功考核。

一、掌握规范汉字的训练

（一）训练目的

教育高等师范学校学生树立用字要规范的意识，训练他们写字规范正确，笔画清楚，要掌握好3500常用字，自觉纠正错别字。

（二）训练内容

1. 了解国家语言文字工作的方针、政策，掌握汉字的规范标准。

（1）巩固汉字简化成果，坚持汉字简化方向。

（2）汉字规范的重要意义。什么是规范汉字，什么是不规范汉字。

（3）教师把汉字写得规范正确的重要意义。

2. 掌握好现代汉语常用字。

（1）掌握常用字的笔画、笔顺和字形结构。

（2）掌握《简化字总表》中的简化字。

（3）会读、会写、会用《现代汉语常用字表》中所收的3500字。

（4）自觉纠正错别字，掌握容易读错的字、容易写错的字、容易写别的字、多音多义字。

（三）训练建议

1. 给学生提供规范汉字的学习、练习资料，有关的音像资料。

2. 学校内要创造使用规范汉字的环境和氛围，学校教师要以身作则，各科教师要齐抓共管，如各科教师对学生作业、论文、实习教案中的错别字和不规范字都要给予纠正。

二、书写技能的训练

（一）训练目的

对高师学生加强书写技能的训练，主要是进一步培养良好的书写习惯，纠正已经形成的不良书写习惯。这是一个相当繁难的任务。考虑到现实情况，训练目的定为：以提高硬笔楷书的书写技能为主，兼顾行书；提倡写好毛笔字。这里所指书写技能，不是书法艺术。

（二）训练内容

1. 教师掌握书写技能的重要性。

2. 对教师书写技能的要求：笔画清楚，正确规范，熟练有力，匀称美观。

3. 掌握执笔、运笔的方法，纠正不正确动作和姿势。

4. 汉字笔画的书写，间架结构的安排。纠正有关的书写毛病。

5. 掌握书写款式：卷面干净，留有天地，布局恰当，行款整齐。

6. 掌握选帖、读帖和临摹的基本知识和要领，培养对书法作品的鉴赏能力。

（三）训练建议

1. 给学生提供书法学习的练习资料和有关音像资料。

2. 举办多种多样的有关书法的课外活动，如观摩、展览、比赛等，鼓励学生把字写好。

三、常用文体写作技能的训练

（一）训练目的

训练高等师范学校学生掌握教师常用文体的写作技能，所写文章内容符合文体要求，语言得体，语句通顺，标点符号正确无误。

（二）训练内容

1. 掌握工作计划、工作总结、申请报告、调查报告、各类信函等常用文体的写作知识（包括行款格式）和技能。

2. 学习范文，并习作若干篇。

3. 进一步掌握标点符号用法，纠正容易出现的错误。

（三）训练建议

1. 给学生提供有关常用文体写作技能的学习、练习资料（包括范文和误例）。

2. 各科教师对学生的书面表达要齐抓共管，对学生作业、论文、实习教案等都严格要求，发现问题要给予指正，要讲评，要作为评分的标准之一。

第三部分　教学工作技能训练

说　明

教学工作技能训练系指教师备课、上课、批改作业和评定成绩等教学环节所必备的技能训练。教学工作技能是高等师范学校学生的教师职业技能的重要组成部分，是师范生提高从师任教素质的必修内容。进行教学工作技能训练是师范教育改革的重要方面。

教学工作技能是教师运用专业知识和教学理论进行教学设计、使用教学媒体、编制教学软件、组织课内外教学活动和进行教学研究等所采取的一系列教学行为方式。教学工作技能训练是在教育学、心理学和学科教育理论的指导下，以专业知识为基础进行的教学基本技能训练及理论联系实际的实践活动。其主要内容包括进行教学设计的技能，使用教学媒体和编制教学软件的技能，课堂教学的技能，设计和批改作业的技能，组织和指导学科课外活动的技能及教学研究的技能。

教学工作技能训练是实践性的教学活动。在进行教学技能训练的过程中，要利用多种形式充分调动学生的积极性，参加实践、讨论、评论等活动，使其掌握教学基本技能。为了便于学生对各项教学技能的感知和理解，要提供必要的录像示范或直接示范。在实践过程中应使用声像设备对其实践过程进行记录和反馈，使学生的教学技能不断改善和趋于稳定。各校对学生进行教学工作技能训练可采取多种形式，有计划、有步骤地开展工作。

在训练过程中采取定性与定量相结合的评价方法，定性评价指出优缺点以便改进，定量评价是给出量化结果以记入成绩。为此，首先要制定每项教学技能的评价标准，训练时由学生自己根据标准进行评价，作为平时训练成绩，占总考核成绩的40%。单项教学技能训练结束后进行教学技能综合训练，由指导教师评价，占总考核成绩的60%。

一、教学设计技能的训练

（一）训练目的

理解教学设计的概念，了解教学设计的方法，通过训练掌握制定教学目标、分析和处理教材、了解学生、制定教学策略、制订教学计划和编写教案的方法。能结合学科特点设计和批改学生作业，课后能评价自己和别人的教学。

（二）训练内容

1. 概念：教师在备课过程中，用系统的方法把各种教学资源有机地组织起来，对教学过程中相互联系的各个部分的安排做出整体计划，建立一个分析和研究的方法，制定解决问题的步骤，对预期的结果进行分析。

2. 制定教学目标：了解教学目标的类别，掌握制定教学目标的方法和要求，重点掌握制定课堂教学目标的方法。

3. 分析和处理教材：通过训练初步学会分析教材的方法，能围绕教学目标组织和处理教材。

4. 了解学生：了解学生学习的特点，掌握分析学生学习的方法。

5. 制定教学策略：能根据教学目标、教学内容和学生实际选择教学媒体，其中包括教学内容与媒体选择；学生特点与媒体选择；媒体的教学特性与选择，媒体的价值与选择。将各种媒体有机地结合，设计课堂教学活动。

6. 制订教学计划和编写教案：了解教学计划和教案的结构和要求，掌握制订教学计划和编写教案的方法，通过训练能写出合乎要求的教学计划和教案。

7. 作业的类型和设计：了解本学科学生作业的类型及设计的方法，能根据教学的需要选择和设计作业的内容。

8. 学习评价：了解学习评价的依据和标准，通过训练掌握学习评价的方法。

（三）训练建议

1. 如果在教材教法等课程中已有此内容，可结合教材教法课进行训练。2、3、5、7 的内容可作为训练的重点。

2. 可选择中学教材的某节内容训练学生制定教学目标、分析处理教材和编写教案，并分组讨论相互交流。

3. 设计和批改作业的训练，可选择中学教材的某节内容让学生设计练习题，也可组织学生分析教材上的习题，搜集其他练习题，通过讨论和研究建立小题库。

二、使用教学媒体技能的训练

（一）训练目的

使学生了解教学媒体的种类和功能，掌握现代教学媒体的使用方法及常用软件编制的方法。能根据教学内容和学生的特点选择、使用教学媒体，设计制作教学所需的教学软件及简易教具。

（二）训练内容

1. 概念：教师在进行教学设计和课堂教学中，根据教学内容和学生的特点设计、选择、使用教学媒体的行为方式。

2. 教学媒体及其教学特性：

（1）常规教学媒体及其教学特性：图书、实物、标本、模型、图画、挂图。

（2）现代教学媒体及其教学特性：投影、幻灯、录音、电视与录像、计算机。

3. 简易教具的制作方法。

4. 教学软件的编制与使用；投影片的种类和制作，录音教材制作；幻灯、电视录像教材和计算机辅助教学软件的应用。

5. 将各种媒体有机组合。

（三）训练建议

1. 在训练内容中常规媒体与现代教学媒体并重。

2. 教学软件的编制以投影片的制作为主。

3. 在现代教学媒体的使用、制作训练中可请电教教师协助教学。

三、课堂教学技能的训练

（一）训练目的

使学生了解课堂教学中基本教学技能的类型，理解各项基本教学技能的概念。掌握各项教学技能的执行程序和要求，通过训练能根据教学任务和中学生的特点把教学技能应用于教学实践。

（二）训练内容

1. 导入技能

（1）概念：导入是在新的教学内容或活动开始时，教师引导学生进入学习的行为方式。

（2）导入的类型：直接导入；旧知识导入；生动实例导入；直观教具导入；故事导入；问题导入；实验导入等。

（3）导入的程序：集中注意……引起兴趣、激发思维……明确目的……进入学习课题。

（4）导入的要求：针对教学内容和学生的特点，导入目的明确；能引起学生兴趣，有启发性；导入与新知识联系紧密，进入课题自然合理。

2. 板书板画技能

（1）概念：是教师利用黑板以凝练的文字语言和图表等形式，传递教学信息的行为方式。

（2）板书板画的类型：提纲式；语词式；表格式；线索式；图示式；示意图；简笔画等。

（3）板书板画的要求；书写规范迅速，示范性强；条理清晰，布局合理；形式多样，启发思维；文字、图表科学准确；板画简单明了，形象生动。

3. 演示技能

（1）概念：教师根据教学内容特点和学生学习的需要，运用各种教学媒体把事物的形态、结构或变化过程等内容展示出来，指导学生理解和掌握知识、传递教学信息的行为方式。

（2）演示的类型：实物、标本、模型的演示；挂图的演示，幻灯、投影的演示；电视的演示和课堂实验的演示。

（3）演示的程序：心理准备……出示演示物……对演示物说明……讲解……总结……核查学生理解。

（4）演示的要求：对演示物精心选择；演示前提出问题和观察重点；演示时要指导学生观察，充分感知；多种媒体相互配合，综合利用；演示后及时总结，明确观察结果。

4. 讲解技能

（1）概念：教师利用语言及各种教学媒体引导学生理解重要事实，形成概念、原理、规律、法则等行为方式。

（2）讲解的类型：事实性知识的讲解，抽象性知识的讲解。

（3）讲解的程序：

事实性知识的讲解：提出问题……叙述事实……提示要点……核查理解。

抽象性知识的讲解：

归纳法：提供感性材料……指导分析……综合概括……巩固深化。

演绎法：提出概念……阐明术语……举出实例（正、反例）……巩固深化。

（4）讲解的要求：明确目标、重点突出；运用丰富的实例（正、反例），联系已学过知识，引导学生分析概括，培养学习方法；及时巩固、应用，理论联系实际。

5. 提问技能

（1）概念：教师以提出问题的形式，通过师生的相互作用，检查学习、促进思维、巩固知识、运用知识、促进学生学习的行为方式。

（2）提问的类型：回忆提问；理解提问；运用提问；分析提问；综合提问；评价提问。

（3）提问的程序：引入阶段……陈述阶段……介入阶段……评价阶段。

（4）提问的要求：设计多种水平的问题；问题重点突出，简明易懂，把握提问时机，给予启发和引导；给予分析和评价。

6. 反馈和强化技能

（1）概念：反馈是教师传出教学信息后，从学生那里取得对有关信息反应的行为方式。强化则是教师通过各种方法促进和增强学生的某一行为变化朝更好方向发展的行为方式。

（2）反馈的类型：课堂观察；课堂提问；课堂考查；实践操作。

（3）强化的类型：语言强化；符号（标志）强化；动作强化；活动强化.。

（4）反馈和强化的要求：反馈及时准确，强化恰到好处；反馈形式灵活多样，强化方式适合学生特点，发现学生的微小进步，强化以表扬为主。

7. 结束技能

（1）概念：是在完成一个教学内容或活动时、教师对知识进行归纳总结，使学生所学知识形成系统、转化升华的行为方式。

（2）结束的类型；归纳式；比较式；活动式；练习式；拓展延伸式。

（3）结束的程序：简单回忆，提示要点，巩固练习或拓展延伸。

（4）结束的要求：明确教学重点，提示知识要点；形成知识系统，使学生理解升华；及时巩固，强化学习；结束形式多样，增强学生兴趣。

8. 组织教学技能

（1）概念：是在课堂教学中教师不断组织学生的注意，管理纪律，引导学习，建立和谐的教学环境，指导学生进行学习的行为方式。

（2）组织的类型：管理性组织；指导性组织；诱导性组织。

（3）组织的要求：明确目的，教书育人；了解学生，尊重学生；重视集体，形成风气；灵活应变，因势利导。

9. 变化技能

（1）概念：是教师利用表情、动作等身态语，辅助口头语言传递教学信息和表达情感的行为方式。

（2）变化的类型：动作变化；表情变化；眼神变化；声调变化。

（3）变化的要求：根据教学内容和学生的特点确定变化的类型；每一种类型的应用要有助于组织学生的注意和传递教学信息；变化技能的应用要合理适度。

10. 教学技能综合训练：综合运用以上几种教学技能进行训练。

（三）训练建议

1. 训练的方法主要采用微型教学的方法。注意提供必要的示范，有条件的学校要应用现代教学手段提供声像反馈，以获得更好的训练效果。

2. 根据学生情况，训练要有重点，技能的分别训练与综合实践相结合。

四、组织和指导学科课外活动技能的训练

（一）训练目的

使学生了解学科课外活动的特点、方法、组织形式及活动方案的设计，能组织和指导与本学科教学有关的课外活动。

（二）训练内容

1. 概念：是教师根据学生的特点及培养学生能力的要求，组织、指导学生开展有关学科课外活动的教学行为方式。

2. 学科课外活动的类型：课外兴趣小组；科技知识竞赛；读书报告会；小论文和小制作比赛；参观；调查等。

3. 学科课外活动常用的方法：观察和调查；实验和实践；讨论和评议；制作和创作。

4. 学科课外活动方案的设计：了解活动方案的构成和活动方案设计的方法。

5. 学科课外活动内容选择的要求：活动目的明确，有利于人才培养；活动内容的选择要适合青少年的特点：课内课外知识有机结合；教师具有辅导能力。

（三）训练建议

组织学生开展学科课外活动，由学生自己设计方案、执行方案，从而得到训练。训练活动也可结合教育实习进行。

五、教学研究技能的训练

（一）训练目的

使学生了解教学研究的方法，能初步运用本专业知识的教育学、心理学原理进行教学研究，探索教学改革，提高教学质量。

（二）训练内容

1. 概念：是初步运用教学理论进行教学研究设计、资料搜集与统计处理、撰写论文的行为方式。

2. 教学研究课题的选择：了解教学研究课题，课题选择的方法及如何制定研究计划。

3. 教学研究的方法：调查研究；观察研究；实验研究；比较研究。

4. 研究资料的统计和分析：掌握统计描述的基本方法，了解统计检验的适用范围。

5. 研究论文撰写的方法：了解科研论文的结构和撰写科研论文的要求。

（三）训练建议

1. 此项教学技能训练可结合教学提出研究课题，在教师的指导下由学生自己设计研究方案、搜集资料、统计分析、写出研究报告。

2. 结合教育实习中的教育调查或毕业论文进行训练。

第四部分　班主任工作技能训练

说　明

班主任工作技能训练是高等师范学校学生的教师职业技能训练的重要组成部分，掌握班主任工作技能是师范生成为合格的中学教师的必备条件之一。因此，加强师范生的班主任工作技能训练，是高等师范学校教育教学工作不可缺少的内容。

班主任工作技能训练系指“中学班级管理，对学生进行思想品德教育和组织指导学生进行课外活动等方面的技能训练”。它是以教育学、心理学等学科的基本理论为指导、理论与实践相结合的教学实践活动。

班主任工作技能主要包括：集体教育的技能、个体教育的技能、与任课教师和学生家长沟通的技能。在对学生进行技能训练的过程中，既要做到有组织、有计划、有措施，又要注意调动学生参加训练的主动性和积极性，使训练达到预期效果。

此项训练应有考核。考核可采取定性评价与综合考试相结合的方式。定性评价是指出学生在某项训练中的优缺点，以利于提高；综合考试则是根据训练的内容，对学生应掌握的技能进行全面测试，以检验训练的效果。为此，各校应将班主任工作技能进行分类，逐类加以训练。根据学生的实际状况和所应达到的要求，制定出考核标准。在训练的基础上，对学生进行考核，并将其成绩记入学习档案。

一、集体教育技能的训练

（一）训练目的

了解建设班集体的几个重要环节，掌握组建班集体的主要方法；了解在中学开展各种活动的形式和内容，并能实际组织各种活动；了解中学生日常行为规范的基本要求，掌握对其训练的一般方法。

（二）训练内容

1. 组建班集体的技能

（1）制订班级工作计划：包括学期计划、阶段计划、月计划、周计划和具体活动计划。每项计划包括工作内容、时间安排、实施方案以及应该注意的问题等。

（2）确立班级奋斗目标：包括近期目标、中期目标和长期目标。

（3）选拔、培养和使用学生干部：学生干部选拔的基本方式是民主选举；培养的方法是在实际工作中指导；使用的方法是支持、鼓励、发挥特长。

（4）协调好正式群体与非正式群体的关系。

（5）培养优良班风：正确运用表扬、批评、奖励、惩罚等教育手段，形成正确的舆论导向，通过活动形成学生正确的是非观念和集体荣誉感，严格管理、严格要求，使学生养成良好的行为习惯，促进优良班风的形成。

（6）组织与指导班会和团队活动：

第一，了解班会的类型：日常班会和主题班会；掌握组织与指导班会的基本步骤。

第二，帮助团支部或少先队制订工作计划，指导他们开展好各项活动，协助团组织和少先队组织正确地进行组织发展工作。

2. 组织各种活动的技能

（1）组织和指导中学生参加课外活动：

第一，课外活动的种类：主要有科技活动、文学艺术活动和体育活动。

第二，课外活动的形式：可以分为全班性的集体活动、小组活动、个人活动。

第三，课外活动的要求：坚持自愿的原则，鼓励和发挥学生的独立性与创造性，班主任应具有科技、音乐、美术、体育等某方面的基本知识和基本技能，如对音乐、美术作品的鉴赏知识，识谱，合唱指挥和简单绘画（包括会写美术字、能够设计和画黑板报、墙报），某种体育项目比赛的裁判方法，队列训练的方法，科技小制作，等等。

（2）组织和指导中学生参加社会实践：

第一，社会实践的主要形式：到工矿、农村、部队、学校进行社会考察、体验生活、参加劳动、军事训练，也包括走访各类典型人物。

第二，组织和指导社会实践的要求：必须具有明确的目的性和针对性；要掌握组织社会实践的方法：选择实践场所，联系有关单位。做好实践活动前的具体准备工作，在偶发事件发生的时候，能够妥善地进行处理。

（3）组织和指导中学生参加校内外其他集体活动：活动的内容主要是指日常思想教育活动和各种社会公益活动；组织这类活动，必须要根据学生的思想热点或带有倾向性的问题来确定活动的主题，并根据内容选好活动的形式，同时，引导学生积极参与，使活动的过程成为学生接受教育的过程。

3. 对学生进行日常行为规范训练的技能

（1）中学生日常行为规范的内容：自尊自爱，注重仪表，真诚友爱，遵规守纪，勤奋学习，勤劳俭朴，孝敬父母，遵守公德，严于律己。

（2）中学生日常行为规范训练的要求：既要有共性教育，又要针对不同学生的特点，采取不同的训练方法，因人施教。

上述几种训练方法既可单独使用，又可综合使用。

（三）训练建议

1. 组织师范生观看班主任工作的录像片，使他们对如何组建班集体和怎样开展集体教育，有一个基本的认识。

2. 向师范生推荐班主任工作方面的读物，并开展阅读、书评、演讲等教育活动。

3. 根据师范生的需要，开设科技、音乐、美术、体育等方面的知识讲座。

4. 就班集体建设中的某些问题走访、信访优秀班主任，或请他们来校讲课、座谈。

5. 在见习或实习期间，观摩1~2项中学班主任组织的活动，并且提出自己的活动设想，在实习中，将“组织活动”列入计划，并且评定成绩。

6. 根据目前中学生的思想热点，设计并模拟一次主题班会。

7. 在实习中，师范生参与班级行为规范训练计划的制订，并根据中学生存在的某些问题、制订教育实施方案。

二、个体教育技能的训练

（一）训练目的

了解学生个体思想和心理变化的特点，掌握对他们进行教育的几种主要方式方法。

（二）训练内容

1. 了解学生的技能

（1）观察学生：观察的形式可分为自然状态下观察和特定条件下观察两种；要根据观察的内容确定观察的形式；班主任对观察到的第一手资料，要随时记录下来，并将有价值的信息分门别类地建立学生情况卡片，定期进行整理分析，从中寻找带有普遍性和规律性的东西，使对学生的教育更具有针对性。

（2）与学生谈话：谈话的形式可分为正式和非正式谈话两种；谈话前要做好充分的准备；掌握谈话的方法；谈话后要对学生进行观察，检验谈话的效果；运用谈话法还可以与其他教育方法相结合。

（3）分析书面材料：包括学生填写的各种表格、学籍卡片、日记、周记、入团申请书，班主任的操行评定、班级日志、班级荣誉册等。

分析方法：系统分析法或数理统计法。

（4）调查访问：具体形式有个别交谈、座谈会、书信往来、家访、请访问对象来校参加活动、问卷调查等。调查访问力求做到实事求是、全面深入，对所了解到的情况要进行认真、客观的分析和研究，排除人为的因素，以便对学生个体或群体做出公正、准确的判断与评价。

2. 心理咨询的技能

（1）了解中学生的生理和心理特点以及心理障碍产生的原因。

（2）掌握心理咨询的主要方法和技术。

（3）在对学生进行心理咨询的过程中，要与其他教育方法相结合。

3. 操行评定的技能

（1）操行评定的时间：一般可分为期末评定和毕业鉴定。

（2）操行评定的内容：期末评定和毕业鉴定力求全面地对学生德智体美劳几方面的状况做出公正的评价，并提出今后的努力方向，以激励学生发扬优点，克服缺点，争取更大的进步。

（3）操行评定的方法：学生自评、互评、小组鉴定、班主任评定。

4. 处理偶发事件的技能

（1）了解偶发事件的特点。

（2）掌握处理偶发事件的一般方法。

（三）训练建议

1. 开设青少年教育学、心理学知识讲座，为师范生从教打好理论基础。

2. 模拟训练：假设某学生的情况、特点，组织师范生对其进行模拟谈话、心理咨询和操行评定；假设一个偶发事件，请师范生对此提出处理方法。

3. 在实习中，选择几个不同类型的学生作为谈话对象，实施谈话的准备、谈话的过程和谈话后的工作等环节。

4. 针对目前中学生存在的思想困惑和心理变化趋势，设计一份调查问卷，或实地调查，将收集到的信息做一分析，并写出分析报告。

5. 在班级中，开展"一句话评语"的活动，即学生之间以一句格言或谚语的形式，互相评价、提醒、激励。通过这种活动，使师范生掌握这种评语的特点，并学会组织这种活动。

三、与任课教师、学生家长沟通技能的训练

（一）训练目的

了解班主任与任课教师、学生家长关系的基本特点和相互配合的教育意义；掌握与其沟通的几种主要方法，努力获得任课教师和家长对班主任工作的支持。

（二）训练内容

1. 与任课教师的沟通

（1）主动向任课教师介绍本班学生的基本状况，向学生介绍任课教师的教学情况。

（2）定期邀请任课教师座谈，交流学生的听课及学习情况，帮助任课教师解决问题；听取任课教师对班级工作的意见和建议。

（3）邀请任课教师参加班级活动，增加师生之间的相互了解和加深感情。

2. 与学生家长的沟通

（1）家访：明确家访的目的，订好家访的计划，了解家长的个性特点，做好与家长谈话的各项准备工作；考虑可能出现的问题和家访后应做的工作。

（2）信访：

第一，信访内容的设计。

第二，信访的要求：用词准确诚恳；字迹认真工整；要体现出对家长的尊重和希望家长配合的态度。

（3）家长会：

第一，规模：全体学生的家长会和部分学生的家长会。

第二，形式：座谈会、汇报会、家长委员会。

第三，时间：开学初、期中考试后，学期结束前。

第四，家长会的准备工作：确定会议的主题、收集各种资料、预先通知家长、构思发言等。

第五，家长会后的工作：针对学生的表现，及时与家长取得联系；激励和表扬学生的进步。

（三）训练建议

1. 在师范生之间开展模拟训练：假设某班学生的基本状况，以班主任的身份向任课教师做介绍；模拟家访。将两种模拟实况录像在学生中开展讲评活动。

2. 走访优秀班主任，请他们介绍与任课教师和家长沟通的经验、体会以及应注意的问题。

3. 在实习期间，如有条件，可参加中学班主任的家访，以取得家访的实际经验。

中学教师专业标准（试行）

为促进中学教师专业发展，建设高素质中学教师队伍，根据《中华人民共和国教师法》和《中华人民共和国义务教育法》，特制定《中学教师专业标准（试行）》（以下简称《专业标准》）。

中学教师是履行中学教育教学工作职责的专业人员，需要经过严格的培养与培训，具有良好的职业道德，掌握系统的专业知识和专业技能。《专业标准》是国家对合格中学教师的基本专业要求，是中学教师实施教育教学行为的基本规范，是引领中学教师专业发展的基本准则，是中学教师培养、准入、培训、考核等工作的重要依据。

一、基本理念

（一）师德为先

热爱中学教育事业，具有职业理想，践行社会主义核心价值体系，履行教师职业道德规范，依法执教。关爱中学生，尊重中学生人格，富有爱心、责任心、耐心和细心；为人师表，教书育人，自尊自律，以人格魅力和学识魅力教育感染中学生，做中学生健康成长的指导者和引路人。

（二）学生为本

尊重中学生权益，以中学生为主体，充分调动和发挥中学生的主动性；遵循中学生身心发展特点和教育教学规律，提供适合的教育，促进中学生生动活泼学习、健康快乐成长，全面而有个性地发展。

（三）能力为重

把学科知识、教育理论与教育实践有机结合，突出教书育人实践能力；研究中学生，遵循中学生成长规律，提升教育教学专业化水平；坚持实践、反思、再实践、再反思，不断提高专业能力。

（四）终身学习

学习先进中学教育理论，了解国内外中学教育改革与发展的经验和做法；优化知识结构，提高文化素养；具有终身学习与持续发展的意识和能力，做终身学习的典范。

二、基本内容

维度	领域	基本要求
专业理念与师德	（一）职业理解与认识	1. 贯彻党和国家教育方针政策，遵守教育法律法规。 2. 理解中学教育工作的意义，热爱中学教育事业，具有职业理想和敬业精神。 3. 认同中学教师的专业性和独特性，注重自身专业发展。 4. 具有良好职业道德修养，为人师表。 5. 具有团队合作精神，积极开展协作与交流。
	（二）对学生的态度与行为	6. 关爱中学生，重视中学生身心健康发展，保护中学生生命安全。 7. 尊重中学生独立人格，维护中学生合法权益，平等对待每一位中学生。不讽刺、挖苦、歧视中学生，不体罚或变相体罚中学生。 8. 尊重个体差异，主动了解和满足中学生的不同需要。 9. 信任中学生，积极创造条件，促进中学生的自主发展。
	（三）教育教学的态度与行为	10. 树立育人为本、德育为先的理念，将中学生的知识学习、能力发展与品德养成相结合，重视中学生的全面发展。 11. 尊重教育规律和中学生身心发展规律，为每一位中学生提供适合的教育。 12. 激发中学生的求知欲和好奇心，培养中学生学习兴趣和爱好，营造自由探索、勇于创新的氛围。 13. 引导中学生自主学习、自强自立，培养良好的思维习惯和适应社会的能力。 14. 尊重和发挥好共青团、少先队组织的教育引导作用。
	（四）个人修养与行为	15. 富有爱心、责任心、耐心和细心。 16. 乐观向上、热情开朗、有亲和力。 17. 善于自我调节情绪，保持平和心态。 18. 勤于学习，不断进取。 19. 衣着整洁得体，语言规范健康，举止文明礼貌。
专业知识	（五）教育知识	20. 掌握中学教育的基本原理和主要方法。 21. 掌握班级、共青团、少先队建设与管理的原则与方法。 22. 掌握教育心理学的基本原理和方法，了解中学生身心发展的一般规律与特点。 23. 了解中学生世界观、人生观、价值观形成的过程及其教育方法。 24. 了解中学生思维能力、创新能力和实践能力发展的过程与特点。 25. 了解中学生群体文化特点与行为方式。

续表

维度	领域	基本要求
专业知识	(六) 学科知识	26. 理解所教学科的知识体系、基本思想与方法。 27. 掌握所教学科内容的基本知识、基本原理与技能。 28. 了解所教学科与其他学科的联系。 29. 了解所教学科与社会实践及共青团、少先队活动的联系。
	(七) 学科教学知识	30. 掌握所教学科课程标准。 31. 掌握所教学科课程资源开发与校本课程开发的主要方法与策略。 32. 了解中学生在学习具体学科内容时的认知特点。 33. 掌握针对具体学科内容进行教学和研究性学习的方法与策略。
	(八) 通识性知识	34. 具有相应的自然科学和人文社会科学知识。 35. 了解中国教育基本情况。 36. 具有相应的艺术欣赏与表现知识。 37. 具有适应教育内容、教学手段和方法现代化的信息技术知识。
	(九) 教学设计	38. 科学设计教学目标和教学计划。 39. 合理利用教学资源和方法设计教学过程。 40. 引导和帮助中学生设计个性化的学习计划。
专业能力	(十) 教学实施	41. 营造良好的学习环境与氛围，激发与保护中学生的学习兴趣。 42. 通过启发式、探究式、讨论式、参与式等多种方式，有效实施教学。 43. 有效调控教学过程，合理处理课堂偶发事件。 44. 引发中学生独立思考和主动探究，发展学生创新能力。 45. 发挥好共青团、少先队组织生活、集体活动、信息传播等教育功能。 46. 将现代教育技术手段整合应用到教学中。
	(十一) 班级管理与教育活动	47. 建立良好的师生关系，帮助中学生建立良好的同伴关系。 48. 注重结合学科教学进行育人活动。 49. 根据中学生世界观、人生观、价值观形成的特点，有针对性地组织开展德育活动。 50. 针对中学生青春期生理和心理发展特点，有针对性地组织开展有益身心健康发展的教育活动。 51. 指导学生理想、心理、学业等多方面发展。 52. 有效管理和开展班级、共青团、少先队活动。 53. 妥善应对突发事件。
	(十二) 教育教学评价	54. 利用评价工具，掌握多元评价方法，多视角、全过程评价学生发展。 55. 引导学生进行自我评价。 56. 自我评价教育教学效果，及时调整和改进教育教学工作。
	(十三) 沟通与合作	57. 了解中学生，平等地与中学生进行沟通交流。 58. 与同事合作交流，分享经验和资源，共同发展。 59. 与家长进行有效沟通合作，共同促进中学生发展。 60. 协助中学与社区建立合作互助的良好关系。
	(十四) 反思与发展	61. 主动收集分析相关信息，不断进行反思，改进教育教学工作。 62. 针对教育教学工作中的现实需要与问题，进行探索和研究。 63. 制定专业发展规划，积极参加专业培训，不断提高自身专业素质。

三、实施建议

（一）各级教育行政部门要将《专业标准》作为中学教师队伍建设的基本依据。根据中学教育改革发展的需要，充分发挥《专业标准》引领和导向作用，深化教师教育改革，建立教师教育质量保障体系，不断提高中学教师培养培训质量。制定中学教师准入标准，严把中学教师入口关；制定中学教师聘任（聘用）、考核、退出等管理制度，保障教师合法权益，形成科学有效的中学教师队伍管理和督导机制。

（二）开展中学教师教育的院校要将《专业标准》作为中学教师培养培训的主要依据。重视中学教师职业特点，加强中学教育学科和专业建设。完善中学教师培养培训方案，科学设置教师教育课程，改革教育教学方式；重视中学教师职业道德教育，重视社会实践和教育实习；加强从事中学教师教育的师资队伍建设，建立科学的质量评价制度。

（三）中学要将《专业标准》作为教师管理的重要依据。制定中学教师专业发展规划，注重教师职业理想与职业道德教育，增强教师育人的责任感与使命感；开展校本研修，促进教师专业发展；完善教师岗位职责和考核评价制度，健全中学教师绩效管理机制。中等职业学校教师参照执行。

（四）中学教师要将《专业标准》作为自身专业发展的基本依据。制定自我专业发展规划，爱岗敬业，增强专业发展自觉性；大胆开展教育教学实践，不断创新；积极进行自我评价，主动参加教师培训和自主研修，逐步提升专业发展水平。

教师教育课程标准（试行）*

为落实教育规划纲要，深化教师教育改革，规范和引导教师教育课程与教学，培养造就高素质专业化教师队伍，特制定《教师教育课程标准（试行）》。

教师教育课程广义上包括教师教育机构为培养和培训幼儿园、小学和中学教师所开设的公共基础课程、学科专业课程和教育类课程。本课程标准专指教育类课程。

教师教育课程标准体现国家对教师教育机构设置教师教育课程的基本要求，是制定教师教育课程方案、开发教材与课程资源、开展教学与评价，以及认定教师资格的重要依据。

一、基本理念

（一）育人为本

教师是幼儿、中小学学生发展的促进者，在研究和帮助学生健康成长的过程中实现专业发展。教师教育课程应反映社会主义核心价值观，吸收研究新成果，体现社会进步对幼儿、中小学学生发展的新要求。教师教育课程应引导未来教师树立正确的儿童观、学生观、教师观与教育观，掌握必备的教育知识与能力，参与教育实践，丰富专业体验；引导未来教师因材施教，关心和帮助每个幼儿、中小学学生逐步树立正确的世界观、人生观、价值观，培养社会责任感、创新精神和实践能力。

（二）实践取向

教师是反思性实践者，在研究自身经验和改进教育教学行为的过程中实现专业

* 本书在引用此标准时，第二部分省略了幼儿园职前教师教育课程目标与课程设置、小学职前教师教育课程目标与课程设置，只保留了与本书相关的中学职前教师教育课程目标与课程设置。

发展。教师教育课程应强化实践意识，关注现实问题，体现教育改革与发展对教师的新要求。教师教育课程应引导未来教师参与和研究基础教育改革，主动建构教育知识，发展实践能力；引导未来教师发现和解决实际问题，创新教育教学模式，形成个人的教学风格和实践智慧。

（三）终身学习

教师是终身学习者，在持续学习和不断完善自身素质的过程中实现专业发展。教师教育课程应实现职前教育与在职教育的一体化，增强适应性和开放性，体现学习型社会对个体的新要求。教师教育课程应引导未来教师树立正确的专业理想，掌握必备的知识与技能，养成独立思考和自主学习的习惯；引导教师加深专业理解，更新知识结构，形成终身学习和应对挑战的能力。

二、教师教育课程目标与课程设置

（一）中学职前教师教育课程目标与课程设置

中学职前教师教育课程要引导未来教师理解青春期的特点及其对中学生生活的影响，学习指导他们安全度过青春期；理解中学生的认知特点与学习方式，学会创建学习环境，鼓励独立思考，指导他们用多种方式探究学科知识；理解中学生的人格与文化特点，学会尊重他们的自我意识，指导他们规划自己的人生，在多样化的活动中发展社会实践能力。

1. 课程目标

目标领域	目标	基本要求
1 教育信念与责任	1.1 具有正确的学生观和相应的行为	1.1.1 理解中学阶段在人生发展中的独特地位和价值，认识积极主动的中学生活对中学生发展的意义。 1.1.2 尊重学生的学习和发展的权利，保护学生的学习自主性、独立性与选择性。 1.1.3 尊重学生的个体差异，相信学生具有发展的潜力，乐于为学生创造发展的条件和机会。
	1.2 具有正确的教师观和相应的行为	1.2.1 理解教师是学生学习的促进者，相信教师工作的意义在于创造条件帮助学生自主发展。 1.2.2 了解中学教师的职业特点和专业要求，自觉提高自身的科学与人文素养，形成终身学习的意愿。 1.2.3 了解教师的权利与责任，遵守教师职业道德。

续表

目标领域	目标	基本要求
1 教育信念与责任	1.3 具有正确的教育观和相应的行为	1.3.1 理解教育对学生成长、教师自身发展和社会进步的重要意义，相信教育充满了创造的乐趣，愿意从事中学教育事业。 1.3.2 了解人类教育的历史、现状和发展趋势，认同素质教育理念，理解并参与教育改革。 1.3.3 形成正确的教育质量观，对与学校教育相关的现象进行专业思考与判断。
2 教育知识与能力	2.1 具有理解学生的知识与技能	2.1.1 了解儿童发展的主要理论和最新研究成果。 2.1.2 了解儿童身心发展的一般规律和影响因素，熟悉中学生年龄特征和个体发展的差异性。 2.1.3 了解中学生的认知发展、学习方式的特点及影响因素，熟悉中学生建构知识和获得技能的过程。 2.1.4 了解中学生品德和行为习惯形成的过程，了解中学生交往的特点，理解同伴交往对中学生发展的影响。 2.1.5 掌握观察、谈话、倾听、作品分析等方法，理解中学生学习和发展的需要。 2.1.6 了解我国教育的政策法规，熟悉关于儿童权利的内容以及维护儿童合法权益的途径。
	2.2 具有教育学生的知识和能力	2.2.1 了解中学教育的培养目标，熟悉任教学科的课程标准，学会依据课程标准制定教学目标或活动目标。 2.2.2 熟悉任教学科的教学内容和方法，学会联系并运用中学生生活经验和相关课程资源，设计教育活动，创设促进中学生学习的课堂环境。 2.2.3 了解课堂评价的理论与技术，学会通过评价改进教学与促进学生学习。 2.2.4 了解活动课程开发的知识，学会开发校本课程，设计与指导课外、校外活动。 2.2.5 了解班级管理的基本方法，学会引导中学生进行自我管理和形成集体观念。 2.2.6 了解中学生心理健康教育的基本知识，学会处理中学生特别是青春期常见的心理和行为问题。 2.2.7 掌握教师所必需的语言技能、沟通与合作技能、运用现代教育技术的技能。
	2.3 具有发展自我的知识与能力	2.3.1 了解教师专业素养的核心内容，明确自身专业发展的重点。 2.3.2 了解教师专业发展的阶段与途径，熟悉教师专业发展规划的一般方法，学会理解和分享优秀教师的成长经验。 2.3.3 了解教师专业发展的影响因素，学会利用以课程学习为主的各种机会积累发展的经验。
3 教育实践与体验	3.1 具有观摩教育实践的经历与体验	3.1.1 观摩中学课堂教学，了解中学课堂教学的规范与过程，感受不同的教学风格。 3.1.2 深入班级或其他学生组织，了解中学班级管理的内容和要求，获得与学生直接交往的体验。 3.1.3 深入中学，了解中学的组织结构与运作机制。

续表

目标领域	目标	基本要求
3 教育实践与体验	3.2 具有参与教育实践的经历与体验	3.2.1 在有指导的情况下，根据学生的特点，设计与实施教学方案，获得对学科教学的真实感受和初步经验。 3.2.2 在有指导的情况下，参与指导学习、管理班级和组织活动，获得与家庭、社区联系的经历。 3.2.3 参与各种教研活动，获得与其他教师直接对话或交流的机会。
	3.3 具有研究教育实践的经历与体验	3.3.1 在日常学习和实践过程中积累所学所思所想，形成问题意识和一定的解决问题的能力。 3.3.2 了解研究教育实践的一般方法，经历和体验制订计划、开展活动、完成报告、分享结果的过程。 3.3.3 参与各种类型的科研活动，获得科学地研究学生的经历与体验。

2. 课程设置

学习领域	建议模块	学分要求	
		三年制专科	四年制本科
1. 儿童发展与学习	儿童发展；中学生认知与学习等。	最低必修学分8学分	最低必修学分10学分
2. 中学教育基础	教育哲学；课程设计与评价；有效教学；学校教育发展；班级管理等。		
3. 中学学科教育与活动指导	中学学科课程标准与教材研究；中学学科教学设计；中学综合实践活动等。		
4. 心理健康与道德教育	中学生心理辅导；中学生品德发展与道德教育等。		
5. 职业道德与专业发展	教师职业道德；教师专业发展；教育研究方法；教师语言；现代教育技术应用等。		
6. 教育实践	教育见习；教育实习。	18 周	18 周
教师教育课程最低总学分数（含选修课程）		12 学分+18 周	14 学分+18 周
说明： （1）1 学分相当于学生在教师指导下进行课程学习 18 课时，并经考核合格。 （2）学习领域是每个学习者都必修的；建议模块供教师教育机构或学习者选择或组合，可以是必修也可以是选修；每个学习领域或模块的学分数由教师教育机构按相关规定自主确定。			

（二）在职教师教育课程设置框架建议

在职教师教育课程分为学历教育课程与非学历教育课程。学历教育课程方案的制定要以本标准为依据，考虑教师教育机构自身的培养目标、学习者的性质和特点，并参照在职教师教育课程设置框架；非学历教育课程方案的制定要针对教师在不同发展阶段的特殊需求，参照在职教师教育课程设置框架，提供灵活多样、新颖实用、针对性强的课程，确保教师持续而有效的专业学习。

在职教师教育课程要满足教师专业发展的多样化需求，充分利用教师自身的经验与优势，进一步深化和发展职前教师教育的课程目标，引导教师加深专业理解、解决实际问题、提升自身经验，促进教师专业发展。

课程功能指向	主题/模块举例
加深专业理解	当代教育思潮、教师专业伦理、学科教育新进展、儿童研究新进展、学习科学新进展等；也可以选择哲学、人文、科技等研究领域的一些相关专题。
解决实际问题	学科教学专题研究、特殊儿童教育、青少年发展问题研究、学校课程领导、校（园）本课程开发、综合实践活动设计与指导、档案袋评价、学生综合素质评定、教学诊断、课堂评价、课堂观察、学业成就评价、信息技术与课程的整合、校（园）本教学研究制度建设等。
提升自身经验	教师专业发展专题研究、教育经验研究、反思性教学、教育行动研究、教育案例研究、教育叙事等。

三、实施建议

（一）各级教育行政部门要根据基础教育改革发展的需要，加强对教师教育课程的领导和管理，提供相应的政策支持和制度保障，充分调动各方面的积极性，做好教师教育课程标准实施工作。依据课程标准，加强教师教育质量的评估和监管，确保中小学和幼儿园教师培养质量。

（二）教师教育机构要依据课程标准，制定幼儿园、小学、中学教师教育课程方案，科学安排公共基础课程、学科专业课程和教师教育课程的结构比例。根据学习领域、建议模块以及学分要求，确立相应的课程结构，提出课程实施办法，制定配套的保障措施。建立课程自我评估制度，及时发现问题，总结经验，不断完善课程方案。

强化教育实践环节，完善教育实践课程管理，确保教育实践课程的时间和质量。大力推进课程改革，创新教师培养模式，探索建立高校、地方政府、中小学合作培养师范生的新机制。

（三）教师教育机构要研究在职教师学习的特殊性，提供有针对性的在职教师教育课程，满足不同学习者的发展需求。在职教师教育课程要反映相关研究领域的新进展，联系教育实际，尊重和吸纳学习者自身的实践经验，解决实际问题，增强在职教师教育课程的针对性和实效性。

中学教育专业师范生教师职业能力标准（试行）

一、师德践行能力

1.1 遵守师德规范

1.1.1 【理想信念】

学习贯彻习近平新时代中国特色社会主义思想，深入学习习近平总书记关于教育的重要论述，以及党史、新中国史、改革开放史和社会主义发展史内容，形成对中国特色社会主义的思想认同、政治认同、理论认同和情感认同，能够在教书育人实践中自觉践行社会主义核心价值观。

树立职业理想，立志成为有理想信念、有道德情操、有扎实学识、有仁爱之心的好老师。

1.1.2 【立德树人】

理解立德树人的内涵，形成立德树人的理念，掌握立德树人途径与方法，能够在教育实践中实施素质教育，依据德智体美劳全面发展的教育方针开展教育教学，培育发展学生的核心素养。

1.1.3 【师德准则】

具有依法执教意识，遵守宪法、民法典、教育法、教师法、未成年人保护法等法律法规，在教育实践中能履行应尽义务，自觉维护学生与自身的合法权益。

理解教师职业道德规范内涵与要求，在教育实践中遵守《新时代中小学教师职业行为十项准则》，能分析解决教育教学实践中的相关道德规范问题。

1.2 涵养教育情怀

1.2.1 【职业认同】

具有家国情怀，乐于从教，热爱教育事业。认同教师工作的价值在于传播知识、传播思想、传播真理，塑造灵魂、塑造生命、塑造新人；了解中学教师的职业特征，理解教师是学生学习的促进者与学生成长的引路人，创造条件帮助学生自主发展。

领会中学教育对学生发展的价值和意义，认同促进学生全面而有个性地发展的理念。

1.2.2　【关爱学生】

做学生锤炼品格、学习知识、创新思维、奉献祖国的引路人，公正平等地对待每一名学生，关注学生成长，保护学生安全，促进学生身心健康发展。

尊重学生的人格和学习发展的权利，保护学生的学习自主性、独立性和选择性，关注个体差异，相信每名学生都有发展的潜力，乐于为学生创造发展的条件和机会。

1.2.3　【用心从教】

树立爱岗敬业精神，在教育实践中能够认真履行教育教学职责与班主任工作职责，积极钻研，富有爱心、责任心，工作细心、耐心。

1.2.4　【自身修养】

具有健全的人格和积极向上的精神，有较强的情绪调节与自控能力，能积极应变，比较合理地处理问题。

掌握一定的自然和人文社会科学知识，传承中华优秀传统文化，具有人文底蕴、科学精神和审美能力。

仪表整洁，语言规范健康，举止文明礼貌，符合教师礼仪要求和教育教学场景要求。

二、教学实践能力

2.1　掌握专业知识

2.1.1　【教育基础】

掌握教育理论的基本知识，能够遵循中学教育规律，结合中学生认知发展特点，运用教育原理和方法，分析和解决教育教学实践中的问题。

2.1.2　【学科素养】

了解拟任教学科发展的历史、现状和趋势，掌握学科的基础知识、基本理论、体系结构与思想方法，能分析其对学生素养发展的重要价值，理解拟任教学科的核心素养的内涵。

2.1.3 【信息素养】

了解信息时代对人才培养的新要求。掌握信息化教学设备、软件、平台及其他新技术的常用操作，了解其对教育教学的支持作用。具有安全、合法与负责任地使用信息与技术，主动适应信息化、人工智能等新技术变革积极有效开展教育教学的意识。

2.1.4 【知识整合】

了解拟任教学科与其他学科的联系，了解学习科学相关知识，掌握学科教学知识与策略，能够结合社会生活实践，有效开展学科教学活动。

了解融合教育的意义和作用，掌握随班就读的基本知识及相关政策，基本具备指导随班就读的教育教学能力。

2.2 学会教学设计

2.2.1 【熟悉课标】

熟悉拟任教学科的课程标准和教材，理解教材的编写逻辑和体系结构，能够正确处理课标与教材的关系，具有依据课标进行教学的意识和习惯。

2.2.2 【掌握技能】

具备钢笔字、毛笔字、粉笔字、普通话与相关学科实验操作等教学基本功，通过微格训练学习，系统掌握导入、讲解、提问、演示、板书、结束等课堂教学基本技能操作要领与应用策略。能依据单元内容进行整体设计，科学合理地依据教学目标及内容设计作业，并实施教学。

2.2.3 【分析学情】

了解分析中学生学习需求的基本方法，能根据学生已有的知识水平、学习经验和兴趣特点，分析教学内容与学生已有知识经验的联系，预判学生学习的疑难处。

2.2.4 【设计教案】

准确把握教学内容，理解本课（单元）在教材中的地位以及与其他课（单元）的关系，能根据课程标准要求和学情分析确定恰当的学习目标和学习重点，设计学习活动，选择适当的学习资源和教学方法，合理安排教学过程和环节，科学设计评价内容与方式，形成教案与学案。

2.3　实施课程教学

2.3.1　【情境创设】

能够创设教学情境，建立学习内容与生活经验之间的联系，激发学习兴趣，引导学生积极参与学习活动。

2.3.2　【教学组织】

基本掌握教学组织与课堂管理的形式和策略，能够科学准确地呈现和表达教学内容，控制教学时间和教学节奏，合理设置提问与讨论，引导学生的主动学习和探究学习，达成学习目标。

2.3.3　【学习指导】

能够依据学科特点、中学生认知特征和个体差异，指导学生开展自主、合作、探究性学习，注重差异化教学和个别化指导，帮助学生针对学习重点与难点进行有效学习。

知道不同类型的信息技术资源在为学生提供学习机会和学习体验方面的作用，合理选择与整合信息技术资源，为学生提供丰富的学习机会和个性化学习体验。

能够运用课堂结束技能，引导学生对学习内容进行归纳、总结，合理布置作业。

2.3.4　【教学评价】

树立促进学生学习的评价理念，理解教育评价原理，掌握试题命制的方法与技术。能够在教学实践中结合作业反馈等实施过程评价，初步运用增值评价，合理选取和运用评价工具，评价学习活动和学习成果。

能够利用技术工具收集学生学习反馈，跟踪、分析教学与学生学习过程中存在的问题与不足，形成基于学生学习情况诊断和改进教学的意识。

三、综合育人能力

3.1　开展班级指导

3.1.1　【育德意识】

树立德育为先理念，了解中学德育原理与方法，以及中学生思想品德发展的规律和个性特征，能有意识、有针对性地开展德育工作。

3.1.2　【班级管理】

基本掌握班集体建设、班级教育活动组织的方法。熟悉教育教学、中学生成长生活等相关法律制度规定，能够合理分析解决教学与管理实践相关问题。

基本掌握学生发展指导、综合素质评价的方法。能够利用技术手段收集学生成长过程的关键信息，建立学生成长电子档案。能够初步运用信息技术辅助开展班级指导活动。

熟悉校园安全、应急管理相关规定，了解中学生日常卫生保健、传染病预防、意外伤害事故处理等相关知识，掌握面临特殊事件发生时保护学生的基本方法。

3.1.3 【心理辅导】

关注学生心理健康，了解中学生身体、情感发展的特性和差异性，基本掌握心理辅导方法，能够参与心理健康教育等活动。

3.1.4 【家校沟通】

掌握人际沟通的基本方法，能够运用信息技术拓宽师生、家校沟通交流的渠道和途径，积极主动与学生、家长、社区等进行有效交流。

3.2 实施课程育人

3.2.1 【育人理念】

具有教书育人意识。理解拟任教学科课程独特的育人功能，注重课程教学的思想性，有机融入社会主义核心价值观、中华优秀传统文化、革命文化和社会主义先进文化教育，培养学生适应终身发展和社会发展所需的正确价值观、必备品格和关键能力。

3.2.2 【育人实践】

理解学科核心素养，掌握课程育人方法和策略。能够在教育实践中，结合课程特点，挖掘课程思想政治教育资源，将知识学习、能力发展与品德养成相结合，合理设计育人目标、主题和内容，有机开展养成教育，进行综合素质评价，体现教书与育人的统一。

3.3 组织活动育人

3.3.1 【课外活动】

了解课外活动的组织和管理知识，掌握相关技能与方法，能组织中学生开展丰富多彩的课外活动。

3.3.2 【主题教育】

了解学校文化和教育活动的育人内涵和方法，学会组织主题教育和社团活动，对中学生进行教育和引导。

四、自主发展能力

4.1　注重专业成长

4.1.1　【发展规划】

了解教师专业发展的要求，具有终身学习与自主发展的意识。根据基础教育课程改革的动态和发展情况，制定教师职业生涯发展规划。

4.1.2　【反思改进】

具有反思意识和批判性思维素养，初步掌握教育教学反思的基本方法和策略，能够对教育教学实践活动进行有效的自我诊断，提出改进思路。

4.1.3　【学会研究】

初步掌握学科研究与教育科学研究的基本方法，能用以分析、研究教育教学实践问题，并尝试提出解决问题的思路与方法，具有撰写教育教学研究论文的基本能力。

掌握专业发展所需的信息技术手段和方法，能在信息技术环境下开展自主学习。

4.2　主动交流合作

4.2.1　【沟通技能】

具有阅读理解能力、语言与文字表达能力、交流沟通能力、信息获取和处理能力。

掌握基本沟通合作技能与方法，能够在教育实践、社会实践中与同事、同行、专家等进行有效沟通交流。

4.2.2　【共同学习】

理解学习共同体的作用，掌握团队协作的基本策略，了解中学教育的团队协作类型和方法，具有小组互助、合作学习能力。

参考文献

[1] 潘菽. 教育心理学[M]. 北京：人民教育出版社，1980.

[2] 邵瑞珍. 教育心理学[M]. 上海：上海教育出版社，1988.

[3] 孟宪恺. 微格教学与小学教学技能训练 [M]. 北京：北京师范大学出版社，1998.

[4] 孟宪恺. 微格教学基本教程[M]. 北京：北京师范大学出版社，1992.

[5] 胡淑珍等. 教学技能[M]. 长沙：湖南师范大学出版社，1996.

[6] 王凤桐，陈宝玉. 走进微格教学——教学技能培训的策略与实践 [M]. 北京：首都师范大学出版社，2010.

[7] 胡淑珍，胡清薇. 教学技能观的辨析与思考 [J]. 课程·教材·教法，2002(2)：21–25.

[8] 王凤桐，李涛，王丽霞.微格教学在中国——微格教学的实践[M].北京：新华出版社，2012.

[9] 郭友，杨善禄，白蓝. 教师教学技能[M]. 北京：首都师范大学出版社，1993.

[10] 郭友. 新课程下的教师教学技能与培训 [M]. 北京：首都师范大学出版社，2007.

[11] 吴晓红，刘万毅. 化学微格教学[M]. 北京：冶金工业出版社，2014.

[12] 孟宪凯，李涛. 中国微格教学 20 年[J]. 北京教育学院学报，2008，22(3)：62–65，74.

[13] 孟宪凯. 对微格教学 10 年发展的几点反思 [J]. 兰州教育学院学报，2003(3)：14–18.

[14] 李国岚. 中学物理课堂教学技能和评价研究[J]. 北京教育学院学报，1995(4)：66–69，84.

［15］ 乌美娜. 教学设计[M]. 北京：高等教育出版社，1994.

［16］ 柳斌. 在全国师范教育工作会议上的总结报告[J].中国高等教育，1996(11)：13-19.

［17］ 孙立仁. 当前微格教学研究课题初探[J]. 北京教育学院学报，1994(3)：36-39.

［18］ 叶忠. 地方高师院校师范生教学技能培养现状研究——以四川三所高师院校为例[D]. 成都：四川师范大学，2014.

［19］ 程爱军，王海洋. 高校教师教学技能初探 [J]. 今日湖北（理论版），2007，1(5)：150-151.

［20］ 张铁牛. 教学技能研究的理论探讨[J]. 教育科学，1997(2)：27-29.

［21］ 荀渊. 教师教学技能研究[J]. 上海教育科研，2004(8)：18-20.

［22］ 中华人民共和国教育部. 普通高中生物学课程标准（2017 年版 2020 年修订）[S]. 北京：北京师范大学出版社，2020.

［23］ 胡森. 国际教育百科全书[M]. 贵阳：贵州教育出版社，1990.

［24］ 孙玉洁. 教师专业技能的理论与实务[M]. 北京：中国人民大学出版社，2010.

［25］ 教育部师范教育司. 教师专业化的理论与实践（修订版）[M]. 北京：人民教育出版社，2003.

［26］ 中华人民共和国教育部. 义务教育生物学课程标准(2022 年版)[S]. 北京：北京师范大学出版社，2022.

［27］ 卢万合. 地理教学技能的内涵、逻辑结构与训练路径[J]. 中学地理教学参考，2023(26)：73-79.

［28］ 裘大彭，任平. 微格教学与教学技能[J]. 人民教育，1994(1)：39-40.

［29］ 廖圣河. 对教师教育专业学生进行教学技能训练的思考 [J]. 教育探索，2010(4)：104-105.

［30］ 李涛. 微格教学及其在信息技能培训中的新发展 [J]. 中小学信息技术教育，2010(12)：65-66.

［31］ 周续莲. 师范专业微格教学课程评价环节优化策略探究 [J]. 教师，2022(1)：108-110.

［32］ 刘天堂. 教师职业语言技能探析[J]. 衡水师专学报，2001(4)：69-71.

［33］ 李颖. 教学语言技能的分析[J]. 北京教育学院学报，1995(2)：65-69.

[34] 普通话水平测试命题研究组. 普通话水平测试专用教材［M］. 北京：光明日报出版社，2016.

[35] 俞如旺. 生物学教学技能微格训练［M］. 北京：科学出版社，2019 .

[36] 魏宏聚，李瑞. 课堂导入环节与情感目标达成的分析［J］. 天津师范大学学报（基础教育版），2011，12（4）：29–33.

[37] 郑彩玲. 初中生物新课导入的方法及注意事项［J］. 教育研究与评论（课堂观察），2017（4）：57–59.

[38] 赵珊，黎云祥. 体现生物核心素养的教学片段——以“艾滋病”的讲解为例［J］. 教育教学论坛，2019（34）：71–72.

[39] 陈皓兮. 中学生物学教学法［M］. 北京：北京师范大学出版社，1987.

[40] 王录梅. 对新课程下讲授法的理性思考［J］. 内蒙古师范大学学报（教育科学版），2009，22（8）：51–53.

[41] 钱同舟. 叶圣陶先生论讲授法的改革及其启示［J］. 华北水利水电学院学报（社会科学版），2006（2）：34–36.

[42] 洪东涯. 例谈高中生物教学中的逻辑问题［J］. 教学月刊·中学版（教学参考），2014（8）：54–55.

[43] 李涛，周静，杨建伟. 课堂提问讲解技能及案例分析［M］. 北京：中国轻工业出版社，2017.

[44] 赵占良. 生物学概念教学论［M］. 南宁：广西教育出版社，2021.

[45] 张恩梅. 高中生物教学讲解技能的应用［J］. 智力，2021（13）：33–34.

[46] 刘然. 现代汉语辞海［M］. 辽海出版社，2003.

[47] 张铁红，黄晓君，杨君. 日语课堂教学过程中提问技能的探索（一）［J］. 当代经理人（下旬刊），2006（11）：152–154.

[48] 金传宝. 美国关于教师提问技巧的研究综述［J］. 课程·教材·教法，1997（2）：54–57.

[49] 翁红阳. 生物教学中的提问技能［J］. 新课程学习（中），2013（8）：110 –111.

[50] 邢斌. 高中生物教师不同发展阶段课堂提问技能的比较研究［D］. 温州：温州大学，2013.

[51] 高源. 高校生物师范生提问技能的现状及培养研究［D］. 哈尔滨：哈尔滨师范

大学,2017.
[52] 潘书霞. 浅谈生物课堂教学中的提问技能[J]. 成功(教育)，2013(22)：36.
[53] 林天云. 课堂教学中提问技能的原则[J]. 语文学刊，2012(11)：159，161.
[54] 王丽. 高中生物课堂教学中提问技能浅谈[J]. 中学生物教学，2008(7)：19–22.
[55] 谢红民. 中学生物教学中提问技能的运用[J]. 中学时代，2012(18)：123.
[56] 胡小勇，祝智庭. 教学问题设计研究：有效性与支架[J]. 中国电化教育，2005(10)：49–53.
[57] [新加坡]Thomas S. C. Farrell. 反思课堂交流——亚洲案例[M].余艳，译. 北京：中国轻工业出版社，2005.
[58] [美]加里·D. 鲍里奇. 有效教学方法[M]. 易东平，译. 南京：江苏教育出版社，2002.
[59] 陈燕飞，包英华. 生物科学师范生实验教学能力培养模式研究[J]. 中学生物教学，2021(17)： 47–50.
[60] 陈燕飞，梁红英，马丽霞，等. 结合拓展课提升生物师范生实验教学能力的实践[J]. 韶关学院学报，2022，43(12)：93–98.
[61] 陈燕飞. 高校生物师范生教学优化对策研究 [M]. 新加坡：汉源国际出版社，2024.
[62] 杜付进. 直观互动教学在中学生物教学中的应用[J]. 科教文汇(中旬刊)，2007(14)：107.
[63] 李志坚. 重视直观教学在高职生物课教学中的作用 [J]. 教育与职业，2010(35)：159–160.
[64] 刘波. 如何实现生物课堂教学的高效率[J]. 科技信息(科学教研)，2007(30)：173.
[65] 刘恩山. 生物学　七年级　上册[M]. 北京：北京师范大学出版社，2015.
[66] 刘恩山. 生物学　七年级　下册[M]. 北京：北京师范大学出版社，2015.
[67] 刘恩山. 生物学　八年级　上册[M]. 北京：北京师范大学出版社，2015.
[68] 刘恩山. 生物学　八年级　下册[M]. 北京：北京师范大学出版社，2015.
[69] 刘恩山.中学生物学教学论[M]. 第 3 版. 北京：高等教育出版社，2020.
[70] 荣静娴. 微格教学与微格教研[M]. 上海：华东师范大学出版社，2000.
[71] 尹俊华，庄榕霞，戴正南. 教育技术学导论 [M]. 第 3 版. 北京：高等教育出版

社，2011.

［72］张迎春，汪忠. 生物学教学论［M］. 西安：陕西师范大学出版社，2003.

［73］朱正威，赵占良. 生物学　必修 1　分子与细胞［M］. 北京：人民教育出版社，2019.

［74］朱正威，赵占良. 生物学　选择性必修 1　稳态与调节［M］. 北京：人民教育出版社，2020.

［75］朱正威，赵占良. 生物学　七年级　下册［M］. 北京：人民教育出版社，2001.

［76］胡鸣镝. 动物标本造型中的动态美［J］. 自然科学博物馆研究，2016(S2)：90–94.

［77］赵鹭. 新课改背景下的课堂教学变化技能［J］. 辽宁教育行政学院学报，2008，25(8)：24–25.

［78］常玉宝，牟欣，于小辉. 变化技能在数学教学中的应用［J］. 白城师范学院学报，2022，36(2)：120–124.

［79］周晓庆，王树斌，贺宝勋. 教师课堂教学技能与微格训练［M］. 北京：科学出版社，2013.

［80］彭保发，郑俞. 微格教学与教学技能训练［M］. 第 2 版. 南京：南京大学出版社，2019.

［81］窦露娜，赵艺，范曾丽. 组织技能在高中生物课堂上的作用——以“通过激素的调节”为例［J］. 科学咨询(教育科研)，2021(3)：193–194.

［82］暨雨婷. 高中生物学教学小组合作学习的案例研究［D］. 湘潭：湖南科技大学，2019.

［83］刘彩迎. 新课程背景下高中生物课堂教学方式的转变［J］. 生物技术世界，2015(8)：191.

［84］卢珍慧.“271”教学模式在初中生物课堂教学中的实践研究［D］. 桂林：广西师范大学，2021.

［85］孙倩. 天津市部分高中生物课堂教学组织形式及其对学生学习影响因素分析［D］. 天津：天津师范大学，2022.

［86］张大素. 浅谈在新形势下如何组织生物课堂教学［J］. 剑南文学（经典教苑），2011(2)：171.

［87］刘满希，展红. 给生物教师的 101 条建议［M］. 南京：南京师范大学出版社，

2005.
［88］ 武玉鹏. 语文教师专业技能训练与教育实习[M]. 北京：高等教育出版社，2007.
［89］ Grant Wiggins，Jay McTighe. 理解力培养与课程设计—— 一种教学和评价的新实践[M]. 么加利，译. 北京：中国轻工业出版社，2003.
［90］ 周续莲，芮建，马存梅. 生物学概念的教学研究 [J]. 生物学杂志，2005，22(4)：48-51.
［91］ 周续莲，朱海斌. 中学生物学教学应贯穿正确的思想观点 [J]. 生物学教学，2007，32(5)：15-16.
［92］ 张荣华，郭申生. 中学生物教学论[M]. 北京：北京师范大学出版社，2013.
［93］ 凯特·布朗. 开始和结束一堂课的50个好创意[M]. 王勃涛，译.北京：中国青年出版社，2013.
［94］ 郑金洲. 说课的变革[M]. 北京：教育科学出版社，2007.
［95］ 河南省新乡市红旗区教育委员会. 说课论 [M]. 北京：北京科学技术出版社，1996.
［96］ 张志安. 新课程改革与说课内容的扩展 [J]. 课程·教材·教法，2006，26(4)：21-25.
［97］ 杨启亮. 教材的功能：一种超越知识观的解释 [J]. 课程·教材·教法，2002(12)：10-13.
［98］ 宋萑. 说课与教师知识建构[J]. 课程·教材·教法，2012，32(4)：120-124.
［99］ 余宏亮. 说课技能微课程设计的实施路径 [J]. 课程·教材·教法，2014，34(11)：28-32，22.
［100］ 余宏亮，石耀华. 论作为教师课程理解的说课及其心理转换[J]. 课程·教材·教法，2013，33(6)：22-27.
［101］ 余宏亮，陆芳芳. 论说课作为教师实践性知识的生成机理[J]. 阜阳师范学院学报(社会科学版)，2015(1)：124-128.
［102］ 高向军. 信息技术学科说课技能分析 [J]. 商丘师范学院学报，2011，27(9)：125-128.
［103］ 张卓鸿."说课"的本质内涵、实践问题与优化路径——以中学历史教学说课为例[J]. 历史教学(上半月刊)，2023(10)：60-65.

［104］马凤龙，何丽杰. 多视角透析说课[J]. 教育探索，2006(11)：24-25.

［105］罗晓杰. 说课及其策略[J]. 教育科学研究，2005(2)：40-43.

［106］孙丽. 数学课堂积极主动性之探索——让学生说课[J]. 中小学电教(下)，2012(1)：110.

［107］鲍向全. 坚持让学生"说课"[J]. 思想政治课教学，1994(2)：20.

［108］谢声权. 一种值得推广应用的好教学法——学生说课教学法［J]. 新课程学习(学术教育)，2010(6)：14-15.

［109］吴艳玲. 师范生说课技能训练存在的问题及对策［J]. 周口师范学院学报，2020，37(1)：133-136.